老子相長 道德經

老子
相長
道
德
經

초판 1쇄 발행 2024년 1월 20일
옮긴이   이산(移山) 강경우 외
펴낸이   이기봉
편집   좋은땅 편집팀
표지그림   강보라·강나라
디자인   이산(移山) 강경우
펴낸곳   도서출판 좋은땅
주소   서울특별시 마포구 양화로12길 26 지월드빌딩(서교동 395-7)
전화   02)374-8616~7
팩스   02)374-8614
이메일   gworldbook@naver.com
홈페이지   www.g-world.co.kr

ISBN   979-11-388-2568-9 (03140)

老子相長 道德經

노자(老子) 지음
이산(移山) 강정우 옮김

옮긴이의 글 ◈

노자상장(老子相長)과 함께 하며

'도(道)가 말(설명)할 수 있으면 영원한 도(道)가 아니며, 이름이 지어질(붙여질) 수 있으면 영원한 이름이 아니다.'라는 노자의 '도덕경'의 첫 구절에 심장이 멈추는 듯하였다. 무슨 말인가? 우문(愚問)에 우답(愚答)을 나 자신에게 하면서 '논어상장(論語相長)'이라는 논어 책을 옮기고 또 다시 노자의 '도덕경'에 빠진지 수 년, 동양 철학의 최고봉이라고 할 수 있는 노자의 '도덕경'을 오르다가 떨어져 수없이 길을 잃었다. 약 5,000여 글자인 고전 중에 고전인 노자의 '도덕경'을 읽고 누가 길을 잃지 않을 수 있을까? 시대가 바뀌고 문화는 변화를 거듭하여 수천 년이 지난 지금도 읽혀지는 형이상학적 책이기 때문은 아닐까? 유가(儒家)와 함께 중국 철학의 지존인 도가(道家) 사상의 경전인 노자의 '도덕경'은 무위(無爲)와 자연(自然)의 학문이고, 비(非)현실이 아닌 초(超)현실적인 학문이기 때문은 아닐까? 또 도(道)와 덕(德)의 학문이라고 할 수 있고, 도(道)는 천하 만물과 세상 만사의 근본이고 본질이며 모든 변화 속에서 영원히 변하지 않으며, 덕(德)은 도(道)가 드러난 것으로 도와 덕은 하나이며, 사람이 도와 합치되면 덕이 되고, 물질이 도와 합치되면 질서가 되며, 덕과 질서가 생기면 천하는 바로 선다고 하는데, 이처럼 노자의 도덕경은 바다처럼 넓고 아득하여 읽기 편한 책이 아닌 읽기 불편한 책이기 때문에 길을 잃지는 않았을까?

이렇듯 우문(愚問)에서 시작하여 '노자(老子)', 중국 춘추시대의 이이(李耳)라는 인물에 푹 빠져 노자의 '도덕경'에 관련된 수많은 책들과 영상들을 보면서 수천 년을 거슬러 올라가 같이 호흡하며 생각하였으며, '노자상장(老子相長)'이라는 모임을 만들어 선배들과 함께 노자의 '도덕경'을 자세히 묻고(審問), 신중히 생각하고(愼思), 밝게 분별하고자(明辯)하였다. 하지만 책마다 해석이 다르고, 원문과도 맞지 않고, 우리말 해석이 더 이해가 안 되고, 또 의역이 너무 심하고 어려워 중도에 포기한 선배도 있었다. 그래서 원문 해석에 충실하면서 '논어상장(論語相長)'처럼 의역(意譯)이 아니라 직역(直譯)에 중점을 두고 혼자서도 재미있고 쉽게 공부할 수 있는 노자의 '도덕경' 책이 있으면 좋겠다는 생각에 원문을 '문법'에 맞춰 '직역'으로 해석하였고, 직역 해석을 좀 더 이해하기 쉽게 '의역'으로 해석을 덧붙였으며, 노자상장(老子相長)선배들과 함께 생각을 공유하면서 잘못된 부분을 수정하였고, 모임의 이름처럼 '노자상장(老子相長)'이라고 책이름을 정하고 노자의 '도덕경'을 옮기게 되었다. 빨리 가려면 혼자 가고, 멀리, 오래도록 가려면 함께 가라는 말이 있듯이 선배들과 함께 하였기에 가능했으며, 특히 처음부터 끝까지 꼼꼼하게 교정에 참여했던 서경은 선배에게 감사를 드리고 싶습니다. 그리고 함께 했던 노자상장(老子相長) 모든 선배들에게 고마움을 전하며, 출간을 도와주신 분들께도 진심으로 감사드립니다.
　마지막으로 미진함과 부족함이 있다면 계속해서 수정 · 보완할 것이며 독자들의 진심 어린 충고를 기다립니다.

이산(移山) 강경우

차례 ◈

일러두기 ◈

1. 노자 원문 해석을 '문법'에 맞춰 '직역 및 의역'으로 해석하였다.
〈 〉내의 해석은 원문에는 없지만 예상되는 내용을 추가하여
이해를 돕고자 하였으며, ( ) 내의 해석은 원문에 있는 내용을
이해하기 쉽게 의역을 한 것이다. 〈 〉, ( )내의 해석들도
또한 원문의 내용을 크게 거스르지 않았으며, 〈 〉, ( )내의
해석을 생략하고 해석하면 '직역'으로 해석하는 것이 된다. 또한
(   )안에 밑줄 친 내용은 이해하기 쉽게 직역을 다시 의역한 것이다.

2. 문법적 해석은 문법에 맞춰 설명한 것으로, 1장부터 81장까지
같은 문법을 계속 반복하여 나중에는 자연스럽게 기억할 수 있으며,
한자 풀이 또한 자세하게 하였다.

3. 부록에 논어상장에 첨부하였던 '한문 문법'를 추가하여 본문과
대조하면서 쉽게 문법을 이해할 수 있도록 하였다.

4. 참고한 주요 문헌은 아래와 같다.

老子(최재목 역주, 을유문화사), 노자 도덕경(정세근 지음, 문예출판사),
노자(김학주 옮김, 연암서가), 노자 도덕경(임헌규, 파라북스), 노자 도덕경
(남만성 옮김, 을유문화사), 노자의 역설(김용표 옮김, 좋은땅), 도덕경(소준섭
옮김, 현대지성), 論語集註/詩經集註/大學・中庸集註/孟子集註(성백효, 한국
인문고전연구소), 論語(김형찬, 홍익출판사), 논어의 문법적 이해(류종목,
문학과 지성사), 孟子(박경환, 홍익출판사), 詩經(심영환, 홍익출판사), 大學・
中庸(김미경, 홍익출판사), 史記列傳/史記本紀(사마천・김원중, 민음사)
孔子家語(임동석, 동서문화사), 東周列國志(김영문역, 글항아리),
四書集解辭典(연세대학교 사서사전편찬실, 성보사), 虛詞大辭典(연세대학교
허사사전편찬실, 성보사), 明心寶鑑(秋適, 池濬 譯註), 漢文文法 理解(류재윤,
신아사), 漢文文法(김태수, 한국학술정본 l 주 l), 漢文文法(이상진, 전통문화
연구소), 莊子(장자, 김학주 옮김, 연암서가).

道經

도경

1章 ~ 37章

1章

道可道, 非常道, 名可名, 非常名.

無名天地之始, 有名萬物之母.

故常無欲以觀其妙, 常有欲以觀其徼.

此兩者, 同出而異名, 同謂之玄.

玄之又玄, 衆妙之門.

도가도, 비상도, 명가명, 비상명. 무명천지지시, 유명만물지모. 고상무욕이관기묘,
상유욕이관기요. 차량자, 동출이이명, 동위지현. 현지우현, 중묘지문.

도(道)가 말(설명)할 수 있으면 영원한 도(道)가 아니며,
이름이 지어질(붙여질) 수 있으면 영원한 이름이 아니다.
(도는 눈으로 볼 수도 없고, 귀로 들을 수도 없으며, 말로도 설명하거나 형용할 수
없으며, 만약에 말로 표현할 수 있다면 영원한 도가 아닌 것이며, 또한 도는 이름
을 붙일 수 없는데 이름을 짓는다면 영원하고 진정한 이름이 아니다.) 이름이
없는 것은 천지의 시작이고, 이름이 있는 것은 만물의 어머니다.
(이름이 없는 도는 천지의 처음이고 시작이며, 이름이 있는 천지가 생겨난 후에
만물이 생겨났기에 천지, 즉 하늘과 땅을 만물의 어머니라고 한다.) 그러므로
언제나 하고자 함이 없어서 그 오묘함을 보고, 언제나 하고자
함이 있어서 그 드러남(현상)을 본다.(그러므로 언제나 마음에 하고
자하는 욕심이 없고 텅 빈 상태라서 그 도의 오묘함을 볼 수 있고, 언제나 하고자
하는 마음이 있어서 천지 만물의 현상을 본다.) 이 두 가지는 나온 곳은
같으나 이름이 다르니, 같이 이를 현묘(신비)하다고 말한다.
현묘(신비)하고 또 현묘(신비)하니 여러 가지 오묘함의(오묘
함이 드러나는) 문이다.(이름이 없는 도와 이름이 있는 천지, 욕심이 없는
텅 빈 상태와 하고자 하는 마음인 욕심이 있는 것, 이 두 가지는 그 근본이 같으나
이름이 다르니, 모두 현묘하다고 말한다. 현묘하고 또 심오하니 여러 가지 오묘한

것이 나오는 문이다.)

常:항상상 始:비로소시 欲:하고자할욕 觀:볼관 妙:묘할묘 徼:돌요/변방요
玄:검을현/신(현)묘할현 衆:무리중

문법(文法)적 해석 및 한자 풀이

1) 道可道, 非常道, 名可名, 非常名:도(道)가 말(설명)할 수
   있으면 영원한 도(道)가 아니며, 이름이 지어질(붙여질) 수
   있으면 영원한 이름이 아니다.
   - 道(도):길, 방법, 말하다, 다스리다.
   - 可(가): ~할수 있다/가능 보조사, 可以와 같다.
   - 非(비): ~아니다/연계동사. 뒤에 술어가 오면 부정 보조사로
     쓰이지만, 보어로 명사(구/절)가 오면 연계동사로써 주어와
     보어 사이에 놓여 이를 연결하는 역할을 한다.
   - 常道(상도):영원한 도(道), 영원 불변의 진정한 도.
   - 名(명):이름, 명분, 이름을 짓다(붙이다), 지칭하다.
   - 常名(상명):변함이 없는 이름, 영원 불변의 이름.

2) 無名天地之始, 有名萬物之母:이름이 없는 것은 천지의 시작
   이고, 이름이 있는 것은 만물의 어머니다.
   - 無~, 有~ :사물이 있고 없음을 나타내는 존재동사로써
     뒤 문장을 보어로 취하며 보어를 주어처럼 해석한다.
   - 之: ~의/수식어가 '체언(주어의 기능을 하는 명사, 명사구,
     대명사, 수사 등)+之+명사'일 경우에 관형격 후치사이다.
   - 始(시):비로소, 시작, 처음, 시작하다, 일으키다.

3) 故常無欲以觀其妙, 常有欲以觀其徼:그러므로 언제나 하고자
   함이 없어서 그 오묘함을 보고, 언제나 하고자 함이 있어서
   그 나타남만을 본다.
   - 故(고):그러므로/원인에 따른 결과를 나타내는 인과 접속사.

- 欲(욕):하고자 하다, 바라다/목적어가 생략된 타동사이며, 전성명사라고 할 수 있다.
- 以(이):명사절 다음에 以가 오면 '~하면서'의 뜻으로, 접속사로 사용되어 而(그래서)와 유사하며 해석하지 않아도 된다.
- 其(기):그(것의)/지시 대명사.
- 妙(묘):묘하다, 오묘(미묘)하다.
- 徼(요):변방, 가장자리(현상), 드러나다, 돌다, 돌아다니며 살피다.

4) 此兩者, 同出而異名, 同謂之玄:이 두 가지는 나온 곳은 같으나 이름이 다르니, 같이 이를 현묘(신비)하다고 말한다.
- 此(차):이(것)/지시 대명사.
- 者(자):의존명사(불완전명사) 또는 특수 지시대명사로 '兩'와 함께 명사구를 이루며, 언급한 것을 합산하여 ~가지, 또는 ~것(사람) 등으로 해석할 수 있다.
- 同(동), ~ 異(이):특수형용사로써 동사로 쓰이는 경우, 보어를 취하며 주어처럼 풀이한다.
- 同(동):같이, 함께/부사.
- 玄(현):검다, 신(현)묘하다, 오묘하다, 심오하다.

5) 玄之又玄, 衆妙之門:현묘(신비)하고 또 현묘(신비)하니 여러 가지 오묘함의(오묘함이 드러나는) 문이다 .
- 又(우):또/且와 같이, 구와 구, 절과 절을 연결하는 접속사.
- 衆(중):많은, 모든, 여러가지, 무리, 백성.

6) 이 장은 노자 사상의 근본인 도(道)의 본질을 이야기하고 있으며, 즉, 도(道)는 말로 설명할 수 없고, 이름을 붙일 수도 없으며, 천지의 시작이고, 언제나 하고자 함이 없으며, 현묘 하다고 한다. 도덕경의 첫 장으로써 가장 중요한 장의 하나라고 할 수 있다.

2章

天下皆知美之爲美, 斯惡已, 皆知善之爲善,
斯不善已. 故有無相生, 難易相成, 長短相形,
高下相傾, 音聲相和, 前後相隨. 是以聖人處
無爲之事, 行不言之敎. 萬物作焉而不辭,
生而不有, 爲而不恃, 功成而弗居. 夫唯弗居,
是以不去.

천하개지미지위미, 사악이, 개지선지위선, 사불선이. 고유무상생, 난이상성, 장단상형,
고하상경, 음성상화, 전후상수. 시이성인처무위지사, 행불언지교. 만물작언이불사, 생이불유,
위이불시, 공성이불거. 부유불거, 시이불거.

천하 사람들이 모두 아름다운 것이 아름답다고 알지만 이것은
추함일 뿐이다(수도 있다). 모두 선한 것이 선하다고 알지만
이것은 선하지 않을 뿐이다(수도 있다).(천하 모든 사람들이 아름
다운 것을 아름다운 것이라 여기지만 추할 수도 있고 미워할 수도 있으며, 모든
사람들이 선한 것을 선한 것이라 여기지만 선하지 않을 수도 있고 싫어할 수도
있다.) 그러므로 있음과 없음이 서로 낳고(생겨나고), 어려움
과 쉬움이 서로 이루며, 길고 짧음이 서로 나타나고(형태를
드러내고), 높고 낮음이 서로 기울며, 음(악)과 소리가 서로
조화를 이루고, 앞과 뒤는 서로 따른다.(그러므로 있는 것과 없는 것
은 서로 낳아 생겨나고, 어려운 것과 쉬운 것은 서로 이루어져 만들어지고, 긴 것
과 짧은 것은 서로 형태를 드러내어 나타내고, 높은 것과 낮은 것은 서로 기대어
기울고, 음악과 소리가 서로 조화를 이루어 어울리고, 앞과 뒤는 서로 좇아 따른다.
이와 같이 도의 작용에서 나타나는 현상은 모두가 비교에 의해 생겨나고 상대적
이지만 도의 본질은 영원불변의 절대적이다.) 이 때문에 성인은 함이
없는 일에 거처하고, 말하지 않는 가르침을 행한다.(이런 까닭
으로 성인은 무위자연의 도에 순응하면서 함이 없는 무위의 일에 거처하고, 말하지

<u>않는 가르침으로 교화시킨다.)</u> 만물이 일어났으나 〈노고를〉 사양하지 않으며(말하지 않으며), 생성하게 했으나 있지(소유하지) 않고, 하면서도 자랑하지 않고, 공이 이루어져서도 머무르지 않는다. 오로지 머무르지 않으니, 이 때문에 〈공로가 그에게서〉 떠나가지 않는 것이다.<u>(성인은 만물을 활동하게 하였으나 그 노고를 말하지 않고, 생겨나게 하면서도 소유하지 않으며, 일을 하고도 자기 공이라 자랑하지 않으며, 공이 이루어져도 머무러지 않는다. 오직 머무러지 않으니, 이 때문에 공로가 그에게서 떠나가지 않고 영원한 것이다.)</u>

皆:다(모두)개 斯:이사 惡:악할악 形:형상형 傾:기울경 音:음악음 聲:소리성 隨:따를수 聖:성인성 處:곳처/처할처 敎:가르칠교 辭:말씀사/사양할사 恃:믿을시/의지할시/자랑할시 居:살거/거주할거 去:갈거/떠날거

문법(文法)적 해석 및 한자 풀이

1) 天下皆知美之爲美, 斯惡已:천하 사람들이 모두 아름다운 것이 아름답다고 알지만 이것은 추함일 뿐이다(수도 있다).
   - 皆(개):다, 모두/부정칭 인칭 대명사.
   - 知:뒤 문장 '美之爲美'를 목적절로 취한다.
   - 爲: ~이(하)다/연계동사로써 주어와 보어 사이에 놓여 이를 연결하는 역할을 하고, 형용사 '美'는 보어이며, 爲美는 '아름답다'라고 해석할 수 있다.
   - 斯(사):이(것)/지시 대명사.
   - 已(이): ~(일)뿐이다/한정 종결사.
2) 故有無相生, … 前後相隨:그러므로 있음과 없음이 서로 낳고 (생겨나고), … 앞과 뒤는 서로 따른다.
   - 生(생): ~살다, ~낳다, ~생기(게 하)다/동사.
   - 形(형):형상, 나타나(내)다, 드러나(내)다.
   - 傾(경):기울다, 기울어지다.
   - 隨(수):따르다, 추종하다, 추구하다.

3) 是以聖人處無爲之事, 行不言之敎:이 때문에 성인은 함이 없는
   일에 거처하고, 말하지 않는 가르침을 행한다.
   - 是以(시이):이 때문에, 이로 인해, 따라서/인과 관계를 나타
     내는 접속사.
   - 之:관형격 후치사로써 수식어가 '동사구'이면 '~(하)는, ~한'
     으로 해석한다. 그래서 '無爲之'는 '함이 없는', '不言之'는
     '말하지 않는'으로 해석한다.
4) 萬物作焉而不辭:만물이 일어났으나 〈노고를〉 사양하지
   않으며 (말하지 않으며),
   - 作(작):일어나다, 만들다, 비롯되다, 창작하다.
   - 焉(언):술어의 대상을(목적어) 내포하기도 하고 또는 단순히
     처소격의 의미를 갖는 서술형 종결사로 쓰인다.
   - 辭(사):말(하다), 논하다, 사양하다.
5) 爲而不恃:하면서도 자랑하지 않고,
   - 恃(시):믿다, 자랑하다, 자부하다.
6) 夫唯弗居, 是以不去:오로지 머무르지 않으니, 이 때문에
   〈공로가 그에게서〉 떠나가지 않는 것이다.
   - 夫(부):'대저(大抵), 대체로, 무릇'으로 해석하거나, 해석하지
     않아도 된다. 즉 발어사라고 할 수 있다.
   - 弗(불): ~아니다/부정보조사.
   - 居(거):거주하다, 머무르다.
   - 去(거):가다, 떠나(가)다, 버리다.
7) 이 장은 도(道)로 인해 나타나는 현상의 상태를 말하고 있으며,
   도(道)의 본질은 영원불변의 절대적인 것이지만 현상은 모든
   것이 상대적인 것이라고 한다.

3章

不尙賢, 使民不爭, 不貴難得之貨,

使民不爲盜, 不見可欲, 使民心不亂.

是以聖人之治, 虛其心, 實其腹, 弱其志,

强其骨. 常使民無知無欲, 使夫智者不敢爲也.

爲無爲, 則無不治.

불상현, 사민부쟁, 불귀난득지화, 사민불위도, 불견가욕, 사민심불란. 시이성인지치, 허기심,
실기복, 약기지, 강기골. 상사민무지무욕, 사부지자불감위야. 위무위, 즉무불치.

현명함을 숭상하지 않으면 백성들로 하여금 〈현명해지려고〉
다투지(경쟁하지) 않게 되고, 얻기 어려운 재화를 귀하게 여
기지 않으면 백성들로 하여금 도둑이 되지 않게 하며, 욕심낼
수 있는 것을 보이지 않으면 백성들의 마음을(으로 하여금)
어지럽게 하지 않는다.(현명하고 똑똑함을 귀하게 여기지 않으면 백성들은
현명해지려고 경쟁하거나 싸우지 않게 되고, 얻기 어려운 물건을 좋아하거나 소중
하게 여기지 않으면 훔치거나 도둑질하지 않으며, 욕심낼 만한 물건을 보이지 않
으면 백성들의 마음은 어지럽지 않고 흔들리지도 않을 것이다.) 이 때문에
성인의 다스림은 그(백성의) 마음을 텅 비게 하나 그(백성의)
배를 채워주며, 그(백성의) 뜻을 약하게 하나 그(백성의) 뼈를
강하게 한다.(이런 까닭으로 성인이 나라를 다스릴 때에는 그 백성의 마음을
욕망으로 가득 차게 하지 않고 텅 비게 하지만 그들의 배는 부르게 채워주며, 무
엇인가 이루고자 하는 뜻과 의지를 약하게 하지만 그들의 뼈와 육체를 건강하게
한다.) 항상 백성들로 하여금 아는 것이 없고, 하고자 하는 것
이 없게 하며, 저 지혜로운 자로 하여금 감히 〈어떻게〉 하지
못하게 한다.(언제나 성인은 백성으로 하여금 아는 것이 없도록 무지하게 하고,
바라는 욕심과 욕망이 없도록 무욕하게 하며, 지혜가 있는 자로 하여금 감히 인

<u>위적이고 의식적인 행동을 하지 못하게 한다.</u>) 무위(하지 않음)를 하면 다스려지지 않음이 없다.(<u>그러므로 인위적으로 작위하지 않고 무위의 정치가 행해지면 다스려지지 않는 일이 없게 된다.</u>)

尙:숭상할상/오히려상 爭:다툴쟁/경쟁할쟁 貨:재물(화)화 盜:도둑도 虛:빌허
腹:배복 弱:약할약 治:다스릴치

문법(文法)적 해석 및 한자 풀이

1) 不尙賢, 使民不爭:현명함을 숭상하지 않으면 백성들로 하여금 〈현명해지려고〉 다투지(경쟁하지) 않게 되고,
   - 不 ~, 不 ~:조건(부정), 결과(부정)의 형태로 '~하지 않으면, ~하지 않는다'로 해석한다.
   - 尙(상):숭상하다, 높이다.
   - 使(사):'~로 하여금 ~하게 하다'로 해석하고, 보조사 다음에 시키는 대상이 오고 술어가 온다.

2) 不貴難得之貨, 使民不爲盜:얻기 어려운 재화를 귀하게 여기지 않으면 백성들로 하여금 도둑이 되지 않게 하며,
   - 難:특수형용사로써 술어로 쓰이는 경우, 보어 '得'를 취하며 주어처럼 풀이한다.
   - 之:관형격 후치사로써 수식어가 '동사구'이면 '~(하)는, ~한'으로 해석하며 '難得之'는 '얻기가 어려운'으로 해석한다.
   - 爲: ~이 되다/爲+명사, 불완전 자동사로 보어를 취하며, '爲盜'는 '도둑이 되다'로 해석한다.

3) 是以聖人之治, 虛其心, 實其腹:이 때문에 성인의 다스림은 그(백성의) 마음을 텅 비게 하나 그(백성의) 배를 채워주며,
   - 是以(시이):이 때문에, 이로 인해, 따라서/인과 관계를 나타내는 접속사.
   - 虛(허):(텅)비다, (텅)비게 하다, 공허하다.

- 其:그, 자기/3인칭 대명사. 백성을 의미한다.
- 實(실):가득차다, 풍부하다, 채워주다.
4) 使夫智者不敢爲也:저 지혜로운 자로 하여금 감히 〈어떻게〉
  하지 못하게 한다.
- 夫(부):이, 저, 그/지시 대명사 또는 문장 중간에 쓰여 어기를
  자연스럽게 해 주는데 이 경우에는 해석하지 않아도 된다.
- 者:의존명사(불완전명사) 또는 특수 지시대명사로 '~하는
  사람(자), ~하는 것'으로 해석한다.
5) 則(즉): ~면/가정, 조건의 접속사.
6) 이 장은 성인의 다스림에는 인위적으로 작위하지 않고, 무위의
  정치가 행해지므로 다스려지지 않음이 없음을 말하고 있다.

無　爲無爲,
　　則無不治.

무위를 하면 다스려지지 않음이 없다.

4章

道沖, 而用之, 或不盈. 淵兮, 似萬物之宗.

挫其銳, 解其紛, 和其光, 同其塵.

湛兮, 似或存. 吾不知誰之子, 象帝之先.

도충, 이용지, 혹불영. 연혜, 사만물지종. 좌기예, 해기분, 화기광, 동기진. 담혜, 사혹존. 오부지수지자, 상제지선.

도(道) 는 텅 비어 있으나, 이를 써도, 혹(언제나) 차지(다하지) 않는다. 깊구나! 만물의 근원과 같다.(도는 눈으로 볼 수 없으니 아무것도 없는 것처럼 텅 비어 있지만 천지의 모든 것을 담고 있어 아무리 사용하여도 다함이 없다. 그러므로 도는 깊고 심원하여 천지 만물의 근원인 듯하다.) 그(萬物) 날카로움을 꺾고, 그(萬物) 엉킨 것을 풀며, 그(萬物) 빛을 조화롭게 하고, 그(萬物) 티끌과 함께한다. 맑구나! 아마도(언제나) 존재하고 있는 것 같다.(도는 만물의 날카롭고 예리한 것을 꺾어 무디게 하고, 만물의 어지럽게 엉킨 것을 풀어주며, 만물의 빛을 조화롭고 부드럽게 하여 눈부시지 않게 하고, 만물에 묻어있는 티끌과 먼지와도 함께 한다. 그러므로 도는 언제나 맑고 깨끗하여 아마도 무엇인가 있는 듯하다.) 나는 〈道가〉 누구의 아들인지 알지 못하지만 천제(하느님)보다도 앞서는(앞서 있었던) 것 같다.(나는 도가 누구의 아들이고 어디에서 왔는지 알 수 없지만 이 세상을 다스리는 천제보다도 먼저 있었던 것 같다.)

沖:빌충 盈:찰영 淵:못연/깊을연 兮:어조사혜 宗:으뜸종/근원(본)종 挫:꺾을좌 銳:날카로울예 紛:어지러울분 塵:티끌진 湛:맑을담 象:코끼리상/같을상 帝:임금제/하느님제

문법(文法)적 해석 및 한자 풀이

1) 道沖, 而用之, 或不盈:도(道) 는 텅 비어 있으나, 이를 써도, 혹(언제나) 차지(다하지) 않는다.

 - 沖(충):비다, 공허하다.

- 而:그러나, 그런데/역접 접속사. 문장이 길어서 띄어쓰기를 할 경우에는 而 앞에서 끊는다. 그러나 띄어쓰기를 하지 않은 문장을 읽을 때는 而 다음에서 끊어 읽는다.
- 或(혹):혹, 혹은, 혹시, 언제나, 항상(=常).

2) 淵兮, 似萬物之宗:깊구나! 만물의 근원과 같다.

- 兮(혜):주로 댓구를 이루는 명사(구)뒤에 붙여서 감탄의 어기를 돕는 감탄 종결사로써, 대부분 운문(시)에 쓰인다.
- 似(사): ~와 같다, ~듯 하다/비교 형용사로써 보어 '萬物之宗'을 취한다.
- 宗(종):근본, 근원, 으뜸.

3) 和其光, 同其塵:그(萬物) 빛을 조화롭게 하고, 그(萬物) 티끌과 함께한다.

- 其:그(것의)/지시 대명사. 其는 萬物을 가리킨다고 할 수 있다.
- 同(동):같이 하다, 함께 하다/특수 형용사로써 술어로 쓰이는 경우 보어를 취하며, 보어를 주어처럼 해석한다.
- 塵(진):티끌, 먼지, 세속.

4) 象帝之先:천제(하느님)보다도 앞서는(앞서 있었던) 것 같다.

- 象(상):같다, 비슷하다.
- 帝(제):천재, 하느님, 임금.
- 之:강조를 위해 목적어 帝가 앞으로 도치되면서 추가된 목적격 후치사라고 할 수 있다.
- 先(선):앞서다, 먼저 하다, 앞장서다.

5) 이 장은 도(道)는 텅 비어 있으며 깊고도 맑고, 천제보다도 앞서는 것 같다고 하며, 1장처럼 도(道)의 본질에 대해 언급하고 있다.

5章

天地不仁, 以萬物爲芻狗. 聖人不仁,
以百姓爲芻狗. 天地之間, 其猶橐籥乎.
虛而不屈, 動而愈出. 多言數窮, 不如守中.

천지불인, 이만물위추구. 성인불인, 이백성위추구. 천지지간, 기유탁약호. 허이불굴,
동이유출. 다언삭궁, 불여수중.

하늘과 땅은 어질지 않아서 만물을 추구(짚으로 만든 개)로
여긴다. 성인은 어질지 않아서 백성들을 추구(짚으로 만든
개)로 여긴다.(하늘과 땅은 만물을 생성하고 보전하면서도 집착하지 않고
스스로 그렇게 되기를 내버려두니 어질지 않다고 말할 수 있으며, 만물을 짚으로
만든 개처럼 쓰다 끝나면 하찮게 버리는 것으로 여길 수 있다. 성인도 백성들을
간섭하지 않고 스스로 그렇게 되기를 내버려두니 어질지 않다고 말할 수 있으며,
또한 짚으로 만든 개처럼 하찮게 버리는 것으로 여길 수 있다.) 하늘과 땅
사이는 아마도 풀무와 같을 것이다. 텅 비어 있으나 다함이
없으며, 움직일수록 더욱 더 〈많은 것이〉 나온다.(하늘과 땅 사이는
아마도 불을 피울 때 바람을 일으키는 풀무와 같이 아무 것도 없는 듯이 텅비어
있지만 풀무가 움직일수록 더 많은 바람이 나오는 것처럼 많은 것이 하늘과 땅
사이에서 나온다.) 말이 많으면 자주 궁하니(막히니), 중(마음 가
운데의 텅 빔, 침묵)을 지키는 것보다 못하다.(도는 말로써 설명할
수 없으며, 말이 많으면 통하지도 않고 자주 막히니, 중도로써 침묵을 지키는 것
보다 못하다.)

芻:꼴(짚)추 狗:개구 橐:풀무탁 籥:피리약 虛:빌허 屈:다할굴/굽힐굴 愈:더욱유/
나을유 數:자주삭/셈수 窮:궁할궁/다할궁/막힐궁

문법(文法)적 해석 및 한자 풀이

1) 天地不仁, 以萬物爲芻狗:하늘과 땅은 어질지 않아서 만물을
   추구(짚으로 만든 개)로 여긴다.

- 以 ~爲 ~: ~을 ~라고 여기다, ~을 ~라고 생각하다, ~을 ~로 삼다.
- 芻狗(추구):짚을 엮어서 개 형태로 만들어 놓은 것, 짚으로
  만든 개로써 제사에 쓰고, 끝나면 아무렇게나 버렸다.

2) 天地之間, 其猶橐籥乎:하늘과 땅 사이는 아마도 풀무와 같을
   것이다.
- 其:아마도/추측을 나타내는 부사.
- 猶(유): ~와 같다, ~듯 하다/비교 형용사로써 보어를 취한다.
- 橐籥(탁약):풀무(불을 피울 때에 바람을 일으키는 기구).
- 乎: ~일 것이다/추측, 감탄의 어기를 나타내는 종결사로써
  대개 추측을 나타내는 부사인 '其, 或' 등과 쓰인다.

3) 虛而不屈, 動而愈出:텅 비어 있으나 다함이 없으며, 움직일수록
   더욱더 〈많은 것이〉 나온다.
- 虛(허):(텅) 비다, 공허하다.
- 屈(굴):다하다, 쇠하다, 쇠퇴하다, 굴하다.
- 愈(유):더욱, 한층 더/부사.

4) 多言數窮, 不如守中:말이 많으면 자주 궁하니(막히니),
   중(마음 가운데의 텅 빔, 침묵)을 지키는 것보다 못하다.
- 多: ~이 많다/'특수형용사'로써, 술어로 쓰이는 경우 보어를
  취하며 보어 '言'을 주어처럼 해석한다.
- 數(삭):자주, 여러 차례/부사.
- 窮(궁):궁하다, 막히다.
- 不如(불여): ~보다 못하다/열등비교이며, 뒤 문장 '守中'을
  보어로 취한다.
- 中:'마음 속의 텅 빔 또는 침묵'으로 해석할 수 있다.

5) 이 장은 하늘과 땅, 성인은 어질지만 어질지 않다고 역설적으로
   말하고 있고, 말은 중(中), 침묵을 지키는 것보다 못하다고 한다.

6章

谷神不死, 是謂玄牝. 玄牝之門, 是謂天地根.
綿綿若存, 用之不勤.

곡신불사, 시위현빈. 현빈지문, 시위천지근. 면면약존, 용지불근.

골짜기의 신은 죽지 않으니, (이를 일러) 오묘한 암컷이라 일컫는다. (골짜기는 항상 비어 있고 또 아래에 위치하기에 산의 모든 물이 골짜기로 모여드니 이런 골짜기를 골짜기 신이라고 부를 수 있고 또 죽지도 않으니 신비하고 심오하며 오묘한 암컷이라고 말한다.) 오묘한 암컷의 문, (이를 일러) 하늘과 땅의 근본이라 일컫는다. (천지 만물을 생성시키는 오묘한 암컷의 문은 생명의 문, 생성과 창조의 문이니 하늘과 땅의 뿌리이고 근본이라고 말한다.) 〈오묘한 암컷의 문은〉 끊임없이 이어져 존재하는 듯하며, 〈아무리〉 써도, 수고를(지치지를, 다하지) 않는다. (이처럼 오묘한 암컷의 문에서 끊임없이 길게 이어져서 무엇인가 존재하는 것 같고, 아무리 써도 다하지도 않고 지치지도 않는다.)

谷:골짜기곡 謂:이를위/말할위 玄:검을현/오묘할현 牝:암컷빈 根:뿌리근/근본근
綿:솜면/이어질면 勤:부지런할근/힘쓸근

문법(文法)적 해석 및 한자 풀이

1) 谷神不死, 是謂玄牝:골짜기의 신은 죽지 않으니, (이를 일러) 오묘한 암컷이라 일컫는다.
   - 谷神(곡신):골짜기의 신, 골짜기의 빈 곳. 현묘한 도(道)를 비유한다고 할 수 있다.
   - 是: ~이다/연계동사이며, 지시대명사로써 주어인 '이것이'의 뜻이 아니며, 주어는 문맥상 앞 문장이므로 해석하지 않아도 된다. 다만 우리말로 옮기는 과정에서는 우리말의 어감에 맞게 '이(것)'란 주어를 붙여준 것뿐이라고 할 수 있다.

- 謂(위):이르다, 일컫다, 말하다, 논평하다.
- 玄牝(현빈):현(玄)은 오묘하고 신묘하면서 심오한 것을 뜻하고, 빈(牝)은 암컷을 뜻하므로, 현빈(玄牝)은 오묘하고도 심오한 암컷을 가리킨다. 즉 만물을 생기게하는 신비하고도 심오한 모(母)이라고 할 수 있다.

2) 綿綿若存, 用之不勤:끊임없이 이어져 존재하는 듯하며, 〈아무리〉 써도, 수고를(지치지를, 다하지) 않는다.
- 綿綿(면면):끊임없이(끊기지 않고 길게) 이어지다.
- 若(유): ~와 같다, ~듯 하다/비교 형용사로써 보어 '存'을 취한다.
- 勤(근):부지런하다, 힘쓰다, 수고하다, 지치다, 다하다.

3) 이 장은 천지의 근본인 도를 오묘한 암컷, '현빈(玄牝)'에 비유하고 있으며, 끊임없이 이어져 다하지 않는다고 한다.

玄牝
오묘한 암컷의 문, 하늘과 땅의 근본이다.
天地根

7章

天長地久. 天地所以能長且久者,
以其不自生. 故能長生.
是以聖人後其身而身先, 外其身而身存.
非以其無私邪? 故能成其私.

천장지구. 천지소이능장차구자, 이기부자생. 고능장생. 시이성인후기신이신선,
외기신이신존. 비이기무사야? 고능성기사.

하늘은 길고(영원하고) 땅은 오래 되었다. (하늘은 영원하고 땅도
영원히 존재하고 오래되었다.) 하늘과 땅이 길고(영원하고) 또 오래
될 수 있는 까닭은 그들 스스로 살려고 하지 않기 때문이다.
그러므로 길이(영원히) 살 수 있는 것이다. (하늘과 땅이 영원하고
또 오래도록 존재할 수 있는 까닭은 하늘과 땅이 사사로이 스스로 살고자 하지
않기 때문이다. 그러므로 영원히 살 수 있는 것이다.) 이 때문에 성인은
그 자신을 뒤로 하지만 자신이 앞서게 되고, 그 자신을 밖에
두지만(도외시 하지만) 자신이 있게(보존하게) 되는 것이다.
(이 때문에 성인은 자신의 몸을 뒤로 미루지만 오히려 자신이 앞서게 되고, 자신의
몸을 밖에 두어 신경쓰지 않지만 오히려 자신을 보존하게 된다.) 그에게 사사
로움이 없기 때문이 아니겠는가? 그러므로 자신의 사사로움
을 이룰 수 있는 것이다. (이는 성인에게 사사로운 마음이 없기 때문이
아니겠는가? 그러므로 사심이 없는 그 마음을 이룰 수 있는 것이다.)

久:오래구　邪:어조사야/간사할사

문법(文法)적 해석 및 한자 풀이

1) 天長地久:하늘은 길고(영원하고) 땅은 오래 되었다.
　- 長(장):길다, 오래되다, 오래도록, 오랫동안, 영원히/부사.
　- 久(구):길다, 오래되다.

2) 天地所以能長且久者, 以其不自生:하늘과 땅이 길고(영원하고) 또 오래될 수 있는 까닭은 그들 스스로 살려고 하지 않기 때문이다.

- 所以:관용구로 방법, 이유, 까닭으로 해석한다.
- 所以 ~ 者: ~라는 까닭(이유)/수식어+者가 뒤에서 '所以'를 수식하는 형태로 '者'는 해석하지 않아도 된다.
- 且(차):또/又와 같이, 구와 구, 절과 절을 연결하는 접속사.

3) 以其不自生:그들 스스로 살려고 하지 않기 때문이다.

- 以:때문에, 때문이다/단문을 연결시켜주는 접속사 역할을 한다.
- 其:그(들), 자기, 자기 자신/3인칭 대명사.
- 自生(자생):스스로 살려고 하다/'自'뒤에 자동사일 때는 '스스로 ~하다. 저절로 ~하다'로 해석하며, 타동사일 때는 목적어일지라도 어순상 반드시 동사 앞에 오며 '자기를, 자신을', '스스로를'으로 해석한다.

4) 是以聖人後其身而身先, 外其身而身存:이 때문에 성인은 그 자신을 뒤로 하지만 자신이 앞서게 되고, 그 자신을 밖에 두지만(도외시 하지만) 자신이 있게(보존하게) 되는 것이다.

- 是以(시이):이 때문에, 이로 인해, 따라서/인과 관계를 나타내는 접속사.
- 後(후):뒤로 하다, 뒤로 미루다, 뒤에 하다.
- 而:그러나, 그런데, 하지만/역접 접속사.
- 外(외):밖에 두다, 제외하다, 도외시하다.

5) 非以其無私邪?:그에게 사사로움이 없기 때문이 아니겠는가?

- 非(비): ~아니다/연계동사. 뒤에 술어가 오면 부정 보조사로 쓰이지만, 보어로 명사(구/절)가 오면 연계동사로써 주어와 보어 사이에 놓여 이를 연결하는 역할을 한다.

- 其:그, 자기/3인칭 대명사.
- 以:때문에, 때문이다/단문을 연결시켜주는 접속사 역할을 한다.
- 邪(야):의문, 반문의 어기를 나타내는 의문 종결사.

6) 이 장은 천지가 오래될 수 있는 까닭은 스스로 살려고 하지 않기 때문이며, 성인도 사사로운 마음이 없기에 모든 것을 이룰 수 있는 것이라고 한다.

■ 天長地久 以其不自生 *하늘과 땅은 영원하고 오래되었다

8章

上善若水.

水善利萬物而不爭, 處衆人之所惡.

故幾於道. 居善地, 心善淵, 與善仁, 言善信,

正善治, 事善能, 動善時. 夫唯不爭, 故無尤.

상선약수. 수선리만물이부쟁, 처중인지소오. 고기어도. 거선지, 심선연, 여선인, 언선신,
정선치, 사선능, 동선시. 부유부쟁, 고무우.

최상의 선은 물과 같다.(가장 좋은 최상의 선은 물과 같다.) 물은
만물을 잘 이롭게 하지만 다투지 않고, 많은 사람들이 싫어
하는 곳에 거처한다. 그러므로 〈물은〉도에 가깝다.(물은 천지
만물을 너무도 이롭게 하면서도 만물과 싸우지 않고, 많은 사람들이 싫어하는
낮고 더러운 곳에 머무른다. 그러므로 물은 도에 거의 가깝다고 할 수 있다.)
거처함에는 땅(과 같아야)이 좋고, 마음은 심연(과 같아야)이
좋으며, 〈남과〉 함께 함에는 어짐이 좋고, 말은 믿음이 (있어야)
좋고, 정치는 다스림이(잘 다스려져야) 좋고, 일은 할 수 있음
이(잘 할 수 있어야) 좋고, 움직임(행동)은 때에 (맞아야) 좋다.
(물처럼 사람도 다투지 않고 도에 가깝기 위해, 거처함에는 땅과 같이 낮은 자리가
좋고, 마음에는 깊은 연못과 같이 맑고 고요하여야 좋고, 남과 함께 사귐에는 어짐
으로 사귀는 것이 좋으며, 말에는 믿음이 있어야 좋고, 정치에는 저절로 잘 다스
려져야 좋으며, 일에는 능숙하게 잘 할 수 있어야 좋고, 행동은 때에 잘 맞는 것이
좋은 것이다.) 무릇 오직 다투지 않으니, 그러므로 허물이 없는
것이다.(무릇 물은 결코 다투거나 싸우지 않으니, 그러므로 허물과 잘못이 없는
것이다.)

處:곳처/거주(처)할처 惡:싫어할오/악할악 幾:몇기/가까울기 居:살거/거처할거
淵:못연/깊을연 尤:허물우/더욱우

문법(文法)적 해석 및 한자 풀이

1) 上善若水:최상의 선은 물과 같다.

 - 善(선):선, 훌륭하다, 착하다, 선하다, 좋다, 잘(부사).

 - 若: ~와 같다/비교 형용사로써 水는 보어이다.

2) 處衆人之所惡:많은 사람들이 싫어하는 곳에 거처한다.

 - 衆(중):많은, 뭇, 여러/형용사. 군중, 뭇사람, 많은 사람/명사.

 - 之: ~이(가), ~은(는)/주격 후치사.

 - 惡(오):미워하다, 헐뜯다, 싫어하다.

 - 所: ~바(것)/所+술어가 오며, 불완전명사(의존명사) 또는
   특수 지시대명사로, 주어는 대체로 所앞에 온다.

3) 故幾於道:그러므로 〈물은〉 도에 가깝다.

 - 故(고):그러므로/원인에 따른 결과를 나타내는 인과 접속사.

 - 幾(기):(거의) ~에 가깝다.

 - 於:~에(게)/처소, 대상, 장소의 전치사.

4) 正善治, 事善能:정치는 다스림이(잘 다스려져야) 좋고, 일은
   할 수 있음이(잘 할 수 있어야) 좋고,

 - 正(정):정치(政治), 정사(政事)와 통한다.

 - 善(선):좋다, 훌륭하다, 착하다, 선하다, 잘(부사).

5) 夫唯不爭, 故無尤:무릇 오직 다투지 않으니, 그러므로 허물이
   없는 것이다.

 - 夫(부):문장의 첫머리에 쓰여 문장을 이끄는 어기를 나타내는데,
   '대저(大抵), 대체로, 무릇'으로 해석하거나, 해석하지 않아도
   된다. 즉 발어사라고 할 수 있다.

 - 無: ~이 없다/有와 함께 사물이 있고 없음을 나타내는 존재
   동사로써 보어(尤)를 취하며, 보어를 주어처럼 해석한다.

 - 尤(우):허물, 과실, 결점/명사.

6) 이 장은 거의 도에 가까운 물이 최상의 선이며, 다투지 않고,
   많은 사람들이 싫어하는 곳에 거처하기 때문이란 것이다.

9章

持而盈之, 不如其已. 揣而銳之, 不可長保.
金玉滿堂, 莫之能守. 富貴而驕, 自遺其咎.
功遂身退, 天之道.

지이영지, 불여기이. 췌이예지, 불가장보. 금옥만당, 막지능수. 부귀이교, 자유기구.
공수신퇴, 천지도.

〈이미〉 가지고 있으면서 〈더〉 채우는 것은 그것을 그만두는
것만 못하다. 단련하여서 〈더〉 날카롭게 하는 것은 오랫동안
보전할 수가 없다.(이미 가지고 있는데 또 더 채우는 것은 그것을 그만두는
것만 못하다. 또한 두드려 단련하여 더욱더 날카롭게 하면 오랫동안 보전하기가
어려울 것이다.) 금과 옥이 집에 가득하나 그것을 지킬 수 없다.
부귀하여 교만하니 스스로 그 허물을 남길 것이다. 공이 이루
어지고 자신이 물러나는 것은 하늘의 도(道)이다.(금과 옥이 집에
가득하지만 그것을 제대로 지킬 수 없다. 그리고 부귀하여 잘난 척하고 교만하게
되면 스스로 그것으로 인한 허물을 남기고 재앙을 당하게 될 것이다. 그러므로
공이 이루어지면 그 자신을 뒤로 하고 물러나는 것이 하늘의 법칙인 것이다.)

持:가질지/지닐지 盈:찰영/채울영 已:이미이/그만둘이 揣:가질췌(취)/단련할췌(취)
銳:날카로울예 驕:교만할교 遺:남길유 咎:허물구 遂:드디어수/이룰수 退:물러날퇴

문법(文法)적 해석 및 한자 풀이

1) 持而盈之, 不如其已:〈이미〉 가지고 있으면서 〈더〉 채우는
   것은 그것을 그만두는 것만 못하다.
   - 持(지):가지다, 지니다, (손에) 쥐다.
   - 而:그러나, 그런데/역접 접속사이며, 해석하지 않아도 된다.
   - 不如(불여): ~보다 못하다/열등비교이며, 뒤 문장 '其已'을
     보어로 취한다.

- 其(기):그(것의)/지시 대명사.
- 其已(기이):그것을 그만두다/已其'가 도치된 것으로 부정문에서
  인칭 대명사 또는 대명사가 목적어일 때 앞으로 도치될 수 있다.
2) 揣而銳之, 不可長保:단련하여서 〈더〉 날카롭게 하는 것은
  오랫동안 보전할 수가 없다.
- 揣(췌):때리다, 불리다, (금속을) 불려 단련하다, 헤아리다.
- 而:그리고, 그래서/순접 접속사로써, 단어와 구 혹은 단문을
  연결하는 역할을 하며, 해석하지 않아도 된다.
- 長(장):오랫동안, 오래도록, 영원히/의미상 시간을 나타내는
  경우, 동사 앞에 오면 부사가 된다.
3) 莫之能守:그것을 지킬 수 없다.
- 莫(막): ~않다(없다)/부정을 나타내는 부정 보조사.
- 之:부정문에서 인칭 대명사 또는 대명사가 목적어일 때 앞으로
  도치될 수 있으며, '能守之'가 도치된 것이라 할 수 있다.
4) 自遺其咎:스스로 그 허물을 남길 것이다.
- 自:스스로, 직접, 손수/술어 앞에서 부사로 해석한다.
- 其:그(것의)/지시 대명사.
- 咎(구):허물, 잘못, 재앙, 근심거리.
5) 功遂身退, 天之道:공이 이루어지고 자신이 물러나는 것은
  하늘의 도(道)이다.
- 遂(수):이루다, 성취하다, 끝나다, 마침내, 결국/부사.
- 身:몸, 신체, 자신, 나/自, 身, 己가 주어로 쓰이면 인칭대명사로
  해석할 수 있다.
6) 이 장은 넘치지 않고 조금 부족한 것이 좋고, 부귀나 공에
  대해 교만하지 않고 겸허한 것이 하늘의 법칙이라고 한다.

10章

載營魄抱一, 能無離乎? 專氣致柔, 能嬰兒乎?
滌除玄覽, 能無疵乎? 愛民治國, 能無爲乎?
天門開闔, 能爲雌乎? 明白四達, 能無知乎?
生之畜之, 生而不有, 爲而不恃, 長而不宰,
是謂玄德.

재영백포일, 능무리호? 전기치유, 능영아호? 척제현람, 능무자호? 애민치국, 능무위호?
천문개합, 능위자호? 명백사달, 능무지호? 생지휵지, 생이불유, 위이불시, 장이부재,
시위현덕.

혼(營)과 백(魄)을 지니고 하나를 껴안으면서 떠나지 않을 수
있을까?(하늘에서 받은 양의 혼과 땅에서 받은 음의 백을 지니고 하나인 도를
껴안으면서도 흩어지거나 떠나지 않을 수 있을까?) 기운을 오로지(한결
같이) 하고 부드러움을 다하면서도 갓난아이일 수 있을까?
(기운을 한결같이 하여 부드러움을 다하면서도 갓난아이처럼 순수하게 될 수 있
을까?) 깨끗이 씻어 없애고 현묘하게 보며는 허물이 없을 수
있을까?(깨끗이 씻어 먼지와 더러운 것을 없애고 현묘하게 보며는 허물이 없을
수 있을까?) 백성을 사랑하고 나라를 다스리면서 하지 않을
(무위로 할) 수 있을까?(백성을 아끼면서 사랑하고 나라를 다스리면서도
인위적으로 하지 않고 무위로 아무것도 하지 않을 수 있을까?) 하늘의 문이
열리고 닫히면서 암컷이 될 수 있을까?(생명의 문이라고 할 수 있는
하늘의 문이 열리고 닫힘에 암컷의 문처럼 할 수 있을까?) 밝고 환함이 사방
에 이르면서 알지 못할 수 있을까?(두루 밝고 환하게 사방에 통달하면
서도 알지 못하는 것처럼 할 수 있을까?) (만물을) 낳고 기름에, 낳으
면서도 소유하지 않고, 하면서도 자랑하지 않고, 자라게 하면
서도 다스리지 않으니, 현묘한 덕이라고 말한다.(하지만 도는
만물을 낳고 기름에, 낳아서 생존하게 하지만 소유하지 않고, 이루지만 자랑하지

않고, 자라게 하면서도 지배하거나 다스리지 않으니, 이를 현묘하면서 신비하고
그윽한 덕이라고 한다.)

載:실을재/지닐재 營:경영할영/넋영 魄:넋백 抱:안을포 離:떠날리(이) 專:오로지전/
전일할전 柔:부드러울유 嬰:어린아이영/갓난아이영 兒:아이아 滌:씻을척 除:덜제/
없앨제 覽:볼람 疵:허물자 闔:문짝합/닫을합 雌:암컷자 畜:기를휵 恃:믿을시/
자부할시 宰:재상재/다스릴재

문법(文法)적 해석 및 한자 풀이

1) 載營魄抱一, 能無離乎?:혼(營)과 백(魄)을 지니고 하나를
   껴안으면서 떠나지 않을 수 있을까?

  - 載(재):싣다, 지니다, 휴대하다.

  - 營魄(영백):혼백, 넋, 혼, 정신.

  - 能: ~할 수 있다/가능 보조사.

  - 無: ~않다/부정 보조사로, 동사 앞에 위치하며 不과 같다.
    '無' 뒤에 명사가 오면 존재동사로써 '~없다'로 해석한다.

  - 乎:의문, 반문의 어기를 나타내는 의문 종결사.

2) 專氣致柔, 能嬰兒乎?:기운을 오로지(한결같이) 하고 부드러움을
   다하면서도 갓난아이일 수 있을까?

  - 專(전):오로지 하다, 전일(專一)하다.

  - 嬰兒(영아):갓난아이, 어린아이.

3) 滌除玄覽, 能無疵乎?:깨끗이 씻어 없애고 현묘하게 보며는
   허물이 없을 수 있을까?

  - 滌除(척제):(더러운 것을 깨끗이) 씻어 없애다.

  - 玄(현):신(현)묘하다, 오묘하다, 현묘하게/부사.

  - 無: ~이 없다/有와 함께 사물이 있고 없음을 나타내는 존재
    동사로써 보어(疵)를 취하며, 보어를 주어처럼 해석한다.

  - 疵(자):허물, 흠, 결점.

4) 天門開闔, 能爲雌乎?:하늘의 문이 열리고 닫히면서 암컷이 될

수 있을까?
- 闔(합):문짝, 닫(히)다.
- 爲: ~이 되다/爲+명사, 불완전 자동사로 보어를 취하며,
'爲雌'는 '암컷이 되다'로 해석한다.
- 雌(자):암컷. 雄(웅)/수컷.

5) 生之畜之, 生而不有:(만물을) 낳고 기름에, 낳으면서도 소유
하지 않고,
- 之:술어 뒤에 之가 붙음으로써 술어를 술어답게 만들어 주며,
해석하지 않아도 되지만 대명사, 목적어로 본다면 '만물'을
가리킨다고 할 수 있다.
- 而:그러나, 그런데, 하지만/역접 접속사.

6) 爲而不恃, 長而不宰:하면서도 자랑하지 않고, 자라게 하면서도
다스리지 않으니,
- 恃(시):믿다, 의지하다, 자부하다, 자랑하다.
- 長(장):나이가 들다, 자라다, 성장하다.
- 宰(재):다스리다, 주관하다, 재상, 가신.

7) 是謂玄德:현묘한 덕이라고 말한다.
- 是: ~이다/연계동사이며, 지시대명사로써 주어인 '이것이'의
뜻이 아니며, 주어는 문맥상 앞 문장이므로 해석하지 않아도
된다. 다만 우리말로 옮기는 과정에서는 우리말의 어감에
맞게 '이(것)'란 주어를 붙여준 것뿐이라고 할 수 있다.
- 謂(위):이르다, 일컫다, 말하다, 논평하다.
- 玄德(현덕):현묘하면서 신비하고 그윽한 덕(德).

8) 이 장은 도는 본질이고, 만물을 낳고 기르지만 소유하지 않고
다스리지도 않으니, 이를 현묘하면서 그윽한 덕, '현덕'이라고
한다.

11章

三十輻, 共一轂, 當其無, 有車之用.
埏埴以爲器, 當其無, 有器之用.
鑿戶牖以爲室, 當其無, 有室之用.
故有之以爲利, 無之以爲用.

삼십폭, 공일곡, 당기무, 유거지용. 연식이위기, 당기무, 유기지용. 착호유이위실, 당기무, 유실지용. 고유지이위리, 무지이위용.

서른 개의 수레 바퀴살이 한 개의 수레 바퀴통에 함께 하여 (모여들어), 그 없음에 당면하여야(바퀴 가운데가 비어있어야), 수레의 쓰임이 있게 된다.(서른 개의 수레 바퀴살이 하나의 수레 바퀴통으로 모아져 있지만 바퀴 가운데가 비어있으므로 인해 수레의 쓰임이 있게 된다.) 진흙을 반죽함으로써 그릇을 만들어, 그 없음에 당면하여야(그릇 가운데가 비어있어야), 그릇의 쓰임이 있게 된다.(진흙을 반죽하여 이겨서 그릇을 만들지만 그릇 가운데가 비어있으므로 그릇의 쓰임이 있게 된다.) 문과 창을 뚫음으로써 방을 만들어, 그 없음에 당면하여야(방 가운데가 비어있어야) 방의 쓰임이 있게 된다.(문과 창을 뚫어서 방을 만들지만 방 가운데가 비어있으므로 방의 쓰임이 있게 된다.) 그러므로 있는 것이 이로움으로 여겨지는 것은 없는 것이 쓰임으로 여겨지기(있기) 때문인 것이다.(그러므로 있는 것이 이롭고 유익함으로 여겨지는 것은 없는 것이 쓰임이 있기 때문이다.)

輻:바퀴살폭(복) 共:한가지공/함께할공 轂:수레바퀴통곡 埏:반죽할연(선) 埴:찰흙식 鑿:뚫을착 戶:문호/집호 牖:들창유

문법(文法)적 해석 및 한자 풀이

1) 三十輻, 共一轂, 當其無, 有車之用:서른 개의 수레 바퀴살이 한 개의 수레 바퀴통에 함께 하여(모여들어), 그 없음에 당면

하여야(바퀴 가운데가 비어있어야), 수레의 쓰임이 있게 된다.
- 輻(폭/복):수레 바퀴살.
- 共(공):함께하다, 한 가지로 하다, 모으다.
- 轂(곡):수레 바퀴통, 수레바퀴, 바퀴의 중앙부분.
- 當(당):당면하다, 만나다, 당하다, 대하다.
- 其:그(것의)/지시 대명사. 轂을 가리킨다고 할 수 있다.
- 有:사물이 있고 없음을 나타내는 존재동사로써 뒤 문장을
  보어로 취하며 보어를 주어처럼 해석한다.
2) 埏埴以爲器:진흙을 반죽함으로써 그릇을 만들어,
- 埏埴(연식):진흙에 물을 부어 반죽하거나 이기는 것.
- 以: ~로써/수단, 방법을 나타내는 전치사로써 埏埴와 도치된
  것이라 할 수 있다.
- 爲:'爲+명사'는 '~하다'로 해석하며, 목적어의 성격에 따라
  그 뜻을 적절하게 해석할 수 있다. '爲器'는 그릇을 만들다.
3) 鑿戶牖以爲室:문과 창을 뚫음으로써 방을 만들어,
- 鑿(착):뚫다, 파다, 깎다.
- 戶(호):한 짝으로 된 문을 가리킨다. 두 짝으로 된 문은
  '門'이라고 한다.
- 牖(유):들창(들어서 여는 창), 창.
4) 故有之以爲利, 無之以爲用:그러므로 있는 것이 이로움으로 여기
  지는 것은 없는 것이 쓰임으로 여겨지기(있기) 때문인 것이다.
- 故(고):그러므로/원인에 따른 결과를 나타내는 인과 접속사.
- 之: ~가(이), ~은(는)/주격 후치사.
- 以爲: ~라고(으로) 여기다(간주하다), ~라고(으로) 생각하다.
5) 이 장은 유(有)는 무(無)의 작용과 쓰임으로 인해 기능을 할
  수 있으며, 무(無)의 쓰임을 말하고 있다.

12章

五色令人目盲, 五音令人耳聾, 五味令人口爽,
馳騁畋獵令人心發狂, 難得之貨令人行妨.
是以聖人爲腹, 不爲目. 故去彼取此.

오색령인목맹, 오음령인이롱, 오미령인구상, 치빙전렵령인심발광, 난득지화령인행방.
시이성인위복, 불위목. 고거피취차.

다섯 가지 색깔은 사람의 눈을 멀게 하고, 다섯 가지 소리는
사람의 귀를 먹게 하고, 다섯 가지 맛은 사람의 입을 버리게
하고, 말을 달리며 사냥하는 것은 사람의 마음을 미치게 하고,
얻기 어려운 재물은 사람의 행동을 해롭게(그르치게) 한다.
(다섯 가지 찬란한 색깔은 오래도록 바라보면 피로해져 사람의 눈을 멀게 하고,
다섯 가지 아름다운 소리는 계속 듣다보면 먹먹해져 사람의 귀를 먹게 하고, 다섯
가지 좋은 맛은 사람의 입을 버리게 하고, 말을 타고 달리면서 사냥하는 것은 사
람의 마음을 미친 것과 같이 날뛰게 하고, 얻기 어렵고 희귀한 재화를 탐내면 만족
할 줄 모르게 되고 결국엔 사람의 행동을 해롭고 그르치게 한다.)   이로 인해
성인은 배를 위하지, 눈을 위하지 않는다.(이런 까닭으로 성인은
내면적이고 본능적인 배를 채우지, 외면적이고 욕망의 눈을 위하지 않는다.)
그러므로 저것(후자/눈을 위하는 것)을 버리고 이것(전자/배
를 위하는 것)을 취한다.(그러므로 감각적 쾌락의 눈을 위하는 저것을
버리고 본능적인 배를 채우는 이것을 취한다.)

令:하여금령 盲:맹인맹/눈멀맹 聾:귀먹을롱(농) 爽:버릴상 騁:(말을)달릴빙 馳:달릴치
畋:사냥할전 獵:사냥렵 狂:미칠광 貨:재물화 妨:해로울방 腹:배복

문법(文法)적 해석 및 한자 풀이

1) 五色令人目盲, 五音令人耳聾, 五味令人口爽, 馳騁畋獵
　 令人心發狂:다섯 가지 색깔은 사람의 눈을 멀게 하고, 다섯 가지

소리는 사람의 귀를 먹게 하고, 다섯 가지 맛은 사람의 입을
버리게 하고, 말을 달리며 사냥하는 것은 사람의 마음을
미치게 하고,

- 五色(오색):청, 적, 황, 흑, 백색의 다섯 가지 색깔.

- 令(령): ~하여금 ~을(를) 하게 하다(시키다)/사동보조사로
  다음에 시키는 대상이 오고 술어가 온다.

- 盲(맹):눈멀다, 맹인.

- 五音(오음):궁(宮), 상(商), 각(角), 치(徵), 우(羽)의 다섯 음.

- 聾(롱):귀먹다, 귀가 먼 사람.

- 五味(오미):신맛, 짠맛, 매운맛, 쓴맛, 단맛의 다섯 가지 맛.

- 爽(상):버려놓다, 망가지다, 손상되다, 시원하다.

- 馳騁(치빙):말을 달리는 것.

- 畋獵(전렵):산이나 들의 짐승을 사냥하는 것.

- 發狂(발광):미친 것과 같이 날뜀.

2) 難得之貨令人行妨:얻기 어려운 재물은 사람의 행동을 해롭게
   (그르치게) 한다.

- 難(난):특수형용사로써 술어로 쓰이는 경우, 보어 '得'를 취한다.

- 之:관형격 후치사로써 수식어가 '동사구'이면 '~(하)는, ~한'
  으로 해석한다. 그래서 '難得之'는 '얻기 어려운'으로 해석한다.

- 妨(방):해롭다, 그르치다, 방해하다.

3) 是以聖人爲腹, 不爲目:이로 인해 성인은 배를 위하지, 눈을
   위하지 않는다.

- 是以(시이):이 때문에, 이로 인해, 따라서/인과 관계를 나타
  내는 접속사.

- 爲:위하다, 하다/동사.

- 腹(복):본능적으로 배를 채우는 것을 의미한다.

- 目(목):감각적인 쾌락의 눈을 즐겁게 하는 것을 의미한다.

4) 故去彼取此:그러므로 저것(후자/눈을 위하는 것)을 버리고
이것(전자/배를 위하는 것)을 취한다.

- 故(고):그러므로/원인에 따른 결과를 나타내는 인과 접속사.

- 去(거):버리다, 없애다.

- 彼/此(피/차):지시대명사로써 彼는 저것(후자), 此는 이것
(전자)를 가리킨다고 할 수 있다.

5) 이 장은 눈, 귀, 입, 마음, 행동 등의 감각적 쾌락과 욕망을
버리고, 본성에 따르라고 말한다.

目耳口心行

[爲腹, 不爲目]
배를 위하지, 눈을 위하지 않는다.

13章

寵辱若驚, 貴大患若身. 何謂寵辱若驚?
寵爲下, 得之若驚, 失之若驚, 是謂寵辱若驚.
何謂貴大患若身? 吾所以有大患者,
爲吾有身. 及吾無身, 吾有何患?
故貴以身爲天下, 若可寄天下.
愛以身爲天下, 若可託天下.

총욕약경, 귀대환약신. 하위총욕약경? 총위하, 득지약경, 실지약경, 시위총욕약경.
하위귀대환약신? 오소이유대환자, 위오유신. 급오무신, 오유하환? 고귀이신위천하,
약가기천하. 애이신위천하, 약가탁천하.

총애와 굴욕은 놀란 듯이 하고, 큰 근심이 제 몸인 듯이 귀하
게 여긴다.(총애를 받아도, 굴욕을 당해도 똑같이 놀라고 두려운 듯이 하고,
큰 근심이 있으면 그것에 대처하기를 제 몸을 소중히 여기는 것만큼 귀하게 여겨
야 한다.) 어째서 총애와 굴욕은 놀란 듯이 하라고 말하는가?
총애도 아래가(굴욕이) 되니, (총애를) 얻어도 놀란 듯이 하
고, (총애를) 잃어도(굴욕을 당해도) 놀란 듯이 하니, (이를)
총애와 굴욕은 놀란 듯이 하라고 말하는 것이다.(어째서 총애을
받아도, 굴욕을 당해도 똑같이 놀라고 두려운 듯이 하라고 말하는가? 총애가 굴욕
으로 바뀔 수 있으니 총애를 얻어도 놀라고 두려운 듯이 하고, 총애를 잃어 굴욕
을 당하면 당연히 놀란 듯이 하니, 이것을 일러 총애를 받아도, 굴욕을 당해도
똑같이 놀라고 두려운 듯이 하라는 것이다.) 어째서 큰 근심이 제 몸인
듯이 귀하게 여기라고 말하는가? 내가 큰 근심이 있는 까닭은
나에게 몸이 있기 때문이다.내가 몸이 없음에 이르러, 나에게
무슨 근심이 있겠는가?(어째서 큰 근심이 있으면 그것에 대처하기를 제
몸을 소중히 여기는 것만큼 귀하게 여기라고 말하는가? 내가 큰 근심이 있는 까

닭은 소중히 여기는 내 몸이 있기 때문이다. 내가 이런 몸이 없다면 나에게 어떤 근심이 있겠는가?) 그러므로 자신의 몸을 천하처럼 귀하게 여기니, 천하를 맡길 수 있을 것 같다. 자신의 몸을 천하처럼 사랑스럽게 여기니, 천하를 부탁할 수 있을 것 같다.(자신의 몸을 아끼지 않는 사람이 어찌 천하를 귀하게 여기고 사랑스럽게 여기겠는가? 그러므로 자신의 몸을 천하만큼 귀하게 여긴다면 그에게 천하를 맡길 수 있을 것이다. 자신의 몸을 천하만큼 사랑하고 아낀다면 그에게 천하를 부탁할 수 있을 것이다.)

寵:총애총 辱:욕될욕 驚:놀랄경 患:근심환 寄:맡길기 託:부탁할탁

문법(文法)적 해석 및 한자 풀이

1) 寵辱若驚, 貴大患若身:총애와 굴욕은 놀란 듯이 하고, 큰 근심이 제 몸인 듯이 귀하게 여긴다.
   - 寵辱(총욕):총애와 굴욕.
   - 若(약): ~와 같다, ~듯이 하다/비교 형용사로써 보어 '驚'을 취한다.
   - 驚(경):놀라다, 두려워하다.
   - 貴(귀):귀하다, 귀하게 여기다/뒤 문장은 목적절로 볼 수 있다.
2) 何:어째서, 어찌/의문 부사.
3) 寵爲下:총애도 아래가 (굴욕이) 되니,
   - 爲: ~이(가) 되다/爲+명사, 불완전 자동사로 보어를 취하며, '爲下'는 '아래가 되다'로 해석한다.
4) 是謂寵辱若驚:(이를) 총애와 굴욕은 놀란 듯이 하라고 말하는 것이다.
   - 是: ~이다/연계동사이며, 지시대명사로써 주어인 '이것이'의 뜻이 아니며, 주어는 문맥상 앞 문장이므로 해석하지 않아도 된다. 다만 우리말로 옮기는 과정에서는 우리말의 어감에 맞게 '이(것),

이를'을 주어로 붙여준 것뿐이라고 할 수 있다. 보어 또한 명사(구)만
있는 것이 아니라, 서술절 '謂寵辱若驚'을 받기도 한다.

- 謂(위):이르다, 일컫다, 말하다, 논평하다.

5) 吾所以有大患者, 爲吾有身:내가 큰 근심이 있는 까닭은 나에게
몸이 있기 때문이다.

- 所以 ~ 者: ~라는 까닭(이유)/수식어+者가 뒤에서 '所以'를
수식하는 형태로 '者'는 해석하지 않아도 되며, 주어는 대체로
所 앞에 온다.

- 有:사물이 있고 없음을 나타내는 존재동사로써 뒤 문장을
보어로 취하며 보어를 주어처럼 해석한다.

- 爲: ~때문(이다)에/동작이나 행위가 발생한 원인을 나타낸다.

6) 及吾無身, 吾有何患?:내가 몸이 없음에 이르러, 나에게 무슨
근심이 있겠는가?

- 及(급): ~에 이르러, ~할 때/전치사로써 동작이나 행위가
발생한 시점을 나타낸다.

- 何:무슨, 어떤/의문 형용사.

7) 故貴以身爲天下, 若可寄天下:그러므로 자신의 몸을 천하처럼
귀하게 여기니, 천하를 맡길 수 있을 것 같다.

- 故(고):그러므로/원인에 따른 결과를 나타내는 인과 접속사.

- 貴(귀):귀하게/형용사가 부사로 전성된 것으로 볼 수 있다.

- 以 ~爲 ~: ~을 ~라고 여기다, ~을 ~라고 생각하다, ~을 ~로 삼다.

- 若(약): ~와 같다, ~듯 하다/비교 형용사로써 뒤 문장 '可寄
天下'은 보어라고 할 수 있다.

8) 이 장은 총애와 굴욕을 놀란 듯이 똑같이 여기고, 큰 근심은
내 몸이 있기 때문이며, 자신을 귀하고 사랑스럽게 여기는
사람만이 천하를 맡을 수 있다고 한다.

14章

視之不見, 名曰夷, 聽之不聞, 名曰希,
搏之不得, 名曰微. 此三者, 不可致詰,
故混而爲一. 其上不曒, 其下不昧,
繩繩不可名, 復歸於無物.
是謂無狀之狀, 無物之象, 是謂惚恍.
迎之不見其首, 隨之不見其後. 執古之道,
以御今之有, 能知古始, 是謂道紀.

시지불견, 명왈이, 청지불문, 명왈희, 박지부득, 명왈미. 차삼자, 불가치힐, 고혼이위일.
기상불교, 기하불매, 승승불가명, 복귀어무물. 시위무상지상, 무물지상, 시위홀황.
영지불견기수, 수지불견기후. 집고지도, 이어금지유, 능지고시, 시위도기.

보아도 보이지 않으니, 이름하여 이(夷/형체가 없이 큰 것)
라고 말하고, 들어도 들리지 않으니, 이름하여 희(希/소리가
드물고 없는 것)라고 말하고, 잡으려고 해도 얻지 못하니,
이름하여 미(微/미약한 것)라고 말한다. 이 세 가지는 따져서
이를 수(밝힐 수) 없으니, 그러므로 섞여 하나(道)가 된다.(보
려고 해도 보이지 않으니, 이름하여 형체가 없는 큰 것, 즉 이(夷)라고 말하고,
들으려고 해도 들리지 않으니, 이름하여 소리가 드물고 없는 것, 즉 희(希)라고
말하고, 손으로 잡으려고 해도 잡히지 않고 얻지도 못하니, 이름하여 작고도 미
약한 것, 즉 미(微)라고 말한다. 이 세 가지는 말로 따져서 밝힐수 없으니, 그러므로
뒤섞여 하나(道)가 된다.) 그 위는 밝지 않고, 그 아래는 어둡지 않
으며, 이어지고 이어져 이름 지을 수 없어, 사물이 없는 것에
되돌아간다. (이를) 형상이 없는 상태, 사물이(아무것도) 없는
형상이라고 말하는 것이며, (이를) 황홀하다(어리둥절하다)고
말하는 것이다.(그 위라고 해서 더 밝지 않고, 그 아래라고 해서 더 어둡지

않으며, 끊임없이 길게 이어져 무엇이라고 이름 지을 수 없으나 결국은 어떠한 사물도 없는 것으로 되돌아간다. 이를 형상이 없는 상태, 아무 것도 없는 형상이라고 말하는 것이며, 이를 황홀하고도 어리둥절하다고 말하는 것이다.) 맞이하(려 하)나 그 머리를 보이지 않고, 따라가(려 하)나 그 뒤를 보이지 않는다.(그것을 앞에서 맞이하려 하나 그 머리를 볼 수 없고, 그것을 뒤에서 따라가려 하나 그 후미를 볼 수 없다.) 옛날의 도를 가지고서, 지금의 있는 것을 다스리면 옛날의 처음을 알 수 있으니, (이를) 도의 벼리(실마리)라고 말하는 것이다.(옛날이나 지금이나 변함없는 도이므로 그 옛날의 도를 가지고 지금 있는 것을 다스리면 태고의 시작을 알 수 있으니, 이를 도의 실마리라고 말하는 것이다.)

夷:오랑캐이 希:바랄희/드물희 搏:잡을박 微:작을미 詰:물을힐/따질힐
混:섞을(일)혼 曒:밝을교 昧:어두울매 繩:노끈승 狀:형상상 惚:황홀할홀/흐릿할홀
恍:황홀할황/멍할황 迎:맞을영 隨:따를수 御:다스릴어/거느릴어 紀:벼리기/실마리기

문법(文法)적 해석 및 한자 풀이

1) 視之不見, 名曰夷:보아도 보이지 않으니, 이름하여 이(夷/
   형체가 없이 큰 것)라고 말하고,
   - 名(명):이름하다, 지칭하다, 이름하여, 명명하여/부사.
   - 夷(이):크다, 형체가 없이 지극히 크다.
2) 希(희):(소리가) 드물다, 적다.
3) 搏之不得, 名曰微:잡으려고 해도 얻지 못하니, 이름하여
   미(微/미약한 것)라고 말한다.
   - 搏(박):잡다, 쥐다, 두드리다.
   - 微(미):작다, 미약하다, 쇠미하다.
4) 此三者, 不可致詰, 故混而爲一:이 세 가지는 따져서 이를 수
   (밝힐 수) 없으니, 그러므로 섞이어 하나가 된다.
   - 者(자):의존명사(불완전명사) 또는 특수 지시대명사로 '此三'

와 함께 명사구를 이루며, 언급한 것을 합산하여 ~가지, 또는
~것(사람) 등으로 해석할 수 있다.

- 可(가): ~할수 있다/가능 보조사, 可以와 같다.
- 致詰(치힐):따져서 이르다/동사가 연속 이어지는 연동사
  (連動詞)로 앞의 동사가 문장의 본동사이다.
- 故(고):그러므로/원인에 따른 결과를 나타내는 인과 접속사.
- 爲: ~이 되다/爲+명사, 불완전 자동사로 보어를 취하며,
  '爲一'는 '하나가 되다'로 해석한다.

5) 其上不皦, 其下不昧:그 위는 밝지 않고, 그 아래는 어둡지 않으며,
  - 其(기):그(것의)/지시 대명사.
  - 皦(교):밝다, 밝게 빛나다.
  - 昧(매):어둡다, 희미하다.

6) 繩繩不可名, 復歸於無物:이어지고 이어져 이름지을 수 없어,
   사물이 없는 것에 되돌아간다.
  - 繩繩(승승):이어지고 이어지다, 노끈같이 끊어지지 않다.
  - 復歸(복귀):되돌아가다, 돌아오다.

7) 是謂無狀之狀, 無物之象, 是謂惚恍:(이를) 형상이 없는 상태,
   사물이(아무것도) 없는 형상이라고 말하는 것이며, (이를)
   황홀하다(어리둥절하다)고 말하는 것이다.
  - 是: ~이다/연계동사.
  - 狀(상):형상, 모양, 형태, 상태.
  - 之:관형격 후치사로써 수식어가 '동사구'이면 '~(하)는, ~한'
    으로 해석하며 '無狀之'는 '형상이 없는'으로 해석한다.
  - 惚(홀):흐릿하다, 황홀하다, 멍하다.
  - 恍(황):황홀하다, 어슴푸레하다.
  - 惚恍(홀황):황홀하다, 멍하고 어리둥절하다.

8) 執古之道, 以御今之有, 能知古始, 是謂道紀:옛날의 도를 가지
  고서, 지금의 있는 것을 다스리면 옛날의 처음을 알 수 있으니,
  (이를) 도의 벼리(실마리)라고 말하는 것이다.
  - 執(집):가지다, 잡다, 지니다.
  - 以(이):명사절 다음에 以가 오면 '~하면서'의 뜻으로, 접속사로
    사용되어 而(그래서)와 유사하며, 해석하지 않아도 된다.
  - 御(어):다스리다, 통치하다, 거느리다.
  - 能: ~할 수 있다/가능 보조사.
  - 古始(고시):옛날의 처음(시초), 태고의 시작(시초).
  - 道紀(도기):도의 벼리(실마리), 도의 단서
9) 이 장은 보이지도 않고, 들리지도 않으며, 잡히지도 않는 도의
  성질과 상태, 그 작용의 오묘함과 옛날이나 지금이나 변함없는
  도의 실마리를 말하고 있다.

夷
希　混而爲一　道紀
微　　　　　　道의 실마리

15章

古之善爲士者, 微妙玄通, 深不可識.

夫唯不可識, 故强爲之容.

豫兮若冬涉川, 猶兮若畏四隣, 儼兮其若客,

渙兮若氷之將釋, 敦兮其若樸, 曠兮其若谷,

混兮其若濁. 孰能濁以靜之徐淸?

孰能安以久動之徐生? 保此道者, 不欲盈.

夫唯不盈, 故能蔽不新成.

고지선위사자, 미묘현통, 심불가식. 부유불가식, 고강위지용. 예혜약동섭천, 유혜약외사린, 엄혜기약객, 환혜약빙지장석, 돈혜기약박, 광혜기약곡, 혼혜기약탁. 숙능탁이정지서청? 숙능안이구동지서생? 보차도자, 불욕영. 부유불영, 고능폐불신성.

옛날의 훌륭한 선비가 된 사람은 미묘하고 심오하게 통달하여 깊이는 알 수 없었다. 무릇 오직 〈깊이를〉 알 수 없으니, 그러므로 억지로 그를 위해 드러낸다. (옛날의 훌륭한 선비인 사람은 미묘하고 심오하여 모든 사물의 이치에 통달하여서 그 깊이를 알 수 없었다. 무릇 오직 그 깊이를 알 수 없기에, 그러므로 억지로 그를 위해 형언하여 드러내 본다.) 머뭇거리도다! 겨울에 냇물을 건너는 듯하다. 망설이도다! 사방의 이웃을 두려워하는 듯하다. 엄숙하도다! 그는 손님인 듯하다. 풀어지도다! 얼음이 장차 녹아 풀리는 듯하다. 도탑도다! 그는 통나무인 듯하다. 비었도다! 그는 골짜기인 듯하다. 섞였도다! 그는 혼탁한 듯하다. (조심하고 머뭇거리는 것이 겨울에 냇물을 건너는 듯하고, 주저하고 망설이는 것이 사방에 이웃을 두려워하는 듯하고, 근엄하고 엄숙한 것이 예의 바른 손님인 듯하고, 풀어지는 것이 얼음이 장차 녹아 풀리는 듯하고, 소박하고 도타운 것이 통나무인 듯하고, 텅 비어있는 것이 산골짜기인 듯하고, 흐릿하게 섞인 것이 흙탕물처럼 혼탁한 듯하다.)

누가 혼탁하므로 고요하게 하여 서서히 맑게 할 수 있는가?
누가 안정되어(멈춰) 있으므로 오랫동안 움직여 서서히 살릴
수 있는가?(그 누가 흙탕물처럼 혼탁한 것을 고요하게 하여 천천히 맑게 할 수
있는가? 그 누가 멈춰 안정된 것을 오랫동안 움직여서 천천히 생동하게 할 수 있
는가?) 이 도를 보존하는 사람은 채우려고 하지 않는다. 무릇
오직 채우지 않으니, 그러므로 능히 해어질 수(낡아) 있으면
서 새로이 이루지 않는다.(아마도 이 도를 지니고 있는 사람이 천천히
맑게 하고, 천천히 생동하게 할 수 있는 것은 채우려고 하지 않기 때문이다. 무릇
오직 채우지 않기 때문에 낡아 해어지더라도 새로이 이루려고 인위적으로 하지
않는다.)

微:작을미 妙:묘할묘 豫:미리예/머뭇거릴예 涉:건널섭 猶:망설일유 隣:이웃린
儼:엄숙할엄 渙:흘어질환 釋:풀석 敦:도타울돈 樸:통나무박 曠:빌광 谷:골짜기곡
混:섞을(일)혼 濁:흐릴탁 徐:천천히할서 蔽:덮을폐

문법(文法)적 해석 및 한자 풀이

1) 古之善爲士者, 微妙玄通:옛날의 훌륭한 선비가 된 사람은
   미묘하고 심오하게 통달하여
   - 爲: ~이 되다/爲+명사, 불완전 자동사로 보어를 취하며,
     '爲士'는 '선비가 되다'로 해석한다.
   - 者:의존명사(불완전명사) 또는 특수 지시대명사로 '~하는
     사람(자), ~하는 것'으로 해석한다.
   - 微妙(미묘):뚜렷하게 드러나지 않으면서 묘함.
   - 玄(현):검다, 신(현)묘하다, 오묘하다, 심오하다.
   - 通(통):통하다, 통달하다.
2) 夫唯不可識, 故强爲之容:무릇 오직 〈깊이를〉 알 수 없으니,
   그러므로 억지로 그를 위해 드러낸다.
   - 夫(부):'대저(大抵), 대체로, 무릇'으로 해석하거나, 해석하지

않아도 된다. 즉 발어사라고 할 수 있다.

- 唯:오직, 다만, 단지/한정 부사.

- 强(강):억지로/부사.

- 爲: ~위해, ~위하여/전치사.

- 容(용):드러내다, 형용(언)하다.

3) 豫兮若冬涉川:머뭇거리도다! 겨울에 냇물을 건너는 듯하다.

- 豫(예):머뭇거리다, 망설이다.

- 兮(혜):주로 댓구를 이루는 명사(구)뒤에 붙여서 감탄의 어기를
  돕는 감탄 종결사로써, 대부분 운문(시)에 쓰인다.

- 若(약): ~와 같다, ~듯 하다/비교 형용사로써 뒤 문장 '冬涉川'은
  보어라고 할 수 있다.

- 冬(동):때, 시간을 나타내는 명사가 동사 앞에 와서 부사가 된다.

4) 猶(유):망설이다, 머뭇거리다.

5) 渙(환):흩어지다, (녹아서) 풀어지다.

6) 敦兮其若樸:도탑도다! 그는 통나무인 듯하다.

- 敦(돈):도탑다, 두텁다.

- 其:그(것), 자기/3인칭(지시) 대명사.

- 樸(박):통나무, 질박하다, 순박하다.

7) 曠(광):비다, 비우다, 넓다, 탁 트이다.

8) 混(혼):섞다, 섞이다, 흐리다, 혼탁하다.

9) 孰能濁以靜之徐淸?:누가 혼탁하므로 고요하게 하여 서서히
   맑게 할 수 있는가?

- 孰(숙):누가/의문대명사

- 能: ~할 수 있다/가능 보조사.

- 以(이): ~하면서(하므로)/접속사로 而(그래서)와 유사하며,
  해석하지 않아도 된다.

- 徐(서):천천히 하다, 천천히, 서서히.

10) 故能蔽不新成:그러므로 해어질 수(낡아) 있으면서 새로이
   이루지 않는다.

- 故(고):그러므로/원인에 따른 결과를 나타내는 인과 접속사.

- 蔽(폐):덮다, 가리다, 해지다, 해어지다, 낡다.

- 新(신):새로운, 새롭게(이), 새롭게 하다.

11) 이 장은 도의 경지에 이른 큰 덕이 있는 사람은 그 깊이를
   알 수 없으므로 억지로 형언하여 드러내고 있으며, 이러한
   도를 지니고 있는 사람은 채우려고 하지 않고, 인위적으로
   하지 않는다고 한다.

保此道者[不欲盈 不新成
채우려고 하지 않고,
새로이 이루지 않는다.

16章

致虛極, 守靜篤, 萬物並作, 吾以觀復.
夫物芸芸, 各復歸其根. 歸根曰靜, 是謂復命.
復命曰常, 知常曰明. 不知常, 妄作凶.
知常容, 容乃公, 公乃王, 王乃天, 天乃道,
道乃久, 沒身不殆.

치허극, 수정독, 만물병작, 오이관복. 부물운운, 각복귀기근. 귀근왈정, 시위복명.
복명왈상, 지상왈명. 부지상, 망작흉. 지상용, 용내공, 공내왕, 왕내천, 천내도, 도내구,
몰신불태.

비움에 도달하기를 극진히 하고, 고요함을 지키기를 돈독하
게 하여, 만물이 모두 일어나니(생겨나니), 나는 이로써 〈만
물이 근원으로〉 되돌아가는 것을 본다. (비움에 이르기를 지극히 추구
하고, 고요함을 지키기를 독실하게 하여 만물이 모두 생겨나지만 나는 그 생겨난
만물이 다시 근원으로 되돌아가는 것을 본다.) 만물이 무성하게 생동하
지만 각각 그 뿌리로 되돌아간다. 뿌리로 돌아가는 것이 고
요함이라고 하니, 생명에 돌아가는 것을 말한다. 생명에 돌아
가는 것이 영원함이라 말하고, 영원함을 아는 것이 밝음이라
말한다. 영원함을 알지 못하면 망령되게 행동하여 흉해진다.
(만물이 무성하게 자라고 생동하지만 각각 그 뿌리로 되돌아간다. 이처럼 뿌리로
돌아가는 것을 고요함이라 하며, 생명으로 돌아가는 것을 말한다. 생명으로 돌아
가는 것을 영원함이라 말하고, 영원함의 법칙을 아는 것을 밝음이라 말한다. 이
영원함의 법칙을 알지 못하면 망령되게 행동하여 흉해지고 불행해진다.) 영원
함을 알면 〈모든 것을〉 받아들이고, 받아들이면 이에 공평해
지고, 공평하면 이에 왕이 되고, 왕이 되면 이에 하늘이며,
하늘이면 이에 도이며, 도는 이에 영구하니, 죽을 때까지 위태

롭지 않을 것이다. (영원함의 법칙을 알면 모든 것을 받아들이고 포용하게
될 것이고, 모든 것을 받아들이면 이에 공평해질 것이며, 공평하면 이에 왕이 될
것이고, 왕은 곧 하늘이며, 하늘은 곧 도이며, 도는 곧 영구하니, 그러므로 이 도
를 따르면 죽을 때까지 위태롭지 않을 것이다.)

極:다할극/지극할극 篤:도타울독 竝:나란히병/모두병 芸:김맬운 妄:망령될망
凶:흉할흉 沒:빠질몰 殆:위태할태

문법(文法)적 해석 및 한자 풀이

1) 萬物竝作, 吾以觀復:만물이 모두 일어나니(생겨나니), 나는
   이로써 〈만물이 근원으로〉 되돌아가는 것을 본다.
   - 竝(병):모두, 함께, 나란히.
   - 吾:나, 우리, 우리들/1인칭 대명사.
   - 以:앞 문장을 가리키는 대명사 '之'가 생략되었으며, 以다음에
     之등의 대명사가 오는 경우는 생략할 수 있다.

2) 夫物芸芸, 各復歸其根:만물이 무성하게 생동하지만 각각 그
   뿌리로 되돌아간다.
   - 夫(부):'대저(大抵), 대체로, 무릇'으로 해석하거나, 해석하지
     않아도 된다. 즉 발어사라고 할 수 있다.
   - 芸芸(운운):무성하고 번성한 모양.
   - 各:각각/부정칭 대명사.
   - 其(기):그(것의)/지시 대명사.

3) 不知常, 妄作凶:영원함을 알지 못하면 망령되게 행동하여
   흉해진다.
   - 不: ~면/부정 보조사 不로 인하여 가정문이라 할 수 있다.
   - 常(상):항구하다, 영원하다, 영원함, 영원 불변한 것.
   - 妄(망):망령되다, 어그러지다, 허망하다/전성 부사.

4) 容(용):얼굴, 용납하다, 받아들이다.

5) 道乃久, 沒身不殆:도는 이에 영구하니, 죽을 때까지 위태롭지
   않을 것이다.
   - 乃(내):이에, 곧/부사.
   - 沒身(몰신):몸을 다할 때까지, 죽을 때까지.
6) 이 장은 뿌리로 돌아가는 것을 고요함이라고 하고, 생명에
   돌아가는 것을 영원함이라고 하며, 고요함과 영원함을 알면
   죽을 때까지 위태롭지 않을 것이라고 한다.

歸根曰靜, 復命曰常
沒身不殆
죽을 때까지 위태롭지 않다?

17章

太上, 下知有之. 其次, 親而譽之. 其次,
畏之. 其次, 侮之. 信不足焉, 有不信焉.
悠兮! 其貴言. 功成事遂, 百姓皆謂我自然.

태상, 하지유지. 기차, 친이예지. 기차, 외지. 기차, 모지. 신부족언, 유불신언. 유혜! 기귀언.
공성사수, 백성개위아자연.

훌륭한 군주는 아래 백성들이 (군주가) 있는 것으로 알기만
한다.(훌륭한 군주는 천지 자연의 도에 순응하여 자연스럽게 할 뿐 인위적으로
하지 않으므로 백성들이 군주가 있는 건만 안다.) 그 다음은 (군주를)
친근히 여기고 찬양한다.(그 다음 군주는 인의(仁義)의 방법으로 천하를
태평하게 해서 백성들이 군주를 친근히 여기고 찬양한다.) 그 다음은 (군
주를) 두려워한다.(그 다음 군주는 법과 형벌로 다스리니까 백성들이 두려
워한다.) 그 다음은 (군주를) 업신여긴다.(그 다음 군주는 최하의 군주
로 그때그때마다 속임수와 거짓말을 하므로 백성들이 군주를 업신여긴다.)
〈군주가〉 믿음이 부족하니, 〈백성들이〉 믿지 못함이 있다.
(그러기에 군주된 자에게 믿음이 부족하면 백성들이 믿지 않는다.) 근심하고
조심하는구나! 그가 말을 귀중하게 여김이여.(그러므로 군주는
함부로 말을 해서는 안되고, 한마디의 말도 소중히 여길 줄 알아야 된다.)
공이 이루어지고 일은 끝나니, 백성들은 모두 우리가 스스로
그렇게 되었다고 말한다.(최상의 군주, 훌륭한 군주는 공이 이루어지고
일이 끝나도 백성들은 군주의 공적인지 알지 못하고, 다 내가 저절로 그렇게 됐
다고 말한다.)

太:클태 次:버금차 譽:기릴예 侮:업신여길모 悠:멀유/근심할유 遂:끝날수

문법(文法)적 해석 및 한자 풀이

1) 太上, 下知有之:훌륭한 군주는 아래 백성들이 (군주가) 있는

것으로 알기만 한다.

- 太上(태상):가장 뛰어난 것, 훌륭한 군주.

태고(太古)로도 해석할 수 있다.

- 下:아랫사람, 일반 백성으로 해석할 수 있다.

- 知有(지유):있는 것으로 알다/동사가 연속 이어지는 연동사

(連動詞)로 앞의 동사가 문장의 본동사이다.

- 之:술어 뒤에 之가 붙음으로써 술어를 술어답게 만들어주며,

해석하지 않아도 되지만 대명사, 목적어로 본다면 '太上'을

가리킨다고 할 수 있다.

2) 其次, 親而譽之:그 다음은 (군주를) 친근히 여기고 찬양한다.

- 其(기):그(것의)/지시 대명사.

- 次(차):버금, 다음, 둘째.

- 親(친):친(근)하다, 가깝다, 가까이하다.

- 譽(예):기리다, 찬양하다, 칭찬하다.

3) 信不足焉, 有不信焉:〈군주가〉 믿음이 부족하니,

〈백성들이〉 믿지 못함이 있다.

- 焉(언):진술문의 끝 부분에 쓰여 종결이나 판단의 어기를

나타내는 종결사로써, 이 경우에는 해석하지 않아도 된다.

- 有:사물이 있고 없음을 나타내는 존재동사로써 뒤 문장을

보어로 취하며 보어를 주어처럼 해석한다.

4) 悠兮! 其貴言:근심하고 조심하는구나! 그가 말을 귀중하게

여김이여.

- 悠(유):근심하다, 조심하다, 멀다.

- 兮(혜):주로 댓구를 이루는 명사(구)뒤에 붙여서 감탄의 어기를

돕는 감탄 종결사로써, 대부분 운문(시)에 쓰인다.

- 其:그, 자기/3인칭 대명사.

5) 百姓皆謂我自然:백성들은 모두 우리가 스스로 그렇게 되었다고 말한다.

- 皆(개):다, 모두/부정칭 인칭 대명사.

- 我:나, 우리, 우리들/1인칭 대명사.

- 自然(자연):스스로 그렇게 되다/'自'뒤에 자동사일 때는 '스스로 ~하(되)다. 저절로 ~하(되)다'로 해석하며, 타동사일 때는 목적어일지라도 어순상 반드시 동사 앞에 오며 '자기를, 자신을, 스스로를'으로 해석한다.

- 然(연):그러하다, 그러하게 하(되)다.

6) 이 장은 훌륭한 군주는 백성들이 군주가 있는 것으로 알기만 하고, 공이 이루어지고 일이 끝나도 백성들은 모두 자기들이 스스로 그렇게 했다고 한다.

훌륭한 군주는 백성들이 군주가 있는 것으로 알기만 한다.

백성들은 모두 우리가 스스로 그렇게 되었다고 말한다.

18章

大道廢, 有仁義, 慧智出, 有大僞.
六親不和, 有孝慈, 國家昏亂, 有忠臣.

대도폐, 유인의, 혜지출, 유대위. 육친불화, 유효자, 국가혼란, 유충신.

위대한 도가 쇠퇴하니, 인과 의가 있게 되었고, 지혜가 나타나니, 큰 거짓이 있게 되었다.(대도라는 것은 무위의 도, 자연의 도, 즉 무위자연의 도를 말하며, 인은 불인(不仁)이 있으므로 필요하고, 의는 불의(不義)가 있으므로 필요한 것이다. 또 옳고 그른 것, 이롭고 해로운 것을 구별해야 할 때에 지혜가 필요하고 지혜가 필요하니까 거기에 큰 거짓이 생긴다.) 육친(집안 사람들)이 화목하지 않으니, 효도와 자애가 있게 되었고, 국가가 어둡고 어지러워지니, 충신이 있게 되었다.(육친, 즉 부모, 형제, 처자가 화목하면 효도, 자애가 자연스럽게 행해지는데 화목하지 않으니까 효도, 자애가 필요하다. 다시 말해서 대도, 무위자연의 도가 쇠퇴해서 화목하지 않은 것이다. 나라 또한 대도, 무위자연의 도가 쇠퇴해서 어둡고 혼란스러우니 충신이 있는 것이다. 대도(大道), 무위 자연의 도가 행해지는 세상만이 가장 완전한 세상이라고 할 수 있다.)

廢:폐할폐 慧:슬기로울혜 僞:거짓위 慈:사랑할자 昏:어두울혼

문법(文法)적 해석 및 한자 풀이

1) 大道廢, 有仁義, 慧智出, 有大僞:위대한 도가 쇠퇴하니, 인과 의가 있게 되었고, 지혜가 나타나니, 큰 거짓이 있게 되었다.
  - 大道:위대한 도, 무위자연(無爲自然)의 도라고 할 수 있다.
  - 廢(폐):폐하다, 무너지다, 쇠퇴하다.
  - 有:사물이 있고 없음을 나타내는 존재동사로써 뒤 문장을 보어로 취하며 보어를 주어처럼 해석한다.
  - 出(출):나다, 나가다, 드러내다, 나타내다.

- 僞(위):거짓, 잘못, 속이다.
2) 六親不和:육친(집안 사람들)이 화목하지 않으니,
  - 六親(육친):부모(父母), 형제(兄弟), 처자(妻子).
  - 和(화):화(목)하다, 화합하다.
3) 이 장은 대도(大道)라는 것은 무위 자연의 도를 말하며,
   대도(大道)가 행해지는 세상만이 가장 완전한 세상이라고
   말하고 있다.

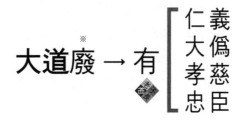

19章

絶聖棄智, 民利百倍. 絶仁棄義, 民復孝慈.
絶巧棄利, 盜賊無有. 此三者以爲文不足,
故令有所屬. 見素抱樸, 少私寡欲.

절성기지, 민리백배. 절인기의, 민복효자. 절교기리, 도적무유. 차삼자이위문부족,
고령유소속. 견소포박, 소사과욕.

성스러움을 끊고 지혜를 버리면 백성의 이로움이 백배가 된다.(성스러움을 끊고 지혜를 버리고 무위자연의 도를 따르면 백성의 이익이 백배가 된다.) 어짊을 끊고 의로움을 버리면 백성이 효도와 자애에 되돌아간다.(인과 의는 불인과 불의가 있기 때문인데, 인의가 필요없는 세상이 되면 백성들은 누구나 효도하고 자애하는 백성으로 돌아갈 것이다.) 기교를 끊고 이로움을 버리면 도적이 있지 않게 된다.(기교를 버려서 각자 생업에 충실하고, 이익을 탐낼 필요가 없는 세상이 되면 당연히 도적이 없을 것이다.) 이 세 가지는 꾸밈으로 여기기에는 부족하니, 그러므로 따를 바가 있게 한다.(이 세가지 것, 성지, 인의, 교리는 꾸며서 괜찮을지 모르지만 부족하니, 그러므로 따를 바, 돌아갈 곳이 있어야 한다.) 바탕을 보고 질박함을 껴안으며, 사심을 줄이고 욕심을 적게 하는 것이다.(따를 바, 돌아갈 곳, 즉 바탕, 소박함을 보여주고 질박함을 받아들이고, 사심을 줄이고 욕심을 적게 하는 것이다.)

棄:버릴기 倍:곱배 慈:사랑할자 巧:공교할교 盜:도둑도 賊:도둑적 屬:따를속
抱:안을포 樸:순박할박 寡:적을과

문법(文法)적 해석 및 한자 풀이

1) 民復孝慈:백성이 효도와 자애에 되돌아간다.

  - 復(복):돌아가다, 돌아오다, 회복하다/자동사로써 보어 '孝慈'를
    취한다고 할 수 있다.

2) 盜賊無有:도적이 있지 않게 된다.

   - 無: ~않다/부정 보조사로, 동사 앞에 위치하며 不과 같다.

   - 有:사물이 있고 없음을 나타내는 존재동사이다.

3) 此三者以爲文不足:이 세 가지는 꾸밈으로 여기기에는 부족하다.

   - 此(차):이(것)/지시 대명사.

   - 者(자):의존명사(불완전명사) 또는 특수 지시대명사로
     수사 '三'와 함께 명사구를 이루며, 언급한 것을 합산하여
     '~가지'로 해석할 수 있다.

   - 以爲: ~라고 여기다, ~라고 생각하다, ~로 삼다.

4) 故令有所屬:그러므로 따를 바가 있게 한다.

   - 故(고):그러므로/원인에 따른 결과를 나타내는 인과 접속사.

   - 令(령): ~하여금(을) ~하게 하다(시키다)/사동보조사로 다음에
     시키는 대상이 오고 술어가 온다.

   - 所: ~바(것)/所+술어가 오며, 불완전명사(의존명사) 또는
     특수 지시대명사로, 주어는 대체로 所앞에 온다.

   - 屬(속):따르다, 귀속하다, 복종하다.

5) 見素抱樸, 少私寡欲:바탕을 보고 질박함을 껴안으며, 사심을
   줄이고 욕심을 적게 하는 것이다.

   - 素(소):바탕, 근본, 흰 비단.

   - 樸(박):통나무, 바탕, 질박하다, 순박하다.

   - 少(소):적다, 작다, 줄다, 적어지다.

6) 이 장은 성스러움과 지혜, 어짊과 의로움, 기교와 이로움 등의
   인위적인 행동을 버리고 소박한 무위자연으로 돌아가는 것이
   백성들에게 이로움이 백배가 되고, 효도와 자애, 도적이 없는
   살기 좋은 세상이 된다고 한다.

20章

絶學無憂. 唯之與阿, 相去幾何?

善之與惡, 相去若何? 人之所畏, 不可不畏.

荒兮, 其未央哉! 衆人熙熙, 如享太牢,

如春登臺. 我獨泊兮, 其未兆, 如嬰兒之未孩.

儽儽兮, 若無所歸. 衆人皆有餘,

而我獨若遺. 我愚人之心也哉, 沌沌兮.

俗人昭昭, 我獨昏昏. 俗人察察, 我獨悶悶.

澹兮其若海, 飂兮若無止. 衆人皆有以,

而我獨頑似鄙. 我獨異於人, 而貴食母.

절학무우. 유지여아, 상거기하? 선지여악, 상거약하? 인지소외, 불가불외.
황혜, 기미앙재! 중인희희, 여향태뢰, 여춘등대. 아독박혜, 기미조, 여영아지미해.
루루혜, 약무소귀. 중인개유여, 이아독약유. 아우인지심야재, 돈돈혜. 속인소소,
아독혼혼. 속인찰찰, 아독민민. 담혜기약해, 료혜약무지. 중인개유이, 이아독완사비.
아독이어인, 이귀식모.

배움을 끊으니 근심이 없어진다.(배우면 지혜가 늘어나고 지혜가 늘면
욕망이 늘어나 근심도 증대한다. 배움을 중단하여 무지, 무욕의 자연스런 모습
으로 돌아가니 근심이 있을 수 없다.) '예'라고 하거나 건성으로 대답
하는 소리 '응'은 서로의 거리가 얼마인가? 선하고 악한 것은
서로의 거리가 무엇과 같은가?(무위자연의 도에서 보면 '예'하고 정중
하게 대답하는 것과 '응'하고 예의 없게 대답하는 것, 서로 무슨 차이가 있으며,
선하고 악하고 하는 것이 서로 무슨 차이가 있는가?) 사람들이 두려워하
는 것은 〈나도〉 두려워하지 않을 수 없다.(사람들이 두려워하는
것을 나또한 두려워하지 않을 수 없다.) 허황하구나, 그 〈욕망〉 끝이
없음이여!(그래서 허황하고 공허하구나! 그 욕망을 추구함에 끝이 없는 듯하
다.) 많은 사람들이 즐거워하면서 큰 소로 잔치를 벌이는 것

같고, 봄에 누대에 오르는 것 같다.(많은 사람들이 즐거워하면서 큰 소를 잡아 잔치를 벌이는 듯하고, 따스한 봄날에 누각에 오르는 것 같다.) 〈그 러나〉 나 홀로 담박하여 그 조짐이 없고, 갓난아이가 아직 웃을 줄 모르는 것 같다.(그런데 나만 홀로 담박하여 아무런 조짐을 모르고, 아직 웃을 줄도 모르는 갓난아이 같다.) 고달프구나, 돌아갈 곳이 없는 것 같다.(고달프고 지쳤으나 나는 돌아갈 곳이 없는 것 같다.) 많은 사람 들이 모두 여유가 있는데 나만 홀로 잃은 것(모자라는 것) 같다.(많은 사람들이 모두 여유가 있는데 나만 홀로 부족하고 모자라는 듯하다.) 나는 어리석은 사람의 마음이라서 혼탁하구나.(나는 어리석은 사람의 마음인가 보다. 흐리멍덩하고 혼탁하구나.) 세속 사람들은 〈사리 에〉 밝으나, 나만 홀로 어둡다.(세상 사람들은 밝고 똑똑한데 나만 홀로 사리에 어둡고 멍청하다.) 세속 사람들은 살펴서 아는데 나만 홀로 답답하고 어둡다.(세상 사람들은 잘 살피고 분별하는데 나만 홀로 답답하고 어리석다.) 맑구나, 아마도 바다와 같고, 바람이 높이 부는구나, 멈춤이 없는 것 같다.(나는 마음이 맑고 담담하여 아마도 바다와 같고, 바람이 높이 불어 멈추거나 머무르는 바가 없는 듯하다.) 많은 사람들이 모두 이유가 있는데 나만 홀로 완고한 것이 비루한 것 같다. (많은 사람들이 모두 이유가 있고 쓸모가 있는데 나만 홀로 완고하고 고집이 세어 비루하고 촌스러운 듯하다.) 나만 홀로 사람들과 달라서 먹여 주시 는(길러주시는) 어머니(자연)를 귀하게 여긴다.(나만 홀로 남들과 달라 먹여주고 길러주시는 어머니, 만물의 근원인 자연을 귀하게 여긴다.)

阿:언덕아 去:갈거 幾:몇기 荒:거칠황 熙:빛날희 享:누릴향 牢:우리뢰 臺:대대
泊:머무를박 兆:조짐조/조조 嬰:어린아이영 孩:어린아이해 儽:고달플루/게으를래
沌:엉길돈/혼탁할돈 俗:속인속 昭:밝을소 昏:어두울혼 察:살필찰 悶:답답할민
澹:맑을담 飂:바람소리료(요) 頑:완고할완 鄙:더러울비

문법(文法)적 해석 및 한자 풀이

1) 唯之與阿, 相去幾何?:'예'라고 하거나 건성으로 대답하는 소리

'응'은 서로의 거리가 얼마인가?

- 唯(유):예, 공손하게 대답하는 말.

- 之:술어 뒤에 之가 붙음으로써 술어를 술어답게 만들어주며,
  해석하지 않아도 된다.

- 與: ~와(과)/접속사.

- 阿(아):응, 어, 대답하는 소리.

- 相去(상거):서로의 거리(차이).

- 幾何(기하):얼마인가, 어느 정도인가.

2) 若何(약하):무엇과 같은가?

- 若(약): ~와 같다, ~듯 하다/비교 형용사.

3) 人之所畏, 不可不畏:사람들이 두려워하는 것은 〈나도〉 두려워
  하지 않을 수 없다.

- 之: ~가(이), ~은(는)/주격 후치사.

- 所: ~바(것)/所+술어가 오며, 불완전명사(의존명사) 또는
  특수 지시대명사로, 주어는 대체로 所앞에 온다.

- 不可不:~하지 않을 수 없다, 반드시 해야 한다/이중 부정으로
  강한 강조를 나타내며, 必과 같다.

4) 荒兮, 其未央哉!:허황하구나, 그 〈욕망〉 끝이 없음이여!

- 荒(황):허황하다, 거칠다.

- 兮(혜):감탄문의 끝 부분에 쓰여 찬양이나 감탄의 어기를
  나타내는 감탄 종결사.

- 其(기):그(것의)/지시 대명사.

- 央(앙):다하다, 끝나다, 없어지다.

5) 衆人熙熙, 如享太牢, 如春登臺:많은 사람들이 즐거워하면서
  큰 소로 잔치를 벌이는 것 같고, 봄에 누대에 오르는 것 같다.

- 熙熙(희희):기뻐하다, 기뻐하고 즐거워하는 모양.

- 如(여): ~와 같다/비교 형용사.

- 太牢(태뢰):제사에 제물로 쓰이는 소나 양 등을 가리킨다.

- 春(춘):봄에/때, 시간을 나타내는 명사가 동사 앞에 와서
  부사가 된다.

- 臺(대):누대, 누각.

6) 我獨泊兮, 其未兆, 如嬰兒之未孩:〈그러나〉 나 홀로 담박하여
   그 조짐이 없고, 갓난아이가 아직 웃을 줄 모르는 것 같다.

- 獨(독):홀로, 오직, 유독/부사.

- 泊(박):담백하다, 담박하다.

- 兮(혜):감탄문의 끝 부분에 쓰여 찬양이나 감탄의 어기를
  나타내는 종결사.

- 兆(조):조짐, 빌미, 징조.

- 嬰兒(영아):갓난아이, 젖먹이, 어린아이.

- 孩(해):어린아이, 어린아이가 웃다.

7) 儽儽兮:고달프구나.

- 儽(루):고달프다, 앓아 지치다, 피로하다.

8) 遺(유):잃다, 떨어지다, 쇠퇴하다.

9) 我愚人之心也哉, 沌沌兮:나는 어리석은 사람의 마음이라서
   혼탁하구나.

- 之: ~의/관형격 후치사.

- 也哉(야재):반문이나 감탄의 어기를 나타내는 종결사.

- 沌(돈):혼탁하고 어지럽다, 어리석다, 어둡다.

10) 俗人昭昭, 我獨昏昏. 俗人察察, 我獨悶悶:세속 사람들은
    〈사리에〉 밝으나, 나만 홀로 어둡다. 세속 사람들은 살펴서
    아는데 나만 홀로 답답하고 어둡다.

- 昭(소):밝다, 밝게 빛나다, 분명하다.

- 昏(혼):어둡다, 희미하다, 어리석다.

- 察(찰):살피다, 알다, 살펴서 알다.

- 悶(민):답답하다, 어둡다, 깨닫지 못하다.

11) 澹兮其若海, 飂兮若無止:맑구나, 아마도 바다와 같고,
바람이 높이 부는구나, 멈춤이 없는 것 같다.

- 澹(담):맑다, 담백하다, 조용하다.

- 其:아마도/추측을 나타내는 부사.

- 飂(료):바람 소리, 높이 부는 바람.

12) 衆人皆有以, 而我獨頑似鄙:많은 사람들이 모두 이유가 있는데
나만 홀로 완고한 것이 비루한 것 같다.

- 以:이유, 까닭/명사.

- 頑(완):완고하다, 미련하다, 둔하다.

- 似: ~와 같다, ~듯 하다/비교 형용사.

13) 食母(식모):먹여 주시는(길러 주시는) 어머니, 즉 '자연'을
의미한다고 할 수 있다.

14) 이 장은 세상 사람들과 나와의 서로 다른 점을 말하고 있고,
배움을 끊고 허황하고 끝없는 욕망을 버리며 만물의 근원인
자연을 귀하게 여기라고 한다.

21章

孔德之容, 惟道是從. 道之爲物, 惟恍惟惚.
惚兮恍兮, 其中有象. 恍兮惚兮, 其中有物.
窈兮冥兮, 其中有精. 其精甚眞, 其中有信.
自古及今, 其名不去, 以閱衆甫.
吾何以知衆甫之狀哉? 以此.

공덕지용, 유도시종. 도지위물, 유황유홀. 홀혜황혜, 기중유상. 황혜홀혜, 기중유물.
요혜명혜, 기중유정. 기정심진, 기중유신. 자고급금, 기명불거, 이열중보.
오하이지중보지상재? 이차.

크고 성대한 덕의 모습은 오직 도를 따른다.(크고 넓고 깊으면서도
성대한 덕의 모습은 도에서 나온다.) 도가 만물이 되는 것은 오직 황
홀하면서도 오직 흐릿함이다(때문이다). 흐릿하고 황홀하도
다. 그 가운데에 형상이 있다. 황홀하고 흐릿하도다. 그 가운
데에 만물이 있다.(도는 황홀하면서도 흐릿하며 그 가운데에 형상이 있고,
그 가운데에 만물이 있는 것을 알 수 있다.) 그윽하고 아득하도다. 그
가운데에 정수가 있다. 그 정수는 매우 참되도다. 그 가운데
에 믿음이 있다.(도는 아득히 멀고 그윽이 뿌옇지만 그 속에 정수가 있으며,
그 정수는 지극히 참되고, 또한 그 속에 믿음이 있다.) 예로부터 지금에
이르기까지 그 이름이 없어지지 않으니, 많은 시작을 본다.
(도는 예전이나 지금이나 변함이 없고 그 이름 또한 사라지지 않으며 이러한 도
로부터 천지만물의 시초를 알 수 있다.) 나는 어떻게 많은 시작의 형상
을 알겠는가? 이(道)로써이다.(나는 어떻게 천지만물의 시초를 알았을
까? 바로 도와 덕의 관계에서 알 수 있다.)

孔:구멍공 恍:황홀할황 惚:황홀할홀 窈:고요할요 冥:어두울명 閱:볼열 甫:클보

문법(文法)적 해석 및 한자 풀이

1) 孔德之容, 惟道是從:크고 성대한 덕의 모습은 오직 도를 따른다.

 - 孔(공):크다, 성대하다, 비다, 공허하다.

 - 容(용):모양, 용모, 모습.

 - 惟(유):오직, 다만, 단지/한정 부사.

 - 是(시):강조를 위해 목적어, 보어가 앞으로 도치할 때 '之'처럼
   붙여주는 후치사이며, 해석하지 않는다.

2) 道之爲物, 惟恍惟惚:도가 만물이 되는 것은 오직 황홀하면서도
   오직 흐릿함이다(때문이다).

 - 之: ~가(이), ~은(는)/주격 후치사.

 - 物(물):만물, 사물, 물건.

 - 爲: ~이(가) 되다/爲+명사, 불완전 자동사로 보어를 취하며,
   '爲物'는 '만물이 되다'로 해석한다.

 - 恍(황):황홀하다, 멍하다, 어슴푸레하다.

 - 惚(홀):황홀하다, 흐릿하다.

3) 惚兮恍兮, 其中有象:흐릿하고 황홀하도다. 그 가운데에
   형상이 있다.

 - 兮(혜):감탄문의 끝 부분에 쓰여 찬양이나 감탄의 어기를
   나타내는 감탄 종결사.

 - 其(기):그(것의)/지시 대명사.

 - 有:사물이 있고 없음을 나타내는 존재동사로써 뒤 문장을
   보어로 취하며 보어를 주어처럼 해석한다.

 - 象(상):형상, 모양, 꼴.

4) 窈兮冥兮, 其中有精:그윽하고 아득하도다. 그 가운데에
   정수가 있다.

 - 窈(요):고요하다, 그윽하다, 심원하다, 희미하다.

 - 冥(명):그윽하다, 아득하다, 어둡다.

- 精(정):정기(精氣), 정수(精粹), 정신.

5) 甚(심):심히, 매우, 몹시, 대단히/부사.

6) 自古及今, 其名不去, 以閱衆甫:예로부터 지금에 이르기까지
   그 이름이 없어지지 않으니, 많은 시작을 본다.

   - 自~ 及~ : ~부터(自) ~이르기까지(及)/전치사.

   - 去(거):없어지다, 버리다, 사라지다.

   - 以(이): ~하면서(하므로)/접속사로 而(그래서)와 유사하며,
     해석하지 않아도 된다.

   - 閱(열):보다, 분간하다, 검열하다.

   - 甫(보):비로소, 처음, 시작.

7) 吾何以知衆甫之狀哉? 以此:나는 어떻게 많은 시작의 형상을
   알겠는가? 이로써이다.

   - 何以(하이):어찌하여(어떻게), 무엇으로써/의문사가 전치사의
     목적어로 도치된 것이다.

   - 狀(상):형상, 모양, 모습, 상태.

   - 哉(재):의문 종결사.

   - 以: ~로써/수단, 방법을 나타내는 전치사.

8) 이 장은 크고 성대한 덕의 모습은 도(道)에서 나왔고, 그 가운데
   형상과 만물이 있고, 정수와 믿음이 있으며, 예전이나 지금
   이나 변함이 없고 사라지지 않으며, 도(道)로부터 천지만물의
   시초를 알 수 있다고 한다.

22章

曲則全, 枉則直, 窪則盈, 敝則新, 少則得,
多則惑. 是以聖人抱一爲天下式.
不自見, 故明. 不自是, 故彰.
不自伐, 故有功. 不自矜, 故長.
夫唯不爭, 故天下莫能與之爭.
古之所謂曲則全者, 豈虛言哉?
誠全而歸之.

곡즉전, 왕즉직, 와즉영, 폐즉신, 소즉득, 다즉혹. 시이성인포일위천하식. 부자현. 고명.
부자시. 고창. 부자벌. 고유공. 부자긍. 고장. 부유부쟁. 고천하막능여지쟁.
고지소위곡즉전자, 기허언재? 성전이귀지.

굽히면 온전하게 되고, 굽으면 곧게 되고, 푹 파이면 차게 되고, 낡고 해지면 새롭게 되고, 적으면 얻게 되고, 많으면 미혹하게 된다(미혹되어 잃게 된다).(몸을 굽히면 안전하면서도 온전하고, 나무가 굽으면서 휘므로 부러지지 않고 바르게 되며, 움푹 파인 웅덩이는 차고 채워지며, 옷이 낡고 해져야 새 옷을 입게 되듯이 낡은 것이 가고 새로운 것이 오며, 적으므로 빈 공간이 있어 얻을 수 있고, 많으면 유지하기 위해 마음 또한 복잡하고 미혹된다.) 이 때문에 성인은 하나(道)를 품어 천하의 규범이 되는 것이다.(이런 까닭으로 성인은 도(道), 하나만을 품고 간직하여 천하의 규범이 되는 것이다.) 스스로 나타내지 않으므로 밝아지게 된다.(성인은 스스로 드러내거나 나타내지 않으므로 밝아지게 된다.) 스스로 옳다고 하지 않으므로 드러나게 된다.(스스로 옳다고 고집하지 않으므로 옳은 것이 더욱 드러나고 빛이 나게 된다.) 스스로 자랑하지 않으므로 공이 있게 된다.(스스로 자기 공을 자랑하지 않으므로 오히려 공이 있게 된다.) 스스로 뽐내지 않으므로 오래가게 된다.

(스스로 뽐내고 오만하지 않으므로 그 공이 오래갈 수 있는 것이다.) 무릇 오직 다투지 않으므로 천하가 그와 더불어 다툴 수 없는 것이다.(무릇 성인은 누구와도 다투지 않으므로 천하에 누구도 그와 싸울 수 없는 것이다.) 옛날의 이른바 굽히면 온전하게 된다는 것은 어찌 빈말이겠는가?(옛말에 굽히면 안전하면서도 온전하게 된다는 것이 어찌 헛된 말이겠는가?) 진실로 온전하게 되어 그것(道)으로 돌아갈 것이다.(참으로 안전하면서도 온전하게 되어 자연의 도(道)로 돌아갈 것이다.)

枉:굽을왕 窪:웅덩이와 敝:해질폐 抱:안을포 式:법식 彰:드러날창 伐:칠벌
虛:빌허 矜:자랑할긍 誠:정성성

문법(文法)적 해석 및 한자 풀이

1) 曲則全, 枉則直, 窪則盈, 敝則新, 少則得, 多則惑:굽히면 온전하게 되고, 굽으면 곧게 되고, 푹 파이면 차게 되고, 낡고 해지면 새롭게 되고, 적으면 얻게 되고, 많으면 미혹하게 된다(미혹되어 잃게 된다).

   - 則(즉): ~면/가정, 조건의 접속사.
   - 全(전):온전하다, 무사하다, 온전하게 되다.
   - 枉(왕):굽다, 휘다, 굽히다, 복종하다.
   - 窪(와):웅덩이, 우묵하다(가운데가 둥그스름하게 푹 패거나 들어가 있다).
   - 敝(폐):해지다, 해어지다, 닳아 없어지다.

2) 是以聖人抱一爲天下式:이 때문에 성인은 하나(道)를 품어 천하의 규범이 되는 것이다.

   - 是以(시이):이 때문에, 이로 인해, 따라서/인과 관계를 나타내는 접속사.
   - 抱(포):안다, 품다, 가지다, 지키다.
   - 式(식):법(도), 제도, 규범.

3) 不自是, 故彰. 不自伐, 故有功. 不自矜, 故長:스스로 옳다고
   하지 않으므로 드러나게 된다. 스스로 자랑하지 않으므로
   공이 있게 된다. 스스로 뽐내지 않으므로 오래가게 된다.
   - 自是(자시):스스로 옳다고 하다/'自'뒤에 자동사일 때는
     '스스로 ~하다. 저절로 ~하다'로 해석한다.
   - 故(고):그러므로, ~므로/원인에 따른 결과를 나타내는
     인과 접속사.
   - 彰(창):드러나(내)다, 밝다, 뚜렷하다.
   - 伐(벌):자랑하다, 치다, 정벌하다.
   - 矜(긍):자랑하다, 뽐내다, 불쌍히 여기다.

4) 夫唯不爭, 故天下莫能與之爭:무릇 오직 다투지 않으므로
   천하가 그와 더불어 다툴 수 없는 것이다.
   - 夫(부):'대저(大抵), 대체로, 무릇'으로 해석하거나, 해석하지
     않아도 된다. 즉 발어사라고 할 수 있다.
   - 莫(막): ~않다(없다)/부정을 나타내는 부정 보조사.
   - 能: ~할 수 있다/가능 보조사.
   - 與: ~와 더불어, 함께/전치사.

5) 古之所謂曲則全者, 豈虛言哉?:옛날의 이른바 굽히면 온전하게
   된다는 것은 어찌 빈말이겠는가?
   - 所謂(소위):이른바, 소위/관용어.
   - 者:의존명사(불완전명사) 또는 특수 지시대명사로 '~하는
     사람, ~하는 것'으로 해석한다.
   - 豈(기):어찌/의문(반어) 부사.
   - 虛(허):비다, 헛되다, 공허하다.
   - 哉(재):의문(반어) 부사인 豈와 함께 의문과 반문의 어기를
     나타내는 종결사.

6) 誠(성):진실로, 참으로, 정말로/부사.

7) 이 장은 성인은 도(道) 하나만을 품고 간직하여 천하의 규범이
되고, 다투지 않으므로 천하가 그와 싸울 수 없으며, 진실로
온전하게 되어 자연의 도(道)로 돌아갈 것이라고 한다.

聖人抱一
爲天下式

성인은 하나(道)를 품어
천하의 규범이 되는 것이다.

不自見
不自是
不自伐
不自矜

23章

希言自然. 故飄風不終朝, 驟雨不終日.
孰爲此者? 天地. 天地尙不能久, 而況於人乎?
故從事於道者, 道者同於道, 德者同於德,
失者同於失. 同於道者, 道亦樂得之,
同於德者, 德亦樂得之, 同於失者,
失亦樂得之. 信不足焉, 有不信焉.

희언자연. 고표풍부종조, 취우부종일. 숙위차자? 천지. 천지상불능구, 이황어인호?
고종사어도자, 도자동어도, 덕자동어덕, 실자동어실. 동어도자, 도역락득지, 동어덕자,
덕역락득지, 동어실자, 실역락득지. 신부족언, 유불신언.

말이 드문 것이 자연스럽다.(도에서 나온 말은 없거나 드물수록 자연
스러운 것이다.) 그러므로 회오리바람은 아침을 다하지(아침
나절을 가지) 않고, 소나기는 하루를 다하지(가지) 않는다.
(그러므로 부자연스러운 회오리바람은 아침 내내 불지 않고, 갑작스런 소나기는
하루 종일 내리지 않는다.) 누가 이것을 하는 것인가? 하늘과 땅
이다. 하늘과 땅은 오히려 오래갈 수 없거늘, 하물며 사람에
있어서야?(부자연스러운 회오리바람을 불게 하고 갑자기 소나기를 내리게
하는 것은 하늘과 땅이다. 하늘과 땅 또한 부자연스럽고 갑작스러운 일이 오래
가지 못하는데, 하물며 사람이 오래 행할 수 있겠는가?) 그러므로 도(道)
에 종사하는 자는, 도(道)가 있는 자와는 도(道)에 함께하고,
덕이 있는 자와는 덕에 함께하고, 〈道〉에 잃음이 있는 자와는
〈道〉 잃음에 함께한다.(도를 좇아 따르고 행동하는 사람은 도가 있는
사람과는 도를 함께하고, 덕이 있는 사람과는 덕을 함께하고, 도를 잃어 잘못이
있는 자와도 함께한다.) 도(道)에 함께하는 자는 도(道가 있는 자)
또한 그를 즐겁게 얻고(만족하고), 덕에 함께하는 자는 덕(德

이 있는 자) 또한 그를 즐겁게 얻고(만족하고), 〈道〉 잃음에 함께하는 자는 잃음(道를 잃은 자) 또한 그를 즐겁게 얻는다(만족한다). (도에 동화되어 함께하는 사람은 도도 또한 그를 즐겁게 받아들이고, 덕에 동화되어 함께하는 사람은 덕도 또한 그를 즐겁게 받아들이고, 도를 잃어 잘못에 동화된 사람은 잘못도 또한 그를 즐겁게 받아들인다. 그러므로 자신이 좋아 따르고 행동하는 것에 의해 도와 덕을 얻을 수도 있고 잃을 수도 있는 것이다.) 믿음이 부족하니, 믿지 못함이 있도다. (자연의 도는 언제나 믿음이 있는데 사람은 이를 깨닫지 못하고 의심하면서 믿음이 부족하니 당연히 믿지 못함이 있을 수 밖에 없다.)

希:바랄희/드물희 飄:나부낄표 驟:달릴취 尙:오히려상 況:하물며황

문법(文法)적 해석 및 한자 풀이

1) 希言自然:말이 드문 것이 자연스럽다.
- 希(희):드물다, 드문드문하다/특수형용사로써 술어로 쓰이는 경우에 보어 '言'를 취하며 주어처럼 풀이한다.
- 自然(자연):자연스럽다/명사가 술어로 쓰인다.

2) 故飄風不終朝, 驟雨不終日:그러므로 회오리바람은 아침을 다하지(아침나절을 가지) 않고, 소나기는 하루를 다하지(가지) 않는다.
- 故(고):그러므로/원인에 따른 결과를 나타내는 인과 접속사.
- 飄(표):나부끼다, 빠르다, 회오리바람/飄風(표풍)은 회오리바람.
- 終(종):마치다, 다하다, 끝내다.
- 驟(취):달리다, 빠르다, 갑자기/驟雨(취우)는 소나기.

3) 孰爲此者?:누가 이것을 하는 것인가?
- 孰(숙):누가/의문대명사.
- 爲:'爲+명사'는 '~하다'로 해석하며, 목적어의 성격에 따라 그 뜻을 적절하게 해석할 수 있다. '爲此'는 이것을 하다.

- 者:의존명사(불완전명사) 또는 특수 지시대명사로 '~하는 사람, ~하는 것'으로 해석한다.
4) 天地尙不能久, 而況於人乎?:하늘과 땅은 오히려 오래갈 수 없거늘, 하물며 사람에 있어서야?
- 尙(상):오히려, 더욱이, 아직/부사.
- 久(구):오래 머무르다, 오래가다, 변하지 아니하다.
- 況(황):하물며, 게다가, 더욱 더/'況 ~ 乎'는 억양문의 문장 형식으로 '하물며 ~ 있어서야'로 해석한다.
5) 道亦樂得之:도(道가 있는 자) 또한 그를 즐겁게 얻고(만족하고),
- 樂(락):즐겁게/형용사가 부사로 전성된 것으로 볼 수 있다.
- 得(득):얻다, 만족하다, 고맙게 여기다.
6) 이 장은 하늘과 땅에 의해 일어나는 회오리바람, 소나기가 오래갈 수 없듯이 사람도 자연스럽지 못한 행동을 버리고 도에 힘쓰라고 하며, 도에 종사하는 사람은 도가 있는 사람, 덕이 있는 사람, 도를 잃어 잘못이 있는 사람과도 함께하며, 이렇듯 도는 언제나 믿음이 있는데 사람은 믿음이 부족하니 믿지 못함이 있을 수 밖에 없다고 한다.

24章

企者不立, 跨者不行. 自見者不明,
自是者不彰, 自伐者無功, 自矜者不長.
其在道也, 曰餘食贅行. 物或惡之,
故有道者不處.

기자불립, 과자불행. 자현자불명, 자시자불창, 자벌자무공, 자긍자부장. 기재도야,
왈여식췌행. 물혹오지, 고유도자불처.

발돋움을 하는(발꿈치를 든) 사람은 〈오래〉 서있지 못하고,
넘는(발걸음을 크게 띠는) 사람은 〈멀리〉 가지 못한다.(사람이
발꿈치를 들고는 잠깐은 서 있을 수 있어도 오래 서있지 못하며, 다리를 벌리고
발걸음을 크게 띠는 사람도 멀리 가지 못한다.) 스스로를 드러내는 사
람은 밝지 못하고, 스스로를 옳다고 하는 사람은 드러나지
못하고, 스스로를 자랑하는 사람은 공이 없고, 스스로를 뽐
내는 사람은 오래가지 못한다.(스스로 자신을 자랑하면서 드러내는
사람은 세상이 알아주지 않고, 스스로 자신이 맞고 옳다고 주장하는 사람은 오
히려 애매모호한 구석이 있고, 스스로 칭찬하고 자랑하는 사람은 사실은 공이
없고, 있다고 하더라도 아무도 공을 인정하지 않으며, 스스로 뽐내는 사람은 웃음
거리가 되고 오래가지 못한다.) 그런 것들이 도(道)에 있음(행함)에
일러, 먹고 남은 밥이나 군더더기(쓸데없는) 행동이라고 말
한다.(기자, 과자, 자현, 자시, 자벌, 자긍, 이런 것들은 도의 견지에서 보면 먹고
남은 밥이나 군더더기, 즉 쓸데없는 행동이라고 할 수 있다.) 만물이 혹 그
런 것들을 싫어하니, 그러므로 도(道)가 있는 사람은 〈그런
것에〉 머무르지 않는다.(만물과 사람들이 아마도 지나치거나 부자연스
러운 것들을 싫어하니, 그런 까닭에 도를 가진 사람은 이런 일들을 하지 않고 머
무르지도 않는다.)

企:꾀할기 跨:넘을과 彰:드러날창 伐:자랑할벌 矜:자랑할긍 餘:남을여 贅:군더더기췌
處:곳처/거주할처

문법(文法)적 해석 및 한자 풀이

1) 企者不立, 跨者不行:발돋움을 하는(발꿈치를 든) 사람은
   〈오래〉 서있지 못하고, 넘는(발걸음을 크게 띠는) 사람은
   〈멀리〉 가지 못한다.

   - 企(기):꾀하다, 도모하다, 발돋움하다.
   - 者:의존명사(불완전명사) 또는 특수 지시대명사로 '~하는
     사람(자), ~하는 것'으로 해석한다.
   - 跨(과):넘다, 넘어가다, 다리 가랑이를 벌려 크게 걷다.

2) 自見者不明, 自是者不彰, 自伐者無功, 自矜者不長:스스로를
   드러내는 사람은 밝지 못하고, 스스로를 옳다고 하는 사람은
   드러나지 못하고, 스스로를 자랑하는 사람은 공이 없고,
   스스로를 뽐내는 사람은 오래가지 못한다.

   - 自:'自'뒤에 자동사일 때는 '스스로 ~하(되)다. 저절로 ~하(되)
     다'로 해석하며, 타동사일 때는 목적어일지라도 어순상 반드시
     동사 앞에 오며 '자기를, 자신을, 스스로를'으로 해석한다.
   - 見(현):보이다, 드러나다, 나타나다, 소개하다, 만나다.
   - 彰(창):드러나다, 드러내다, 나타내다.
   - 伐(벌):자랑하다, 치다, 정벌하다.
   - 矜(긍):자랑하다, 뽐내다, 불쌍히 여기다, 삼가다.

3) 曰餘食贅行:먹고 남은 밥이나 군더더기(쓸데없는) 행동이라
   고 말한다.

   - 餘食(여식):먹고(먹다) 남은 밥, 먹고 남은 찌꺼기.
   - 贅(췌):혹, 군더더기/贅行(췌행)은 쓸데없는 행동이다.

4) 이 장은 도(道)를 지닌 사람은 지나치고 부자연스런 행동을 하
   지 않고, 스스로를 자랑하지 않으며, 머무러지도 않는다고 한다.

25章

有物混成, 先天地生. 寂兮寥兮, 獨立不改,
周行而不殆, 可以爲天下母. 吾不知其名,
字之曰道, 强爲之名曰大. 大曰逝, 逝曰遠,
遠曰反. 故道大, 天大, 地大, 王亦大.
域中有四大, 而王居其一焉.
人法地, 地法天, 天法道, 道法自然.

유물혼성, 선천지생. 적혜요혜, 독립불개, 주행이불태, 가이위천하모. 오부지기명,
자지왈도, 강위지명왈대. 대왈서, 서왈원, 원왈반. 고도대, 천대, 지대, 왕역대.
역중유사대, 이왕거기일언. 인법지, 지법천, 천법도, 도법자연.

어떤 물건이 혼탁하게 섞여 이루어졌는데, 하늘괴 땅보다
먼저 생겨났다.(어떤 것이 서로 뒤섞여 정체는 알 수 없지만 하늘과 땅보다
도 먼저 생겨난 것이 있다.) 고요하고 조용하면서 텅 비어 있으며,
홀로 서서 바뀌지(변하지) 않는다.(고요하고 조용하며 아무런 움직임
도 없이 텅 비어있고 무엇과도 비교할 수 없으며, 도는 홀로 있으며 변하지 않는
다.) 두루 행해지면서도 위태롭지 않으므로 천하의 어머니가
될 수 있다.(도는 두루 행해지면서 힘이 미치지 않는 곳이 없으며 위태롭지도
않으니 도는 위대하면서도 천하 만물의 어머니가 될 수 있다.) 나는 그것의
이름을 알지 못하므로 글자를 쓰고 도(道)라고 이르며, 억지
로 그것의 이름을 지어 크다(大)고 이른다.(나는 하늘과 땅보다 먼저
생겨난 그것의 이름을 몰라 말할 수 없는데 그것을 쓰고 도(道)라고 했다. 또한
도(道)만으로 부족하기에 억지로 이름의 의미를 크다고 말했다.) 크므로 떠
난다고 이르고, 떠나가므로 멀다고 이르고, 멀어지므로 〈다시〉
돌아온다고 이른다.(도는 크기 때문에 안 가는 데가 없으므로 가고 떠난다
고 말하며, 도는 어디까지나 가고 떠나므로 멀다고 말하며, 하지만 도는 아무리

멀리까지 가더라도 항상 다시 돌아온다고 말한다.) 그러므로 도는 크고, 하늘도 크고, 땅도 크고, 왕도 또한 크다. 나라(세상) 가운데에 네가지의 큰 것이 있는데, 왕이 그 하나를 차지한다.(그러므로 도는 크고, 그런 도를 품고 있는 하늘도 크고, 그런 하늘을 받치고 있는 땅도 크고, 그런 땅 위에 사는 사람을 대표하는 임금도 또한 크다. 이 세상에는 큰 것이 네 가지 있는데 도와 하늘, 땅과 임금이며, 임금이 그 하나에 해당한다.) 사람은 땅을 본받고, 땅은 하늘을 본받고, 하늘은 도(道)를 본받고, 도(道)는 자연(스스로 그러함)을 본받는다.(사람은 땅의 법칙을 본받아서 삶을 영위하고, 땅은 하늘의 법칙을 본받아서 땅 위의 만물을 자라게 하고, 하늘은 도의 법칙을 본받아서 운행하고 멈추지 않으며, 도는 스스로 그러할 뿐인 자연을 본받아서 자연스러울 뿐이다.)

混:섞을혼 寂:고요할적 寥:쓸쓸할료(요) 殆:위태할태 字:글자자 逝:갈서/떠날서
域:지경역 法:법법/본받을법

문법(文法)적 해석 및 한자 풀이

1) 有物混成, 先天地生:어떤 물건이 혼탁하게 섞여 이루어졌는데, 하늘과 땅보다 먼저 생겨났다.
 - 有:불특정한 대상을 지목할 때 붙여주는 관용어로써, 어떤, 어느, 또는 해석하지 않을 수도 있다.
 - 混(혼):섞다, 섞이다, 흐리다, 혼탁하다, 혼탁하게 섞여.
 - 先:앞서다, 앞으로 나아가다, 먼저, 미리.
2) 寂兮寥兮, 獨立不改:고요하고 조용하면서 텅 비어 있으며, 홀로 서서 바뀌지(변하지) 않으며,
 - 寂(적):고요하다, 조용하다, 적막하다.
 - 兮(혜):문장의 중간에 쓰여 어기를 부드럽게 해주며, 문맥에 따라 해석할 수 있다.
 - 寥(료):쓸쓸하다, 적막하다, 텅 비다, 공허하다.

- 改(개):고치다, 바꾸다, 바뀌다.

3) 周行而不殆, 可以爲天下母:두루 행해지면서도 위태롭지
   않으므로 천하의 어머니가 될 수 있다.

- 周(주):두루, 골고루, 널리, 두루 미치다.
- 殆(태):위태하다, 위험하다, 위태롭게 하다.
- 可以: ~할 수 있다/가능 보조사.
- 爲: ~이(가) 되다/爲+명사, 불완전 자동사로 보어를 취하며,
  '爲天下母'는 '천하의 어머니가 되다'로 해석한다.

4) 字之曰道, 强爲之名曰大:글자를 쓰고 도(道)라고 이르며,
   억지로 그것의 이름을 지어 크다(大)고 이른다.

- 字(자):글자(를 쓰다), 글씨, 문자.
- 曰(왈):이르다, 말하다, 일컫다, 부르다.
- 强(강):강하다, 굳세다, 억지로/부사.
- 爲:'爲+명사'는 '~하다'로 해석하며, 목적어의 성격에 따라
  그 뜻을 적절하게 해석할 수 있다. '爲之名'는 그것의 이름을 짓다.

5) 域中有四大, 而王居其一焉:나라(세상) 가운데에 네 가지의
   큰 것이 있는데, 왕이 그 하나를 차지한다.

- 域(역):지경, 구역, 나라, 국가.
- 有:사물이 있고 없음을 나타내는 존재동사로써 뒤 문장을
  보어로 취하며 보어를 주어처럼 해석한다.
- 居(거):살다, 거주하다, 놓여 있다, 있다, 차지하다.
- 其(기):그(것의)/지시 대명사.
- 焉(언):술어에 붙어서 그 술어의 대상을(목적어) 내포하기도
  하고 또는 단순히 처소격의 의미를 갖는 서술형 종결사로
  쓰인다.

6) 道法自然:도(道)는 자연(스스로 그러함)을 본받는다.

- 法(법):본받다, 법(도)으로 삼다, 불교의 진리.
- 然(연):그러하다, 그러하게 하다, 그러하다고 하다.
- 自然(자연):스스로 그러하다/'自'뒤에 자동사일 때는
  '스스로 ~하다, 저절로 ~하다'로 해석하며, 타동사일 때는
  목적어일지라도 어순상 반드시 동사 앞에 오며 '자기를,
  자신을', '스스로를'으로 해석한다.

7) 이 장은 도(道)의 본질을 말하고 있으며, 도덕경 전체 내용을
   함축하고 있다고 할 수 있다. 즉 도(道)는 하늘과 땅보다 먼저
   생겨났고, 변하지 않으며 천하의 어머니라고 할 수 있지만
   이름을 알지 못하여 도(道)라고 부르며, 사람은 땅을 본받고,
   땅은 하늘을 본받고, 하늘은 도(道)를 본받고, 도(道)는 자연을
   본받는다고 한다.

사람은 땅을 본받고, 땅은 하늘을 본받고,
하늘은 도(道)를 본받고, 도(道)는 자연을 본받는다.

26章

重爲輕根, 靜爲躁君. 是以聖人終日行,
不離輜重. 雖有榮觀, 燕處超然.
奈何萬乘之主, 而以身輕天下?
輕則失本, 躁則失君.

중위경근, 정위조군. 시이성인종일행, 불리치중. 수유영관, 연처초연. 내하만승지주,
이이신경천하? 경즉실본, 조즉실군.

무거운 것은 가벼운 것의 뿌리가 되고, 고요한 것은 시끄러운
것의 군주가 된다.(무거운 것은 가벼운 것의 기초이고 뿌리이며, 고요한 것은
시끄러운 것보다 앞서며 고요함 속에 시끄러울 수 있으니 고요함이 군주가 된다.)
이 때문에 성인은 하루 종일 가더라도 무거운 짐을 실은 수
레를 떠나지 않는다.(이 때문에 성인, 즉 군주는 나아갈 때 가벼운 수레로
빨리 가지 않고, 가볍게 행동하지 않으며 하루종일 가더라도 무거운 짐수레와 함께
하며 신중하고 조심스럽게 행동하고 또한 짐수레를 떠나지 않는다.) 비록 영화
롭게 보이는 것이 있을지라도 편안하게 거처하면서 초연해
한다.(훌륭한 군주는 비록 영화롭게 눈을 자극하는 볼거리가 있더라도 태연하
면서도 초연해하며 경거망동을 하지 않는다.) 어떻게 만승의 군주(천자)
가 〈천자의〉 몸으로서 천하을 가볍게 하겠는가?(어찌 만대의 전차
를 부리는 천자의 몸으로서 가볍게 천하의 백성들에게 신중하지 않고 행동할 수
있겠는가?) 가벼우면 근본을 잃게 되고, 시끄러우면 군주(의
지위)를 잃게 된다.(무거운 것이 가벼운 것의 뿌리이듯 가벼우면 근본을
잃게 되고, 고요하지 않고 시끄러우면 군주의 자리를 잃게 되니 몸가짐과 행동을
신중하면서도 초연해야 한다.)

輕:가벼울경 靜:고요할정 躁:조급할조 離:떠날리 輜:짐수레치 榮:영화영 燕:제비연
超:뛰어넘을초 奈:어찌내

문법(文法)적 해석 및 한자 풀이

1) 重爲輕根, 靜爲躁君:무거운 것은 가벼운 것의 뿌리가 되고,
   고요한 것은 시끄러운 것의 군주가 된다.
   - 爲: ~이 되다/爲+명사, 불완전 자동사로 보어를 취하며,
   '爲輕根'는 '가벼운 것의 뿌리가 되다'로 해석한다.
   - 靜(정):고요하다, 조용하다, 조용하게 하다.
   - 躁(조):조급하다, 떠들다, 성급하다, 시끄럽다.

2) 是以(시이):이 때문에, 이로 인해, 따라서/인과 관계의 접속사.

3) 不離輜重:무거운 짐을 실은 수레를 떠나지 않는다.
   - 離(리):떠나다, 떨어지다, 흩어지다.
   - 輜(치):짐수레/輜重(치중)은 무거운 짐을 실은 수레.

4) 雖有榮觀, 燕處超然:비록 영화롭게 보이는 것이 있을지라도
   편안하게 거처하면서 초연해한다.
   - 雖(수):비록 ~ 할지라도/조건, 양보의 부사이며,
   주어는 雖 앞에 쓰는 것이 일반적이다.
   - 榮(영):영화(롭다), 영예(롭다), 영광(스럽다), 명예.
   - 燕(연):편안하다, 한가하다, 즐겁게 하다, 잔치하다.
   - 超(초):뛰어넘다, 뛰다/超然(초연)은 초연해하다. 然은 모양
   이나 상태를 나타내는 의태어로써 형용사 접미사이다.

5) 奈何萬乘之主, 而以身輕天下?:어떻게 만승의 군주(천자)가
   〈천자의〉 몸으로서 천하을 가볍게 하겠는가?
   - 奈(내):어찌/奈何(내하)는 어떻게.
   - 乘(승):말 네 마리가 끄는 전투용 수레이며, 대부는 백승,
   제후는 천승, 천자는 만승이다.
   - 以: ~로써(서)/수단, 방법, 자격, 동작 등을 나타내는 전치사.

6) 이 장에서는 군주된 자의 몸가짐과 행동은 신중하면서도 초
   연해야 함을 말하고 있다.

27章

善行無轍迹, 善言無瑕謫, 善數不用籌策.
善閉無關楗而不可開, 善結無繩約而不可解.
是以聖人常善求人, 故無棄人, 常善救物,
故無棄物. 是謂襲明. 故善人者, 不善人之師,
不善人者, 善人之資. 不貴其師, 不愛其資,
雖智大迷, 是謂要妙.

선행무철적, 선언무하적, 선수불용주책. 선폐무관건이불가개, 선결무승약이불가해.
시이성인상선구인, 고무기인, 상선구물, 고무기물. 시위습명. 고선인자, 불선인지사,
불선인자, 선인지자. 불귀기사, 불애기자, 수지대미, 시위요묘.

잘 가는 것은 바퀴의 자국이나 발자취가 없고, 잘 말하는 것
은 허물이나 결점이 없고, 잘 셈하는 것은 산가지를 쓰지 않
는다.(도에 순응하면 수레가 지나가도 바퀴의 자국과 발자취가 없듯이 겉으로
드러나지 않고, 도에 따라 말을 잘하면 허물과 결함이 없으며, 도로써 셈을 잘하
면 산가지를 쓰지 않고 알 수 있다.) 잘 닫은 것은 문빗장이 없어도
열 수 없고, 잘 묶은 것은 노끈으로 묶지 않아도 풀 수 없다.
(무위자연의 도로써 닫으면 문빗장을 지르지 않아도 열 수 없고, 노끈으로 묶지
않아도 풀리지 않는다.) 이 때문에 성인은 항상 사람을 잘 구제하
므로 버려진 사람이 없고, 항상 만물을 잘 구제하므로 버려진
물건이 없다. (이를) 밝음을 잇는다고 말하는 것이다.(이와 같은
방법으로 성인은 언제나 사람을 잘 구제하기 때문에 버려진 사람이 없고, 만물
또한 언제나 잘 돌보기 때문에 버려지는 물건이 없다. 성인은 오직 무위자연의
도에 순응하여 모든 것이 본래의 모습으로 돌아가게 할 뿐, 이런 것을 드러내지
않는 밝음이라 하며, 밝음을 잇는다고 말하는 것이다.) 그러므로 선한 사람
은 선하지 않는 사람의 스승이며, 선하지 않는 사람은 선한

사람의 바탕이다(선한 사람에게 도움이 된다). (그러므로 선한
사람은 선하지 않는 사람의 본보기가 되고 선하지 않는 사람을 보면서 자신의
결점을 고치므로 또한 선한 사람에게 도움이 된다.) 그러한 스승을 귀하
게 여기지 않고, 그러한 바탕을 사랑하지 않으면 비록 지혜
롭다 하더라도 크게 미혹되니, (이를) 중요한 오묘함이라고
말하는 것이다. (스승이 될만한 선한 사람을 귀하게 여기지 않고 자신의 결점
을 고치고 수양에 도움을 줄 선하지 않는 사람을 애석해 여기지 않으면 비록 지혜
가 있는 사람일지라도 어리석게 되고 크게 미혹될 것이니, 이를 일러 도를 체득
하는 중요한 오묘함이라고 말하는 것이다.)

轍:바퀴자국철 迹:자취적 瑕:허물하 謫:꾸짖을적 籌:투호살주 策:꾀책 關:관계할관
楗:문빗장건 繩:노끈승 約:맺을약 棄:버릴기 襲:엄습할습 資:재물자 迷:미혹할미
要:중요할요 妙:묘할묘

문법(文法)적 해석 및 한자 풀이

1) 善行無轍迹, 善言無瑕謫, 善數不用籌策:잘 가는 것은 바퀴의
   자국이나 발자취가 없고, 잘 말하는 것은 허물이나 결점이 없고,
   잘 셈하는 것은 산가지를 쓰지 않는다.

 - 善(선):선, 훌륭하다, 착하다, 선하다, 좋다, 잘(부사).
 - 無:사물이 있고 없음을 나타내는 존재동사로써 뒤 문장을
   보어로 취하며 보어를 주어처럼 해석한다.
 - 轍(철):바퀴의 자국, 흔적, 행적.
 - 迹(적):자취, 발자취, 행적, 업적, 공적.
 - 瑕(하):허물, 옥의 티, 조그마한 흠.
 - 謫(적):꾸짖다, 책망하다, 결점, 허물.
 - 數(수):셈, 산법, 셈하다, 세다, 계산하다.
 - 籌(주):투호살, 산가지(셈하는 데에 쓰던 막대기), 셈하다.
 - 策(책):꾀, 계책, 산가지, 수효, 숫자.

2) 善閉無關楗而不可開, 善結無繩約而不可解:잘 닫은 것은 문빗장이

없어도 열 수 없고, 잘 묶은 것은 노끈으로 묶지 않아도 풀 수 없다.

- 關(관):관계하다, 닫다, 가두다, 관문, 빗장.
- 楗(건):문빗장, 방죽, 鍵(건)과 같다.
- 而:그러나, 그런데/역접 접속사. 문장이 길어서 띄어쓰기를 할 경우에는 而 앞에서 끊는다. 그러나 띄어쓰기를 하지 않은 문장을 읽을 때는 而 다음에서 끊어 읽는다.
- 繩(승):노끈, 줄, 먹줄.
- 約(약):맺다, 약속하다, 묶다, 다발을 짓다, 노끈.

3) 是以聖人常善求人:이 때문에 성인은 항상 사람을 잘 구제하므로,
- 是以(시이):이 때문에, 이로 인해, 따라서/인과 관계를 나타내는 접속사
- 常(상):항상, 늘, 언제나/부사.

4) 襲(습):인습하다, 잇다, 물려받다, 인하다, 엄습하다.

5) 不善人者, 善人之資:선하지 않는 사람은 선한 사람의 바탕이다 (선한 사람에게 도움이 된다).
- 者:문장의 중간이나 끝에 쓰여 어기를 부드럽게 하며, 해석하지 않는다/어기사, 즉 후치사라고 할 수 있다.
- 資(자):재물, 바탕, 자질, 도움.

6) 雖智大迷, 是謂要妙:비록 지혜롭다 하더라도 크게 미혹되니, (이를) 중요한 오묘함이라고 말하는 것이다.
- 雖(수):비록 ~ 할지라도/조건, 양보의 부사이며, 주어는 雖 앞에 쓰는 것이 일반적이다.
- 迷(미):미혹하다, 헷갈리다, 헤메다, 유혹하다.
- 要(요):중요하다, 요긴하다, 요구하다, 바라다.
- 妙(묘):묘하다, 오묘하다, 미묘하다.

7) 이 장에서는 무위자연의 도에 순응하고, 도를 체득하는 중요한 오묘함을 말하고 있다.

28章

知其雄, 守其雌, 爲天下谿. 爲天下谿,
常德不離, 復歸於嬰兒. 知其白, 守其黑,
爲天下式. 爲天下式, 常德不忒,
復歸於無極. 知其榮, 守其辱, 爲天下谷.
爲天下谷, 常德乃足, 復歸於樸. 樸散則爲器,
聖人用之, 則爲官長. 故大制不割.

지기웅, 수기자, 위천하계. 위천하계, 상덕불리, 부귀어영아. 지기백, 수기흑, 위천하식.
위천하식, 상덕불특, 부귀어무극. 지기영, 수기욕, 위천하곡. 위천하곡, 상덕내족, 부귀
어박. 박산즉위기, 성인용지, 즉위관장. 고대제불할.

그 수컷(의 강인함)을 알고, 그 암컷(의 유연함)을 지키니
천하의 계곡이 된다. 천하의 계곡이 되니 변함없는 덕이 떠
나지 않아, 다시 어린 아이에게 돌아간다.(성인은 수컷의 능동적이고
강인함을 알고, 암컷의 고요하고 유연함을 지키니 만물이 모여드는 천하의 계곡
같은 존재가 된다. 모든 물이 아래로 흘러 골짜기로 모이듯이 천하의 계곡이 되
고 천하의 인심이 성인에게로 모여드니, 언제나 덕은 그에게서 떠나지 않고 함께
있을 것이다. 그렇게 되면 어린아이와 같은 모습으로 되돌아가게 된다.) 그 흼
(밝음)을 알고, 그 검음(어둠)을 지키니 천하의 법도가 된다.
천하의 법도가 되니 변함없는 덕이 어긋나지 않아, 다시 끝이
없음으로 돌아간다.(흰 빛이 세상을 밝고 빛나게 한다는 것을 알면서도
검은 빛처럼 어둡게 자신을 세상에 드러나지 않게 지킨다면 천하의 규범이 될 것
이다. 천하의 규범이 되면 덕은 변함없이 그에게 어긋남이 없을 것이며, 다시 끝이
없는 무극의 도의 상태, 모든 것이 있기 전의 상태로 돌아갈 것이다.) 그 영예로움
(자랑)을 알고, 그 욕됨(수치스럼)을 지키니 천하의 골짜기가
된다. 천하의 골짜기가 되니, 변함없는 덕이 이에 풍족하게

되어, 다시 통나무(순박함)으로 돌아간다.(또 그 영예로움이 쉽게 변하는 것을 알기 때문에, 그 욕되고 수치스러운 것을 버리지 않고 받아드려서 지키니, 천하의 물이 모이는 골짜기처럼 천하의 인심이 모인다. 천하의 인심이 모이는 골짜기가 되니 덕은 언제나 풍족하게 될 것이고, 다시 순박한 통나무처럼 도는 처음의 경지로 돌아가게 된다.)   통나무(순박함)가 흩어지면 그 릇(기물)이 되니 성인이 그것(器)을 사용(등용)하여 곧 관의 장(長)으로 한다(삼는다). 그러므로 큰 마름질은 자르지 않는 것이다.(순박한 통나무인 도가 흩어져 여러 가지 만물이 생겨나는 것처럼 처음의 도가 자연스럽게 덕으로 나타나고 성인은 이런 덕이 있는 사람을 등용하여 관청의 우두머리로 삼는다. 그러므로 위대한 마름질은 자르지 않고 도에 따라 스스로 그렇게 되는 것이다.)

雄:수컷웅 雌:암컷자 谿:시내계 嬰:어린아이영 兒:아이아 式:법식 忒:틀릴특
辱:욕될욕 谷:골짜기곡 樸:통나무박 散:흩을산 制:지을제 割:벨할

문법(文法)적 해석 및 한자 풀이

1) 知其雄, 守其雌, 爲天下谿:그 수컷(의 강인함)을 알고,
   그 암컷(의 유연함)을 지키니 천하의 계곡이 된다.
   - 其:그(것), 자기/3인칭(지시) 대명사.
   - 雄(웅):수컷, 씩씩하다, 용감하다, 웅장하다.
   - 雌(자):암컷, 약하다, 쇠약해지다.
   - 爲: ~이 되다/불완전 자동사.
2) 復歸於嬰兒:다시 어린 아이에게 돌아간다.
   - 復(부):다시, 거듭(하여)/부사.
   - 於: ~에(게)/처소, 대상, 장소의 전치사.
   - 嬰兒(영아):어린아이, 갓난아이.
3) 爲天下式, 常德不忒:천하의 법도가 되니 변함없는 덕이 어긋
   나지 않아,

- 式(식):법, 제도, 법식, 법도.
- 忒(특):틀리다, 어긋나다.

4) 知其榮, 守其辱, 爲天下谷:그 영예로움(자랑)을 알고,
   그 욕됨(수치스럼)을 지키니 천하의 골짜기가 된다.
- 榮(영):영화, 영예(롭다), 영광(스럽다).
- 辱(욕):욕되다, 수치스럽다, 모욕을 당하다.
- 谷(곡):골, 골짜기, 깊은 굴.

5) 常德乃足, 復歸於樸:변함없는 덕이 이에 풍족하게 되어,
   다시 통나무(순박함)으로 돌아간다.
- 乃(내):이에/부사로써 동작이나 행위가 앞의 동작이나 행위와
  연이어 발생함을 나타낸다.
- 樸(박):통나무, 바탕, 순박하다, 질박하다.

6) 樸散則爲器, 聖人用之, 則爲官長:통나무(순박함)가 흩어지면
   그릇(기물)이 되니, 성인이 그것(器)을 사용(등용)하여 곧
   관의 장(長)으로 한다(삼는다).
- 散(산):흩다, 흩어지다, 나누어지다, 헤어지다.
- 則(즉):곧, 즉/앞뒤 문장의 인과 관계를 나타낸다.
- 爲:'爲+명사'는 '~하다'로 해석하며, 목적어의 성격에 따라
  그 뜻을 적절하게 해석할 수 있다.

7) 故大制不割:그러므로 큰 마름질은 자르지 않는 것이다.
- 故(고):그러므로/원인에 따른 결과를 나타내는 인과 접속사.
- 制(제):마름질하다, 만들다, 짓다, 절제하다.
- 割(할):베다, 자르다, 나누다, 쪼개다, 가르다.

8) 이 장에서는 순박한 통나무의 도(道)가 자연스럽게 덕으로
   나타나고, 덕은 언제나 풍족하게 되고, 다시 처음의 경지인
   도(道)로 돌아가게 된다는 것을 말하고 있다.

29章

將欲取天下而爲之, 吾見其不得已.
天下神器, 不可爲也. 爲者敗之, 執者失之.
故物或行或隨, 或歔或吹, 或强或羸,
或載或隳. 是以聖人, 去甚, 去奢, 去泰.

장욕취천하이위지, 오견기부득이. 천하신기, 불가위야. 위자패지, 집자실지. 고물혹행혹수,
혹허혹취, 혹강혹리, 혹재혹타. 시이성인, 거심, 거사, 거태.

장차 천하를 취하고자 하여 그렇게 하려 한다면 나는 그가
얻지 못함을 볼(알) 뿐이다. (만약에 장차 천하를 취하기 위해 인위적으로
하고자 한다면 나는 그가 얻지 못하고 일을 그르치게 되는 것을 볼 따름이다.)
천하는 신기한 그릇이라 〈인위적으로〉 할 수 없다. 〈인위적
으로〉 하는 자는 패하고, 〈인위적으로〉 잡는 자는 〈천하를〉
잃는다. (천하는 신묘한 그릇과 같아서 인위적으로 행하거나 다스릴 수 없다.
인위적으로 행하거나 천하를 다스리는 자는 패하고, 인위적으로 천하를 잡으려고
집착하는 자는 천하를 잃을 것이다.) 그러므로 만물이란 혹은 나아가
고 또 뒤따라가며, 혹은 〈약하게〉 숨내쉬고 또 〈강하게〉 숨을
내뿜으며, 혹은 강하고 또 약하며, 혹은 오르고 또 떨어진다.
(그러므로 세상 만물은 때로는 앞서 나아가다가 또 뒤따라가며, 때로는 약하고
천천히 숨을 내쉬다가 또 강하고 빨리 숨을 내뿜으며, 때로는 강하기도 하고 또
약하기도 하며, 때로는 오르기도 하고 또 떨어지기도 한다.) 이 때문에 성인
은 심한 것을 버리고, 사치스러운(지나친) 것을 버리고, 교만
한 것을 버린다. (이 때문에 성인은 이처럼 만물의 섭리를 잘 알기에 심한
일을 하지 않고, 사치스럽고 지나친 일을 하지 않으며, 교만하고 거만한 일을 하
지 않는다.)

隨:따를수 歔:흐느낄허 吹:불취 羸:파리할리(이) 載:실을재 隳:무너뜨릴휴/떨어질타

去:버릴거 奢:사치할사 泰:클태

문법(文法)적 해석 및 한자 풀이

1) 將欲取天下而爲之, 吾見其不得已:장차 천하를 취하고자 하여
   그렇게 하려 한다면 나는 그가 얻지 못함을 볼(알) 뿐이다.
   - 將:장차/차(且)와 함께 미래를 나타내는 시간 부사.
   - 欲: ~하고자 하다/원망(願望) 보조사.
   - 取(취):가지다, 취하다, 의지하다.
   - 而:만일(약) ~하면/단문을 연결 시키는 가정 접속사.
   - 見:뒤 문장 전체를 목적절로 취한다.
   - 得: ~얻다/동사이며, 술어 앞에서는 가능보조사로 쓰인다.
   - 已: ~일 뿐이다, ~일 따름이다/한정의 의미를 나타내는
     종결사이다.

2) 故物或行或隨, 或歔或吹, 或强或羸, 或載或隳:그러므로 만물이
   란 혹은 나아가고 또 뒤따라가며, 혹은 〈약하게〉 숨내쉬고 또
   〈강하게〉 숨을 내뿜으며, 혹은 강하고 또 약하며, 혹은 오르고,
   또 떨어진다.
   - 或(혹):혹, 혹은, 혹시, 또/부사.
   - 隨(수):따르다, 추종하다, 좇다, 추구하다.
   - 歔(허):숨내쉬다, 흐느끼다, 두려워하다.
   - 吹(취):(숨, 바람, 악기)불다, 과장하다.
   - 羸(리):파리하다(핏기가 전혀 없다), 약하다, 지치다.
   - 載(재):싣다, 쌓다, 오르다, 올라타다.
   - 隳:무너뜨리다(휴), 떨어지다(타), 떨어뜨리다(타).

3) 是以聖人, 去甚, 去奢, 去泰:이 때문에 성인은 심한 것을 버리고,
   사치스러운(지나친) 것을 버리고, 교만한 것을 버린다.
   - 是以(시이):이 때문에, 이로 인해, 따라서/인과 관계를 나타

내는 접속사.

- 去(거):가다, 버리다, 내쫓다, 덜어 없애다, 피하다.

- 奢(사):사치하다, 낭비하다, 지나치다, 뽐내다.

- 泰(태):크다, 심하다, 교만하다, 너그럽다.

4) 이 장은 부자연스럽게 인위적인 방법으로 천하는 다스려지지
   않으며 만물은 자연스럽게 이루어지며 인위적으로 함이 없는
   '무위'의 사상을 말하고 있다.

[天下神器
不可爲也]
去甚, 去奢, 去泰

심한 것을 버리고, 사치스러운(지나친) 것을 버리고, 교만한 것을 버린다.

30章

以道佐人主者, 不以兵强天下. 其事好還.

師之所處, 荊棘生焉. 大軍之後, 必有凶年.

善者果而已, 不敢以取强. 果而勿矜,

果而勿伐, 果而勿驕, 果而不得已, 果而勿强.

物壯則老, 是謂不道. 不道早已.

이도좌인주자, 불이병강천하. 기사호환. 사지소처, 형극생언. 대군지후, 필유흉년.
선자과이이, 불감이취강, 과이물긍, 과이물벌, 과이물교, 과이부득이, 과이물강.
물장즉로, 시위부도. 부도조이.

도로써 군주를 보좌하는 사람은 무기로써 천하를 강압하지 않는다. 그 일은 〈자기에게 무기가 되어〉 되돌아오기를 좋아 한다(되돌아오기 때문이다).(도로써 군주를 돕고 보좌하는 사람은 병력 으로 천하에 드러내거나 강압하지 않는다. 그렇게 한다면 반드시 자기에게로 되돌아오기 때문이다.) 군대가 머물던 곳은 가시덤불이 생겨난다. 큰 전쟁 다음에는 반드시 흉년이 있다(든다).(또 군대가 주둔했던 곳에는 가시덤불이 자라 우거지게 된다. 큰 전쟁이 일어난 뒤에는 반드시 흉년이 든다.) 〈전쟁을〉 잘하는 사람은 이룰 뿐이고(이루면 그만두고), 감히 그것(전쟁)으로써 강함을 취하지 않는다.(그러므로 군사를 잘 쓰고 전쟁을 잘하는 사람은 목적을 이루고는 바로 그만두며 감히 전쟁으로써 강압하여 강하게 되려고 하지 않는다.) 이루었으나 뽐내지 않고, 이루 었으나 자랑하지 않으며, 이루었으나 교만하지 않고, 이루었 으나 어쩔 수 없었듯이 하며, 이루었으나 강제로(강압) 하지 않는다.(또한 전쟁에 이겨서 목적을 이루었으나 뽐내지 않고, 자랑하지 않으며, 교만하지 않고, 마지못해 어쩔 수 없었듯이 하며, 목적을 이루었으나 강제로 강압 하지 않는다.) 만물이 성하면 늙게(쇠퇴하게) 되니, 도(道)가 아니라고 말하는 것이다. 도(道)가 아닌 것은 일찍 끝난다.

(만물도 성하고 강해지면 늙고 쇠퇴하게 되니, 성하고 강한 것은 부자연스럽고 천지자연의 법칙인 도에 어긋나는 것이라 말한다. 그러므로 도가 아닌 것은 오래 가지 못하고 일찍 죽는다.)

佐:도울좌 還:돌아올환 荊:가시나무형 棘:가시극 矜:자랑할긍 伐:칠벌
驕:교만할교 壯:장할장 무:이를조

문법(文法)적 해석 및 한자 풀이

1) 以道佐人主者, 不以兵强天下:도로써 군주를 보좌하는 사람은 무기로써 천하를 강압하지 않는다.

   - 以:~로써(서)/수단, 방법, 자격, 동작 등을 나타내는 전치사.
   - 佐(좌):돕다, 보좌하다, 도움, 돕는 사람.
   - 人主(인주):임금, 군주.
   - 兵(병):무기, 병기, 군사, 군대.
   - 强(강):강제로 하다, 억지로 시키다, 강하다, 단단하다.

2) 其事好還:그 일은 〈자기에게 무기가 되어〉 되돌아오기를 좋아한다(되돌아오기 때문이다).

   - 好還(호환):되돌아오기를 좋아하다/동사가 연속 이어지는 연동사(連動詞)로 앞의 동사가 문장의 본동사이다.
   - 還(환):돌아오다, 돌아보다, 돌다.

3) 師之所處, 荊棘生焉:군대가 머물던 곳은 가시덤불이 생겨난다.

   - 師(사):군사, 군대/주대(周代)의 군제(軍制)로써 2,500명의 군사를 이르는 말이기도 하다.
   - 處(처):거주하다, 살다, 머무르다.
   - 荊棘(형극):나무의 가시.

4) 善者果而已, 不敢以取强:〈전쟁을〉 잘하는 사람은 이룰 뿐이고 (이루면 그만두고), 감히 그것(전쟁)으로써 강함을 취하지 않는다.

   - 果(과):이루다, 실현하다, 과감하다, 열매, 마침내.

- 而已(이이): ~일 뿐이다/한정문을 만드는 종결사이며, '已'만
  해석할 경우에 '그치다, 그만두다, 끝나다.'로 해석할 수 있다.
- 以:앞 문장을 가리키는 대명사 '之'가 생략되었으며,
  以다음에 之등의 대명사가 오는 경우는 생략할 수 있다.

5) 果而勿矜, 果而勿伐, 果而勿驕, 果而不得已, 果而勿强:이루었
   으나 뽐내지 않고, 이루었으나 자랑하지 않으며, 이루었으나
   교만하지 않고, 이루었으나 어쩔 수 없는 듯이 하며, 이루었
   으나 강제로(강압) 하지 않는다.
- 而:그러나, 그런데/역접 접속사이며, 해석하지 않아도 된다.
- 勿(물): ~아니다/부정보조사.
- 矜(긍):자랑하다, 뽐내다, 불쌍히 여기다.
- 伐(벌):자랑하다, 치다, 정벌하다.
- 驕(교):교만하다, 오만하다, 제멋대로 하다.
- 不得已(부득이):하는 수 없이, 어쩔 수 없이.

6) 物壯則老, 是謂不道:만물이 성하면 늙게(쇠퇴하게) 되니,
   도(道)가 아니라고 말하는 것이다.
- 壯(장):장하다, 굳세다, 젊다, 성하다.
- 是: ~이다/연계동사이며, 지시대명사로써 주어인 '이것이'의
  뜻이 아니며, 주어는 문맥상 앞 문장이므로 해석하지 않아도
  되며 보어 또한 명사(구)만 있는 것이 아니라, 서술절 '謂不道'
  을 받기도 한다.

7) 不道早已:도(道)가 아닌 것은 일찍 끝난다.
- 早(조):이르다, 서두르다, 일찍, 빨리.

8) 이 장은 도로써 군주를 보좌하는 사람은 무력으로 천하를 강압
   하지 말아야 하며, 전쟁도 부득이한 때만 해야 하며, 또한 도가
   아닌 것은 오래가지 못한다고 말하고 있다.

31章

夫佳兵者, 不祥之器, 物或惡之.
故有道者不處. 君子居則貴左, 用兵則貴右.
兵者不祥之器, 非君子之器. 不得已而用之,
恬淡爲上, 勝而不美, 而美之者, 是樂殺人.
夫樂殺人者, 則不可得志於天下矣.
吉事尚左, 凶事尚右. 偏將軍居左,
上將軍居右, 言以喪禮處之. 殺人之衆,
以哀悲泣之, 戰勝以喪禮處之.

부가병자, 불상지기, 물혹오지. 고유도자불처. 군자거즉귀좌, 용병즉귀우. 병자불상지기,
비군자지기. 부득이이용지, 염담위상, 승이불미, 이미지자, 시락살인. 부락살인자,
즉불가득지어천하의. 길사상좌, 흉사상우. 편장군거좌, 상장군거우, 언이상례처지.
살인지중, 이애비읍지, 전승이상례처지.

무릇 훌륭한 병기는 상서롭지 못한 도구이므로, 만물이 언제나 싫어한다. 그러므로 도(道)가 있는 사람은 〈이에〉 처하지 않는다. (무릇 아무리 좋고 훌륭한 무기일지라도 불길하면서도 상서롭지 못한 도구이므로, 만물이나 사람들이 언제나 이런 무기를 싫어한다. 그래서 도가 있는 사람은 이에 머물거나 거처하지 않는다.) 군자는 평상시에는 왼쪽을 귀중하게 여기고, 병기를 사용할 때는 오른쪽을 귀중하게 여긴다. (또한 군자는 평상시에는 왼쪽을 귀하게 여겨 높이나, 무기를 쓸 때에는 오른쪽을 귀하게 여겨 높인다.) 병기는 상서롭지 못한 도구이니 군자의 기물이 아니다. 어쩔 수 없이 사용하더라도 편안하며 맑고 담담함(담담한 마음)이 상(上)이며, 이겨도 좋아하지 않으며, (이긴 것을) 좋아하는 사람은 사람 죽이기를 즐기는 것이다. 무릇 사람 죽이기를 즐기는 사람이라면 천하에서

뜻을 얻을 수 없다.(이처럼 무기는 불길하면서도 상서롭지 못한 도구이니 군자의 기물이 아니다. 어쩔 수 없이 마지못해 사용하더라도 편안하고 욕심없이 맑고 담담한 마음이 가장 좋으며, 싸워서 이겨도 좋아하지 않으며, 그러나 싸워서 이기는 것을 좋아하는 사람은 사람 죽이기를 즐기는 것이다. 무릇 사람 죽이기를 좋아하고 즐기는 사람이라면 천하에서 뜻을 이루거나 얻을 수 없다.) 길한 일은 왼쪽을 높이고, 흉한 일은 오른쪽을 높인다. 부장군은 왼쪽에 위치하고, 대장군은 오른쪽에 위치하니, 〈전쟁을〉 상례로써 다루는 것을 말한다.(또 좋은 일에는 왼쪽을 높이고 숭상하며, 나쁜 일에는 오른쪽을 높이고 숭상한다. 그래서 나쁘고 흉하다고 할 수 있는 전쟁에서는 오른쪽을 높이듯이 대장군은 오른쪽에 위치하고, 부장군은 왼쪽에 위치하니, 이는 전쟁을 상례로써 처신하고 다루는 것을 말한다.) 죽은 사람이 많으므로 슬픔으로써 울며, 전쟁에서 이겼더라도 상례로써 다룬다.(또 전쟁으로 인해 죽은 사람들이 많으므로 애도하고 슬픔으로 울며, 비록 전쟁에서 이겼더라도 상례를 따라 다루고 처신해야 한다.)

佳:아름다울가 祥:상서상 恬:편안할념(염) 淡:맑을담 尙:오히려상/숭상할상
偏:치우칠편 悲:슬플비 泣:울읍

문법(文法)적 해석 및 한자 풀이

1) 夫佳兵者, 不祥之器, 物或惡之:무릇 훌륭한 병기는 상서롭지
   못한 도구이므로, 만물이 언제나 싫어한다.
   - 夫(부):문장의 첫머리에 쓰여 문장을 이끄는 어기를 나타내는
     데, '대저(大抵), 대체로, 무릇'으로 해석하거나, 해석하지
     않아도 된다. 즉 발어사라고 할 수 있다.
   - 佳(가):아름답다, 좋다, 훌륭하다.
   - 兵(병):병사, 군사, 무기, 병기, 싸움, 전쟁.
   - 者:문장의 중간이나 끝에 쓰여 어기를 부드럽게 하며, 해석
     하지 않는다/어기사, 즉 후치사라고 할 수 있다.

- 之:관형격 후치사로써 수식어가 '동사구'이면 '~(하)는, ~한'
  으로 해석하며 '不祥之'는 '상서롭지 못한'으로 해석한다.
- 祥(상):상서, 조짐, 재앙, 상서롭다.
- 器(기):그릇, 도구, 기물, 그릇으로 쓰다, 그릇으로 여기다.
- 物(물):물건, 만물, 사물, 사람.
- 或(혹):혹, 혹은, 혹시, 언제나, 항상(=常).

2) 故有道者不處. 君子居則貴左, 用兵則貴右:그러므로 도(道)가
   있는 사람은 〈이에〉 처하지 않는다. 군자는 평상시에는 왼쪽을
   귀중하게 여기고, 병기를 사용할 때는 오른쪽을 귀중하게 여긴다.
- 處(처):거주(처)하다, 살다, 처리하다, 다루다, 다스리다.
- 居(거):평상시, 평소/부사.
- 貴(귀):귀(중)하다, 중요하다, 귀하게 여기다, 숭상하다.

3) 不得已而用之, 恬淡爲上, 勝而不美, 而美之者, 是樂殺人:
   어쩔 수 없이 사용하더라도 편안하며 맑고 담담함(담담한 마음)
   이 상(上)이며, 이겨도 좋아하지 않으며, (이긴 것을) 좋아하는
   사람은 사람 죽이기를 즐기는 것이다.
- 不得已:하는 수 없이, 어쩔 수 없이.
- 恬(염):편안하다, 평온하다, 담담하다, 고요하다.
- 淡(담):맑다, 담백하다, 묽다.
- 爲: ~이(하)다/연계동사로써 명사 '上'는 보어이며, 爲上은
  '상이다'라고 해석할 수 있다.
- 美(미):아름답다, 좋다, 즐기다.
- 樂殺(락살):죽이기를 즐기다/동사가 연속 이어지는 연동사
  (連動詞)로 앞의 동사가 문장의 본동사이다.

4) 則不可得志於天下矣: ~면 천하에서 뜻을 얻을 수 없다.
- 則(즉): ~면/가정, 조건의 접속사.

- 得:얻다/타동사, '할 수 있다' 가능 보조사로 자주 쓰이지만,
뒤에 술어가 아닌 목적어(명사/명사구)가 오면 타동사가 된다.

5) 凶事尙右. 偏將軍居左, 上將軍居右:흉한 일은 오른쪽을 높인다.
부장군은 왼쪽에 위치하고, 대장군은 오른쪽에 위치하니,
- 尙(상):오히려, 더욱이, 숭상하다, 높(이)다, 자랑하다.
- 偏(편):치우치다, 기울다, 보좌의, 버금(으뜸의 바로 아래)의/
偏將軍(편장군)은 부(副)장군을 의미하고, 上將軍(상장군)은
대(大)장군을 의미한다.

6) 殺人之衆, 以哀悲泣之:죽은 사람이 많으므로, 슬픔으로써 울며,
- 殺(살):죽이다, 죽다, 없애다.
- 之: ~가(이), ~은(는)/주격 후치사.
- 以: ~로써/수단, 방법을 나타내는 전치사.
- 泣(읍):울다, 울리다, 울게 하다, 울음, 눈물.

7) 이 장은 병기는 상서롭지 못한 도구이고 군자의 기물이 아니며
무력을 쓰지 말아야 하고 어쩔 수 없는 전쟁일지라도 슬프고
상례로써 다루고 처신해야 한다는 것이다.

32章

道常無名, 樸雖小, 天下莫能臣也.

侯王若能守之, 萬物將自賓. 天地相合,

以降甘露, 民莫之令而自均. 始制有名,

名亦旣有, 夫亦將知止, 知止可以不殆.

譬道之在天下, 猶川谷之於江海.

도상무명, 박수소, 천하막능신야. 후왕약능수지, 만물장자빈. 천지상합, 이강감로,
민막지령이자균. 시제유명, 명역기유, 부역장지지, 지지가이불태. 비도지재천하,
유천곡지어강해.

도(道)는 언제나 이름이 없고, 통나무(道)는 비록 작지만 천하
에는 〈누구도〉 신하로 삼을 수 없다(부릴 수 없다).(도는 언제나
흐릿하고 아득하며 형체도 없어 이름을 붙일 수 없으며 자연 그대로의 소박한
통나무를 닮았으며, 통나무를 닮은 도가 비록 작게 보이지만 천하에서 누구도
신하로 삼아 부릴 수 없다.) 군주가 만약 이것(道)을 지킬 수 있다면
만물은 장차 스스로 존경하고 따를 것이다.(군주가 만약 무위자연의
도를 지킬 수 있다면 장차 천지의 만물과 사람들이 찾아와 스스로 존경하고 따를
것이다.) 하늘과 땅이 서로 만나 단 이슬을 내리고, 백성들은
명령하지 않아도 스스로 고르게 될 것이다.(이렇게 되면 하늘과
땅이 서로 만나 화합하여 단 이슬을 내려줄 것이고, 백성들은 인위적으로 명령
하지 않아도 스스로 골고루 잘 다스려지게 될 것이다.) 만듦이 비롯되자
이름이 있게 되고, 이름 또한 이미 있게 되니, 무릇 또한 장차
그침을 알게 되고, 그침을 앎으로써 위태롭지 않을 수 있다.
비유하면 도(道)가 천하에 있는 것은, 내(川)와 골짜기가 강과
바다를 따르는(흐르는) 것과 같다.(도는 형체도 없고 이름이 없지만
도를 닮은 통나무를 잘라서 물건들을 만들어 구별하기 위해 이름이 있게 되고,

이름이 있게 되니 인위적인 행동을 하거나 다투게 되지만 또한 장차 그침을 알게
되어 그칠 줄 앎으로 위태롭지 않을 수 있는 것이다. 비유하면 도가 천하에 있으
므로 내와 골짜기의 물들이 자연스럽게 강과 바다로 흐르는 것과 같이 자연스럽게
천하가 위태롭지 않을 수 있는 것이다.)

樸:통나무박 臣:신하신 賓:손빈 露:이슬로(노) 均:고를균 始:비로소시 譬:비유할비

문법(文法)적 해석 및 한자 풀이

1) 道常無名, 樸雖小, 天下莫能臣也:도(道)는 언제나 이름이 없고,
   통나무(道)는 비록 작지만 천하에는 〈누구도〉 신하로 삼을 수
   없다(부릴 수 없다).
   - 常(상):항상, 늘, 언제나/부사.
   - 樸(박):통나무, 바탕, 순박하다, 질박하다.
   - 雖(수):비록 ~ 할지라도/조건, 양보의 부사.
   - 莫(막): ~않다(없다)/부정을 나타내는 부정 보조사.
   - 臣(신):신하, 신하로 삼다, 부리다.
2) 侯王若能守之, 萬物將自賓:군주가 만약 이것(道)을 지킬 수
   있다면 만물은 장차 스스로 존경하고 따를 것이다.
   - 侯王(후왕):한 나라의 왕(임금).
   - 若(약):만약 ~면/가정, 조건, 양보 부사.
   - 將:장차/차(且)와 함께 미래를 나타내는 시간 부사.
   - 自賓(자빈):스스로 존경하고 따르다/'自'뒤에 자동사일 때는
     '스스로 ~하다, 저절로 ~하다'로 해석할 수 있다.
   - 賓(빈):손님, 따르다, 복종하다, 존경하다.
3) 天地相合, 以降甘露, 民莫之令而自均:하늘과 땅이 서로 만나
   단 이슬을 내리고, 백성들은 명령하지 않아도 스스로 고르게
   될 것이다.

- 合(합):합하다, 모으다, 만나다.
- 以(이): ~하면서(하므로)/접속사로 而(그래서)와 유사하며, 해석하지 않아도 된다.
- 露(로):이슬, 젖다, 적시다/甘露(감로)는 단 이슬을 의미한다.
- 之:부정문에서 '之'가 (인칭) 대명사로써 목적어일 때 앞으로 도치될 수 있으며, '莫令之'가 도치된 것이라 할 수 있다.
- 均(균):고르다, 평평하다, 가지런히 하다.
4) 始制有名:만듦이 비롯되자 이름이 있게 되고,
- 始(시):비로소, 처음, 시초, 시작하다.
- 制(제):마름질하다, 만들다, 짓다.
5) 猶川谷之於江海:내(川)와 골짜기가 강과 바다를 따르는(흐르는) 것과 같다.
- 猶(유): ~와 같다, ~듯 하다/비교 형용사로써 보어를 취한다.
- 於(어):따르다, 있다, 존재하다.
6) 이 장은 군주가 통나무(樸)와 같은 무위의 도(道)를 지킨다면 천지가 서로 화합하고 잘 다스려지게 될 것이고, 도(道)가 천하에 있으므로 내와 골짜기가 자연스럽게 강과 바다로 흐르는 것과 같이 천하가 위태롭지 않을 수 있다고 한다.

33章

知人者智, 自知者明. 勝人者有力,
自勝者强. 知足者富, 强行者有志.
不失其所者久, 死而不亡者壽.

지인자지, 자지자명. 승인자유력, 자승자강. 지족자부, 강행자유지. 불실기소자구,
사이불망자수.

남을 아는 사람은 지혜롭고, 자신을 아는 사람은 밝다.(남을
아는 사람은 지혜롭다고 할 수 있고, 자신을 아는 사람은 세상 이치에 밝고 총명
하다고 할 수 있다.) 남을 이기는 사람은 힘이 있고, 자신을 이기
는 사람은 강하다.(남을 이기는 사람은 힘이 있다고 할 수 있고, 자신을 이기
는 사람은 더욱 강하다고 할 수 있다.) 만족을 아는 사람은 부유하고,
힘써 행하는 사람은 뜻이 있다.(만족을 아는 사람은 마음이 넉넉하고
부유하다고 할 수 있고, 힘써 행하는 사람은 뜻이 있고 의지가 강한 사람이라고
할 수 있다.) 자신의 자리를 잃지 않는 사람은 오래 가고, 죽어
도 없어지지(잊혀지지) 않는 사람은 오래 산다(길이 전해진
다).(자신이 마땅히 있어야 할 자리를 잃지 않는 사람은 오래갈 것이고, 죽어도
잊혀지지 않는 사람은 비록 죽었더라도 오래도록 전해지고 장수한다고 할 수 있다.)

智:지혜지 强:강할강 亡:망할망 壽:목숨수

문법(文法)적 해석 및 한자 풀이

1) 知人者智, 自知者明:남을 아는 사람은 지혜롭고, 자신을 아는
   사람은 밝다.
   - 人:남/부정칭 인칭 대명사.
   - 者:의존명사(불완전명사) 또는 특수 지시대명사로 '~하는
     사람, ~하는 것'으로 해석한다.
   - 智(지):지혜, 슬기, 재능, 지혜롭다, 총명하다.

- 自:'自'뒤에 자동사일 때는 '스스로 ~하(되)다. 저절로 ~하(되)다'로 해석하며, 타동사일 때는 목적어일지라도 어순상 반드시 동사 앞에 오며 '자기를, 자신을, 스스로를'으로 해석한다.
- 明(명):밝다, 똑똑하다, 총명하다.
2) 强行者有志:힘써 행하는 사람은 뜻이 있다.
- 强(강):강하다, 힘쓰다, 힘써, 억지로.
- 有:사물이 있고 없음을 나타내는 존재동사로써 보어로 취하며 보어를 주어처럼 해석한다.
3) 不失其所者久, 死而不亡者壽:자신의 자리를 잃지 않는 사람은 오래 가고, 죽어도 없어지지(잊혀지지) 않는 사람은 장수한다.
- 其:그(것), 자기, 자신/3인칭(지시) 대명사.
- 所:자리, 곳, 장소, 위치, 처소.
- 久(구):오래다, 길다, 오래 가다, 장구하다.
- 亡(망):망하다, 멸망하다, 없어지다, 잊다, 잃다.
- 壽(수):목숨, 수명, 장수, 장수하다, 오래 살다.
4) 이 장은 자신을 알고 이기며, 만족하면서 힘써 실천하고, 자신의 자리를 지키면서 잊혀지지 않는 사람은 오래도록 전해지고 장수하는 것과 같다고 한다.

34章

大道氾兮, 其可左右. 萬物恃之而生而不辭,
功成不名有, 衣養萬物而不爲主.
常無欲, 可名於小, 萬物歸焉而不爲主,
可名爲大. 以其終不自爲大, 故能成其大.

대도범혜, 기가좌우. 만물시지이생이불사, 공성불명유, 의양만물이불위주. 상무욕,
가명어소, 만물귀언이불위주, 가명위대. 이기종부자위대, 고능성기대.

큰 도가 넘쳐나니, 그것은 왼쪽, 오른쪽으로 〈퍼져〉 있다.
(크나큰 도는 넘쳐나 어디에나 있고, 왼쪽에도 오른쪽에도 위에도 아래에도 두루
퍼져 있다.) 만물이 그것에 의지하여 생겨나지만 말하지 않고,
공이 이루어졌으나 〈공이〉 있음을 이름하지(말하지) 않으며,
만물을 입히고 기르지만 주인이 되지 않는다.(만물은 도에 의하여
생겨나고 살아가지만 도는 아무런 말도 하지 않고, 만물을 생육하는 공이 이루어
지는 것도 도 때문이지만 공이 있음을 드러내거나 말하지 않으며, 만물을 입혀주고
길러주지만 도는 스스로 주재하거나 주인이 되려고 하지 않는다.) 항상 하고
자 하는 것이 없으니 작다고 이름할(말할) 수 있으며, 만물이
되돌아가나 주인이 되지 않으니 크다고 이름할(말할) 수 있다.
그것(道)은 끝까지 스스로 크다고 하지 않기 때문에 그러므로
그 큼을 이룰 수 있는 것이다.(도는 항상 하고자 하는 욕심이 없으므로
작다고 말할 수 있으며, 또 만물이 도에게 되돌아가건마는 주재하거나 주인이
되려고 하지 않으니 크고 위대하다고 말할 수 있다. 또한 도는 끝까지 스스로
크다고 여기지 않기 때문에 그러므로 그 크고 위대함을 이룰 수 있다.)

氾:넘칠범　恃:믿을시　辭:말씀사　養:기를양

문법(文法)적 해석 및 한자 풀이

1) 大道氾兮:큰 도가 넘쳐나니,
 - 氾(범):넘치다, 흐르다, (물에)띄우다.
 - 兮(혜):문장의 중간에 쓰여 어기를 부드럽게 해주며, 문맥에
   따라 해석할 수 있다.
2) 萬物恃之而生而不辭:만물이 그것에 의지하여 생겨나지만
   말하지 않고,
 - 恃(시):믿다, 의지하다, 의뢰하다.
 - 辭(사):말씀, 말하다, 사양하다.
3) 功成不名有, 衣養萬物而不爲主:공이 이루어졌으나 〈공이〉
   있음을 이름하지(말하지) 않으며, 만물을 입히고 기르지만
   주인이 되지 않는다.
 - 名:이름하다, 지칭하다, 이름나다.
 - 養(양):기르다, 먹이다, 봉양하다, 공양하다.
 - 爲: ~이 되다/爲+명사, 불완전 자동사로 보어를 취하며,
   '爲主'는 '주인이 되다'로 해석한다.
4) 以其終不自爲大, 故能成其大:그것(道)은 끝까지 스스로 크다고
   하지 않기 때문에 그러므로 그 큼을 이룰 수 있는 것이다.
 - 以: ~때문(이다)에, ~으로 인해/접속사로써 단문을 연결해
   주는 역할을 한다.
 - 其:그(것), 자기/3인칭(지시) 대명사.
 - 終(종):마침내, 결국, 끝까지, 끝내, 마치다, 끝내다.
 - 故(고):그러므로/원인에 따른 결과를 나타내는 인과 접속사.
5) 이 장은 도(道)는 위대한 공을 이루었으나 드러내지 않고,
   주인이 되려고 하지 않으니 그 위대함을 이룰 수 있다고 한다.

35章

執大象, 天下往. 往而不害, 安平太.
樂與餌, 過客止, 道之出口, 淡乎其無味.
視之不足見, 聽之不足聞, 用之不足旣.

집대상, 천하왕. 왕이불해, 안평태. 악여이, 과객지, 도지출구, 담호기무미. 시지부족견,
청지부족문, 용지부족기.

큰 형상(道)을 잡으니, 천하가 〈잘 되어 제 길로〉 간다. 〈잘
되어 제 길로〉 가면서 해하지 않으므로, 〈천하가〉 편안하고
평등하며 태평하다.(크나큰 형상이라 할 수 있는 도를 잡아 지키면 천하의
만물이 잘 되어 제 갈 길로 간다. 서로 자기 갈 길을 가면서도 해를 입히지 않으니
편안하고 평등하며 태평해진다.) 〈즐거운〉 음악이나 〈맛있는〉 음식
으로 지나가는 손님이 멈추지만, 도가 말을 낼(할) 때는 담백
하여 거의 맛이 없다. 보아도 볼 수 없고, 들어도 들을 수 없
고, 〈아무리〉 써도 다할 수 없다(다하지 않는다).(즐거운 음악과
맛있는 음식에 지나가는 손님의 발걸음을 멈추지만 그러나 도는 그렇지 않다.
도에서 나오는 말은 담백하여 거의 맛이 없다. 또한 도는 보아도 알아볼 수 없고,
들어도 알아들을 수가 없지만, 아무리 써도 다하지 않으며 끝이 없다.)

執:잡을집 象:형상상 餌:먹이이 淡:맑을담 旣:이미기

문법(文法)적 해석 및 한자 풀이

1) 執大象:큰 형상(道)을 잡으니,
 - 執(집):잡다, 지키다, 처리하다, 다스리다.
 - 象(상):코끼리, 꼴, 모양, 형상/대상(大象)은 도(道)를 의미
   한다고 할 수 있다.
2) 樂與餌:〈즐거운〉 음악이나 〈맛있는〉 음식으로,
 - 餌(이):먹이, 음식, 미끼.

3) 道之出口, 淡乎其無味:도가 말을 낼(할) 때는 담백하여 거의
   맛이 없다.
  - 口(구):입, 입구, 말하다, 입 밖에 내다.
  - 淡(담):맑다, 엷다, 담백하다, 묽다.
  - 乎(호):부사나 형용사 뒤에서 어기를 도와주며, 해석하지
    않아도 된다.
  - 其:거의, 아마도/정도와 추측을 나타내는 부사.
4) 用之不足既:〈아무리〉 써도 다할 수 없다(다하지 않는다).
  - 之:술어 뒤에 之가 붙음으로써 술어를 술어답게 만들어주며,
    해석하지 않아도 되지만 대명사, 목적어로 본다면 '道'를
    가리킨다고 할 수 있다.
  - 足: ~할 수 있다/가능 보조사.
  - 既(기):이미, 벌서, 다하다, 끝나(내)다.
5) 이 장은 도는 담백하여 맛이 없고, 알아볼 수 없으며, 끝이
   없으니, 무위자연의 도로써 다스린다면 천하는 편안하고
   평등하며 태평할 수 있다고 말한다.

36章

將欲歙之, 必固張之, 將欲弱之, 必固强之,
將欲廢之, 必固興之, 將欲奪之, 必固與之,
是謂微明. 柔弱勝剛强, 魚不可脫於淵,
國之利器, 不可以示人.

장욕흡지, 필고장지, 장욕약지, 필고강지, 장욕폐지, 필고흥지, 장욕탈지, 필고여지, 시위미명.
유약승강강, 어불가탈어연, 국지리기, 불가이시인.

장차 줄어들게 하고자 하면 반드시 참으로 넓혀 주어야 하며,
장차 약하게 하고자 하면 반드시 참으로 강하게 해주어야 하
며, 장차 쇠퇴하게 하고자 하면 반드시 참으로 흥성하게 해
주어야 하며, 장차 빼앗고자 하면 반드시 참으로 주어야 하니,
〈이를〉 작은(은미한) 밝음이라고 이른다. (장차 오므라들게 하거나
줄어들게 하려면 반드시 먼저 넓혀 크게 해주어야 하며, 장차 약하게 하려면 반
드시 먼저 강하고 힘세게 해주어야 하며, 장차 폐하려 하거나 쇠퇴하게 하려면
반드시 먼저 일으켜 흥성하게 해주어야 하며, 장차 빼앗으려 하면 반드시 먼저
주어야 한다. 이렇게 하는 것을 드러나지 않으면서 은미한 밝은 지혜라고 한다.)
부드럽고 약한 것이 굳세고 강한 것을 이기며, 물고기는 연못
을 벗어날 수 없고, 나라의 이로운 기물은 사람들에게 보여
줄 수 없다. (부드럽고 유약한 것이 굳세고 강한 것을 이기며, 물고기가 연못
밖으로 나오면 살 수 없듯이, 나라의 부드럽고 유약하며 이로운 통치술이 언행
으로써 밖으로 나오면 실행되지 못할 우려가 있으므로 사람들에게 보여줘서도
안 되는 것이다.)

歙:들이쉴흡 張:베풀장 廢:폐할폐 奪:빼앗을탈 微:작을미 剛:굳셀강 淵:못연

문법(文法)적 해석 및 한자 풀이

1) 將欲歙之, 必固張之:장차 줄어들게 하고자 하면 반드시
   참으로 넓혀 주어야 하며,
   - 將(장):장차/차(且)와 함께 미래를 나타내는 시간 부사.
   - 欲: ~하고자 하다/원망(願望) 보조사.
   - 歙(흡):들이쉬다, 거두다, 줄어들다.
   - 固(고):진실로, 참으로, 굳게, 굳이, 반드시, 항상.
   - 張(장):베풀다, 넓히다, 크게 하다.

2) 將欲廢之, 必固興之, 將欲奪之:장차 쇠퇴하게 하고자 하면
   반드시 참으로 흥성하게 해주어야 하며, 장차 빼앗고자 하면,
   - 廢(폐):폐하다, 버리다, 그치다, 쇠퇴하다.
   - 興(흥):일으키다, 흥(창)성하다, 성공하다.
   - 奪(탈):빼앗(기)다, 약탈하다, 잃다, 삭탈하다.

3) 是謂微明:〈이를〉 작은(은미한) 밝음이라고 이른다.
   - 是: ~이다/연계동사이며, 지시대명사로써 주어인 '이것이'의
     뜻이 아니며, 주어는 문맥상 앞 문장이므로 해석하지 않아도
     된다. 다만 우리말로 옮기는 과정에서는 우리말의 어감에
     맞게 '이(것)'란 주어를 붙여준 것뿐이라고 할 수 있다.
   - 謂(위):이르다, 일컫다, 말하다, 논평하다.
   - 微(미):작다, 쇠미하다, 정교하다, 어렴풋하다, 어둡다.

4) 柔弱勝剛強, 魚不可脫於淵:부드럽고 약한 것이 굳세고 강한
   것을 이기며, 물고기는 연못을 벗어날 수 없고,
   - 柔(유):부드럽다, 순하다, 연약하다, 여리다.
   - 剛(강):굳세다, 강직하다, 단단하다.
   - 於: ~을(를)/일반적으로 타동사 뒤에는 전치사가 놓이지 않
     으나, 놓이는 경우에 목적어로 해석한다.

5) 國之利器, 不可以示人:나라의 이로운 기물은 사람들에게 보여

줄 수 없다.

- 利(리):이롭다, 이롭게 하다, 날카롭다.

- 器(기):그릇, 도구, 기물, 그릇으로 쓰다.

- 可以: ~할 수 있다/가능 보조사.

- 示(시):보(이)다, 알리다, 일러주다, 지시하다.

- 人:사람(들), 남/부정칭 인칭 대명사.

6) 이 장은 은미한 밝은 지혜(微明)는 먼저 넓혀 주고, 강하게
   해주며, 흥성하게 해주고, 또한 주어야 하며, 통치자가 나라에
   이로운 것은 보여줘서는 안 된다고 역설하고 있다.

37章

道常無爲, 而無不爲.
侯王若能守之, 萬物將自化. 化而欲作,
吾將鎭之以無名之樸. 無名之樸,
夫亦將無欲. 不欲以靜, 天下將自定.

도상무위, 이무불위. 후왕약능수지, 만물장자화. 화이욕작, 오장진지이무명지박.
무명지박, 부역장무욕. 불욕이정, 천하장자정.

도(道)는 항상 함이 없으나, 하지 않음이 없다.(도는 언제나 일부
러 작위하는 일이 없으나, 하지 못하는 것과 이루지 않는 것이 없다.) 임금이
만약 이 도(道)를 지킬 수 있다면 만물은 장차 스스로 변화
(교화)할 것이다.(임금이 만약 천하를 다스리는데 이러한 도를 지킬 수 있
다면 천하의 만물과 사람들은 장차 스스로 생겨나고 변화하며 교화될 것이다.)
변화(교화)하다가 작위를 하고자 하면 나는 장차 이름이 없
는 통나무(道)로써 그것(欲作)을 진압할 것이다.(스스로 생겨나
고 변화하며 교화되다가 일부러 작위를 하고자 하면 나는 장차 순박하고 이름이
없는 통나무 같은 무위의 도로써 그것을 눌러 진정시킬 것이다.) 이름이 없는
통나무 또한 장차 〈일부러〉 하고자 함이 없을 것이다. 하고자
하지 않으므로 고요하니, 천하가 장차 스스로 안정될 것이다.
(순박하고 이름이 없는 통나무 같은 무위의 도는 장차 일부러 하고자 하는 욕심이
없을 것이다. 일부러 하고자 하는 욕심을 내지 않고 고요하니, 천하가 장차 스스로
안정될 것이다.)

常:항상상 侯:제후후 化:화할화 鎭:진압할진 樸:순박할박 靜:고요할정 定:정할정

문법(文法)적 해석 및 한자 풀이

1) 道常無爲, 而無不爲 : 도(道)는 항상 함이 없으나, 하지 않음이
   없다.

- 常(상):항상, 늘, 언제나/부사.
- 無: ~이 없다/有와 함께 사물이 있고 없음을 나타내는 존재 동사로써 보어(爲, 不爲)를 취하며, 보어를 주어처럼 해석한다.
- 而:그러나, 그런데/역접 접속사. 문장이 길어서 띄어쓰기를 할 경우에는 而 앞에서 끊는다. 그러나 띄어쓰기를 하지 않은 문장을 읽을 때는 而 다음에서 끊어 읽는다.

2) 侯王若能守之, 萬物將自化:임금이 만약 이 도(道)를 지킬 수 있다면 만물은 장차 스스로 변화(교화)할 것이다.
- 侯(후):제후, 임금/명사, 후왕(侯王)은 한 나라의 임금.
- 若(약):만약 ~면/가정, 조건, 양보 부사.
- 能: ~할 수 있다/가능 보조사.
- 將:장차/차(且)와 함께 미래를 나타내는 시간 부사.
- 自化(자화):스스로 변화(교화)하다/'自'뒤에 자동사일 때는 '스스로 ~하다, 저절로 ~하다'로 해석할 수 있다.
- 化(화):되다, 화하다, 교화하다, 따르다, 변천(화)하다.

3) 化而欲作, 吾將鎭之以無名之樸:변화(교화)하다가 작위를 하고 자 하면 나는 장차 이름이 없는 통나무(道)로써 그것(欲作)을 진압할 것이다.
- 欲: ~하고자 하다/원망(願望) 보조사.
- 作(작):만들다, 작위하다, 비롯되다, 창작하다.
- 而:만일(약) ~하면/단문을 연결 시키는 가정 접속사.
- 鎭(진):진압하다, 누르다, 진정하다.
- 以: ~로써/수단, 방법을 나타내는 전치사.
- 之:관형격 후치사로써 수식어가 '동사구'이면 '~(하)는, ~한'으로 해석하며 '無名之'는 '이름이 없는'으로 해석한다.
- 樸(박):통나무, 질박하다, 순박하다.

4) 夫(부):'대저(大抵), 대체로, 무릇'으로 해석하거나, 해석하지 않아도 된다. 즉 발어사라고 할 수 있다.

5) 不欲以靜, 天下將自定:하고자 하지 않으므로 고요하니, 천하가 장차 스스로 안정될 것이다.

 - 以(이): ~하면서(하므로)/접속사로 而(그래서)와 유사하며, 해석하지 않아도 된다.

 - 靜(정):고요하다, 깨끗하다, 조용하다.

 - 定(정):정하다, 안정시키다, 편안하다, 평정하다.

6) 이 장은 도(道)는 함이 없으나 하지 않음이 없고, 일부러 하고자 하는 욕심이 없으며, 이러한 무위의 도(道)로써 천하를 다스리면 천하가 스스로 안정될 것이라고 한다.

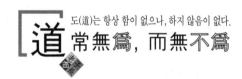

도(道)는 항상 함이 없으나, 하지 않음이 없다.

道 常無爲, 而無不爲

德經

덕경

38章 ~ 81章

38章

上德不德, 是以有德. 下德不失德, 是以無德.

上德無爲, 而無以爲. 下德爲之, 而有以爲.

上仁爲之, 而無以爲. 上義爲之, 而有以爲.

上禮爲之, 而莫之應, 則攘臂而扔之.

故失道而後德, 失德而後仁, 失仁而後義,

失義而後禮. 夫禮者, 忠信之薄, 而亂之首.

前識者, 道之華, 而愚之始.

是以大丈夫處其厚, 不居其薄,

處其實, 不居其華. 故去彼取此.

상덕부덕, 시이유덕. 하덕불실덕, 시이무덕. 상덕무위, 이무이위. 하덕위지, 이유이위.
상인위지, 이무이위. 상의위지, 이유이위. 상례위지, 이막지응, 즉양비이잉지.
고실도이후덕, 실덕이후인, 실인이후의, 실의이후례. 부례자, 충신지박, 이란지수.
전식자, 도지화, 이우지시. 시이대장부처기후, 불거기박. 처기실, 불거기화. 고거피취차.

높은 덕은 〈겉으로〉 덕스럽지 않아, 이 때문에 〈진정한〉 덕
이 있다. 낮은 덕은 〈겉으로 보이는〉 덕을 잃지 않아, 이 때
문에 〈진정한〉 덕이 없다.(높은 덕인 상덕은 무위자연의 도가 덕으로
나타난 것을 말하며, 겉으로는 덕스럽지 않으므로 이 때문에 진정한 덕이 있다.
낮은 덕인 하덕은 겉으로 보이는 덕을 말하며, 덕을 잃지 않으려고 애쓰며 인위
적으로 노력하므로 이 때문에 진정한 덕이 없다.) 높은 덕은 〈인위적으
로〉 하려고 하지 않아, 〈하는 것을〉 생각함이 없다. 낮은 덕은
〈인위적으로〉 하려고 하므로, 〈하는 것을〉 생각함이 있다.
(높은 덕은 도에 순응할 뿐 인위적으로 하려고 하지 않아, 하는 것을 일부러 생각
함이 없다. 낮은 덕은 인위적으로 스스로 하려고 애쓰므로, 하는 것을 생각함이
있다.) 높은 인은 하려고 하나, 〈하는 것을〉 생각함이 없다.

높은 의는 〈인위적으로〉 하려고 하므로, 〈하는 것을〉 생각함이 있다. 높은 예는 〈인위적으로〉 하려고 하며, 응하지 않으면 팔(소매)을 걷어올리고 끌어당긴다.(높은 인은 스스로 하려고 애쓰지만, 인을 행하면서도 생각하거나 의식하지 않는다. 그러므로 인이 이루어짐은 높은 덕에 가깝다. 그 다음 아래인 높은 의는 인위적으로 하려고 애쓰므로, 행한 것을 생각하거나 의식한다. 그 다음 아래인 높은 예는 인위적으로 예에 맞게 행하지만 다른 사람이 예에 맞게 호응하지 않으면 소매를 걷어올리고 끌어당기듯이 억지로 강요한다.) 그러므로 도를 잃은 이후에 덕이 있고, 덕을 잃은 이후에 인이 있고, 인을 잃은 이후에 의가 있고, 의를 잃은 이후에 예가 있다.(그러므로 도가 없어진 뒤에 덕이 있게 되었으며, 덕이 없어진 뒤에 인이 있게 되었으며, 인이 없어진 뒤에 의가 있게 되었고, 의가 없어진 뒤에 예가 있게 된 것이다.) 무릇 예는 충실함과 미더움이 엷어진 것이며, 어지러움의 첫째이다. 먼저 아는 것은 도의 꽃(꾸밈)이며, 어리석음의 시작이다.(무릇 예가 필요하게 된 이유는 충실함과 미더움이 엷어졌기 때문이며 어지러움과 혼란의 시작과 원인인 것이다. 먼저 아는 것은 지혜라고 할 수 있지만 도에서 지혜는 열매가 아닌 꽃이라고 할 수 있으며, 꽃은 곧 시들어 떨어진다. 이처럼 지혜는 명석함이 아니라 어리석고 우매함의 시작인 것이다.) 이로 인해 대장부는 그 두터움에 처하고, 그 엷음에 거주하지 않으며, 그 열매(참됨)에 처하고, 그 꽃(꾸밈)에 거주하지 않는다. 그러므로 저것(후자)을 버리고 이것(전자)을 취한다.(이로 인해 대장부는 두텁고 후한 곳에 머무르지, 엷고 박한 곳에 머무르지 않으며, 실질적인 열매에 머무르지, 화려하고 헛된 꽃에 머무르지 않는다. 그러므로 뒤의 것, 엷고 박한 곳과 화려하고 헛된 꽃을 버리고 앞의 것, 두텁고 후한 곳과 실질적인 열매를 취한다.)

應:응할응 攘:물리칠양 臂:팔비 扔:당길잉 薄:엷을박 華:빛날화 愚:어리석을우

문법(文法)적 해석 및 한자 풀이

1) 上德不德, 是以有德:높은 덕은 〈겉으로〉 덕스럽지 않아,
   이 때문에 〈진정한〉 덕이 있다.
   - 德(덕):덕스럽다, 덕이 있다/동사로 전성된 것이라 할 수 있다.
   - 是以(시이):이 때문에, 이로 인해, 따라서/인과 관계를 나타
     내는 접속사.

2) 上德無爲, 而無以爲:높은 덕은 〈인위적으로〉 하려고 하지 않아,
   〈하는 것을〉 생각함이 없다.
   - 以爲: ~라고 여기다, ~라고 생각하다, ~로 삼다.

3) 上禮爲之, 而莫之應, 則攘臂而扔之:높은 예는 〈인위적으로〉
   하려고 하며, 응하지 않으면 팔(소매)을 걷어올리고 끌어당긴다.
   - 應(응):응하다, 승낙하다, 화답하다.
   - 莫(막): ~않다(없다)/부정을 나타내는 부정 보조사.
   - 之:부정문에서 '之'가 (인칭) 대명사로써 목적어일 때 앞으로
     도치될 수 있으며, '莫應之'가 도치된 것이라 할 수 있다.
   - 則(즉): ~면/가정, 조건의 접속사.
   - 攘(양):물리치다, 내쫓다, 사양하다, 걷어올리다.
   - 臂(비):팔, 팔뚝.
   - 扔(잉):당기다, 끌어당기다, 부수다, 깨뜨리다.

4) 故失道而後德:그러므로 도를 잃은 이후에 덕이 있고,
   - 故(고):그러므로/원인에 따른 결과를 나타내는 인과 접속사.
   - 而後: ~이후에/접속사이며, 이후(以後)와 같다.

5) 夫禮者, 忠信之薄, 而亂之首:무릇 예는 충실함과 미더움이
   엷어진 것이며, 어지러움의 첫째이다.
   - 夫(부):'대저(大抵), 대체로, 무릇'으로 해석하거나, 해석하지
     않아도 된다. 즉 발어사라고 할 수 있다.

- 者:문장의 중간이나 끝에 쓰여 어기를 부드럽게 하며,
  해석하지 않는다/어기사, 즉 후치사라고 할 수 있다.
- 之: ~가(이), ~은(는)/주격 후치사.
- 薄(박):엷다, 얇다, 적다, 싱겁다.
- 首(수):머리, 우두머리, 첫째, 시작하다.

6) 前識者, 道之華:먼저 아는 것은 도의 꽃(꾸임)이며,

- 前(전):앞에, 먼저/前처럼 방향, 위치를 나타낼 경우, 동사
  앞에 와서 부사로 쓰인다. 東, 西, 南, 北, 上, 下, 左, 右,
  前(先), 後, 內, 外, 遠, 近 등이 있다.
- 者:의존명사(불완전명사) 또는 특수 지시대명사로 '~하는
  사람, ~하는 것'으로 해석한다.
- 華(화):꽃, 빛나다, 화려하다, 사치하다.

7) 處其實, 不居其華. 故去彼取此:그 열매(참됨)에 처하고,
  그 꽃(꾸임)에 거주하지 않는다. 그러므로 저것(후자)을
  버리고 이것(전자)을 취한다.

- 其(기):그(것의)/지시 대명사.
- 實(실):열매, 내용, 바탕, 본질, 참됨.
- 去(거):가다, 떠나(가)다, 버리다.
- 彼/此(피/차):지시대명사로써 彼는 저것(후자), 此는 이것
  (전자)를 가리킨다고 할 수 있다.

8) 이 장은 덕경의 서론으로써 도(道)의 개념을 인(仁), 의(義),
  예(禮), 지(智)와 비교하면서 상덕(上德)보다 못하다는 것을
  말하고 있고, 예(禮)는 충실함과 미더움이 부족하기 때문이며
  지혜는 어리석음의 시작이라고 한다.

39章

昔之得一者, 天得一以淸, 地得一以寧,

神得一以靈, 谷得一以盈, 萬物得一以生,

侯王得一以爲天下貞. 其致之一也.

天無以淸, 將恐裂, 地無以寧, 將恐發,

神無以靈, 將恐歇, 谷無以盈, 將恐竭,

萬物無以生, 將恐滅, 侯王無以貴高,

將恐蹶. 故貴以賤爲本, 高以下爲基.

是以侯王自謂孤寡不穀. 此非以賤爲本邪?

非乎? 故致數興(譽)無興(譽).

不欲琭琭如玉, 珞珞如石.

석지득일자, 천득일이청, 지득일이녕, 신득일이령, 곡득일이영, 만물득일이생,
후왕득일이위천하정. 기치지일야. 천무이청, 장공렬, 지무이녕, 장공발, 신무이령,
장공헐, 곡무이영, 장공갈, 만물무이생, 장공멸, 후왕무이귀고, 장공궐. 고귀이천위본,
고이하위기. 시이후왕자위고과불곡. 차비이천위본사? 비호? 고치수여(예)무여(예).
불욕록록여옥, 력력여석.

옛날의 하나(道)를 얻은 자로서, 하늘은 하나를 얻어 맑고,
땅은 하나를 얻어 평안하며, 신은 하나를 얻어 신령스럽고,
골짜기는 하나를 얻어 채우며, 만물은 하나를 얻어 생성하고,
임금은 하나를 얻어 천하의 곧음이 되었다. 그것들이 이룬
것은 하나(道)이다. (옛날에 하나, 즉 도(道)를 얻은 자들이 있었는데, 하늘
은 하나를 얻어서 맑아졌고, 땅은 하나를 얻어서 편안해졌고, 신은 하나를 얻어
서 신령스러워졌고, 골짜기는 하나를 얻어서 채워졌고, 만물은 하나를 얻어서
생겨나게 되었고, 임금은 하나를 얻어서 천하의 곧음이 되어 세상을 바르게 하
였다. 그 모든 것을 이룬 것은 하나, 즉 도(道)였다.) 하늘이 맑지 않으면

장차 아마도 찢어질 것이고, 땅이 평안하지 않으면 장차 아마도 어지러워질 것이며, 신이 신령스럽지 않으면 장차 아마도 〈신의 능력이〉 그칠 것이고, 골짜기가 채워지지 않으면 장차 아마도 말라 버릴 것이며, 만물이 생성하지 않으면 장차 아마도 멸망할 것이고, 임금은 귀하고 높지 않으면 장차 아마도 쓰러질(몰락할) 것이다. (하늘이 도에 의하여 맑아지지 않으면 하늘은 장차 아마도 찢어질 것이고, 땅이 도에 의하여 평안하지 않으면 땅은 아마도 어지러워질 것이며, 신이 도에 의하여 신령스럽지 않으면 장차 아마도 신의 능력이 멈쳐서 사라질 것이고, 골짜기가 도에 의하여 채워지지 않으면 장차 아마도 말라 버릴 것이며, 만물이 도에 의하여 생겨나지 않으면 장차 아마도 멸망하여 없어질 것이고, 임금이 도에 의하여 바른 정치를 해서 귀하고 높지 않으면 장차 아마도 쓰러져 몰락할 것이다.) 그러므로 귀함은 천함을 근본으로 여기고, 높음은 낮음을 기본으로 여긴다. (그러므로 귀한 것은 천한 것을 근본으로 여기고, 높은 것은 낮은 것을 기본으로 삼는다.) 이 때문에 임금은 스스로 고(孤/외로운 사람), 과(寡/모자란 사람), 불곡(不穀/착하지 않는 사람)이라고 일컫는다. 이것은 천함을 근본으로 여긴 것이 아닌가? 안 그런가? 그러므로 극진히 명예를 계산(생각)하면 명예가 없다. 옥처럼 빛나려고 하지 않고, 돌처럼 질박하다. (이런 까닭으로 임금은 자신을 부르기를, 외로운 사람, '고'라 하고, 모자란 사람, '과'라 하며 착하지 않는 사람, '불곡'이라고 한다. 이것이 바로 천한 것을 근본으로 여긴 것이 아니겠는가? 안 그런가? 그러므로 명예를 극진히 생각하고 추구하면 명예롭지 못하게 된다. 아름다운 옥과 같이 빛나려고 하지 말고, 못생긴 돌처럼 질박하게 보여야 한다.)

昔:예석 寧:편안할녕(영) 靈:신령령(영) 谷:골짜기곡 貞:곧을정 裂:찢을렬(열)
發:필발 歇:쉴헐 竭:다할갈 滅:멸할멸 蹶:넘어질궐 孤:외로울고 寡:적을과
穀:곡식곡 邪:간사할사/어조사사 輿:수레여 譽:기릴예 琭:구슬모양록 珞:자갈력

문법(文法)적 해석 및 한자 풀이

1) 昔之得一者, 天得一以淸, 地得一以寧, 神得一以靈:옛날의
   하나(道)를 얻은 자로서, 하늘은 하나를 얻어 맑고, 땅은
   하나를 얻어 평안하며, 신은 하나를 얻어 신령스럽고,
   - 之: ~의/관형격 후치사.
   - 昔(석):옛날, 옛, 처음, 오래다, 오래되다.
   - 以(이):명사절 다음에 이가 오면 '~하면서'의 뜻으로, 접속사로
     사용되어 而(그래서)와 유사하며, 해석하지 않아도 된다.
   - 寧(녕):편안하다, 편안히 하다, 평안하다.
   - 靈(령):신령, 신령하다, 기이하다, 영험하다.

2) 侯王得一以爲天下貞. 其致之一也:임금은 하나를 얻어 천하의
   곧음이 되었다. 그것들이 이룬 것은 히니(道)이다.
   - 侯王(후왕):한 나라의 왕(임금).
   - 爲: ~이 되다/爲+명사, 불완전 자동사로 보어를 취하며,
     '爲天下貞'는 '천하의 곧음이 되다'로 해석한다.
   - 其(기):그(것의), 그것(들의)/지시 대명사.
   - 致(치):이르다, 다하다, 이루다.

3) 天無以淸, 將恐裂:하늘이 맑지 않으면 장차 아마도 찢어질
   것이고,
   - 無以(무이): ~할 수 없다, ~하지 않다/'無'는 ~없다(않다)로
     해석하고, '以'는 '~하다'의 의미이다. 부정 보조사 無로 인하여
     가정문이라 할 수 있다.
   - 恐(공):두렵다, 두려워하다, 아마도/부사.
   - 裂(렬):찢다, 찢어지다, 분할하다, 터지다.

4) 發(발):드러내다, 나타나다, 들추다, 어지럽다.

5) 歇(헐):쉬다, 그치다, 마르다, 다하다.

6) 竭(갈):다하다, 없어지다, 끝나다, (물이)마르다.

7) 滅(멸):멸하다, 멸망하다, 없어지다.

8) 蹶(궐):넘어지다, 쓰러지다, 거꾸러 뜨리다.

9) 故貴以賤爲本:그러므로 귀함은 천함을 근본으로 여기고,

 - 故(고):그러므로/원인에 따른 결과를 나타내는 인과 접속사.

 - 以 ~爲 ~: ~을 ~라고 여기다, ~을 ~라고 생각하다,

  ~을 ~로 삼다.

10) 是以後王自謂孤寡不穀:이 때문에 임금은 스스로

  고(孤/외로운 사람), 과(寡/모자란 사람), 불곡(不穀/착하지

  않는 사람)이라고 일컫는다.

 - 是以(시이):이 때문에, 이로 인해, 따라서/인과 관계를

  나타내는 접속사.

 - 謂(위):이르다, 일컫다, 가리키다.

 - 孤(고):외롭다, 고아, 왕후(王侯)의 겸칭, 외로운 사람.

 - 寡(과):적(작)다, 외롭다, 왕후(王侯)의 자칭(自稱), 모자란 사람.

 - 穀(곡):곡식, 녹(祿), 녹미(祿米)/불곡(不穀)은 임금이나 제후의

  자칭(自稱), 착하지 않는 사람.

11) 此非以賤爲本邪? 非乎?:이것은 천함을 근본으로 여긴 것이

  아닌가? 안 그런가?

 - 此(차):이(것)/지시 대명사.

 - 邪(사):간사하다, 사악하다, 어조사/의문·반어 종결사.

 - 乎:의문, 반문의 어기를 나타내는 의문 종결사.

12) 故致數輿(譽)無輿(譽):그러므로 극진히 명예를 계산(생각)

  하면 명예가 없다.

 - 致(치):이르다, 도달하다, 극진하다, 이루다, 극진히/부사.

 - 數(수):셈하다, 계산하다, 헤아리다, 생각하다.

- 輿(여):수레, 싣다, 실어나르다, 명예, 영예.
13) 不欲琭琭如玉, 珞珞如石:옥처럼 빛나려고 하지 않고,
   돌처럼 질박하다.
  - 琭(록):옥이름, 구슬모양. 琭琭/구슬의 빛나는 모양
  - 珞(력):자갈, 조약돌(작고 동글동글한 돌).
   珞珞/돌이 못생기고 질박한 모양.
14) 이 장은 천지 만물이 모두 하나(一)인 도(道)로부터 나왔으며,
   도(道)는 천지 자연의 법칙이고, 귀한 것은 천한 것의 근본이며,
   높은 것은 낮은 것을 기본으로 삼아야 하며, 옥처럼 빛나려고
   하지 말고, 돌처럼 질박하라고 한다.

귀함은 천함을 근본으로 여기고, 높음은 낮음을 기본으로 여긴다.

貴以賤爲本
高以下爲基

珞珞如石
돌처럼 질박하라.

40章

反者道之動, 弱者道之用.
天下萬物生於有, 有生於無.

반자도지동, 약자도지용. 천하만물생어유, 유생어무.

되돌아가는 것이 도(道)의 움직임이며, 약한 것이 도(道)의 작용이다. (근본으로 되돌아가는 것이 도(道)의 움직이는 법칙이며, 유약한 것이 도(道)의 작용이다.) 천하 만물은 유(有)에서 생겨나고, 유(有)는 무(無)에서 생겨난 것이다. (천하 만물은 유에서 나와서 생겨나고, 유는 무에서 나와서 생겨난 것이다.)

反:돌아올반 弱:약할약

문법(文法)적 해석 및 한자 풀이

1) 反者道之動, 弱者道之用:되돌아가는 것이 도(道)의 움직임이며, 약한 것이 도(道)의 작용이다.
   - 反(반):되돌아가다, 되돌아오다, 반복하다/동사.
   - 者:의존명사(불완전명사) 또는 특수 지시대명사로 '~하는 사람(자), ~하는 것'으로 해석한다.
   - 動(동):움직이다, 변하다, 움직임/명사.
   - 用(용):쓰다, 하다, 행하다, 작용, 용도/명사.
2) 天下萬物生於有:천하 만물은 유(有)에서 생겨나고,
   - 生(생):~살다, ~낳다, ~생기(게 하)다, 생겨나다/동사.
   - 於: ~에(게)/처소, 대상, 장소의 전치사.
3) 이 장은 도(道)의 움직임과 작용, 유(有)와 무(無)의 관계에 대해 짧게 언급하고 있다.

41章

上士聞道, 勤而行之, 中士聞道, 若存若亡,
下士聞道, 大笑之, 不笑不足以爲道.
故建言有之, 明道若昧, 進道若退, 夷道若纇,
上德若谷, 大白若辱, 廣德若不足, 建德若偸,
質眞若渝. 大方無隅, 大器晚成, 大音希聲,
大象無形. 道隱無名. 夫唯道, 善貸且成.

상사문도, 근이행지, 중사문도, 약존약무, 하사문도, 대소지, 불소부족이위도.
고건언유지, 명도약매, 진도약퇴, 이도약뢰, 상덕약곡, 대백약욕, 광덕약부족, 건덕약투,
질진약투. 대방무우, 대기만성, 대음희성, 대상무형. 도은무명. 부유도, 선대차성.

상급의 선비는 도(道)를 들으면 힘써 행하고, 중급의 선비는
도(道)를 들으면 있는 듯 없는 듯하고, 하급의 선비는 도(道)
를 들으면 크게 비웃는다. 비웃지 않으면 도라고 여기기에
부족하다. (상급의 지혜로운 사람이 도(道)를 들으면 힘써 실천하고, 중급의
보통 사람이 도(道)를 들으면 있는 듯 없는 듯 반신반의하고, 하급의 어리석은
사람이 도(道)를 들으면 무시하는 듯이 크게 비웃는다. 하급의 어리석은 사람이
비웃지 않는다면 도(道)라고 할만한 것이 못 된다.)   그러므로 전해오는
말(격언)이 있으니, 밝은 도는 어두운 듯하고, 나아가는 도는
물러나는 듯하고, 평평한 도는 울퉁불퉁한 듯하고, 최상의
덕은 골짜기인 듯하고, 크게 깨끗한 것은 치욕스러운 듯하고,
넓은 덕은 부족한 듯하고, 건실한 덕은 가벼운 듯하고, 소박
하게 참된 것은 변하는 듯하다. (그러므로 예로부터 전해오는 말이 있
으니, 밝은 도는 어두운 듯이 보이고, 나아가는 도는 물러나는 듯이 보이며, 평탄
한 도는 울퉁불퉁하며 고르지 못한 듯이 보이고, 최상의 덕은 골짜기처럼 보이며,
크게 깨끗하고 결백한 것은 욕되고 치욕스러운 듯이 보이고, 넓은 덕은 부족하면서

모자라는 듯이 보이며, 건실한 덕은 가볍고 나태한 듯이 보이고, 질박하면서도 참된 것은 잘 변하는 듯이 보인다.) 크게 모난 것은 모서리가 없고, 큰 그릇은 늦게 이루어지며, 큰 소리는 소리가 드물고, 큰 형상은 형체가 없다.(또 크게 모난 것은 모난 곳이 없고, 크나큰 그릇은 늦고 더디게 이루어지며, 크나큰 소리는 귀로 소리가 거의 들이지 않고, 크나큰 형상은 형체가 없는 듯이 하다.) 도(道)는 숨어서(은미하여) 이름이 없다. 오직 도(道)만이 잘 베풀고 또 이룬다.(도(道)는 은미하여 겉으로 드러나지 않으며, 이름을 붙일 수도 없어서 이름이 없다. 그러나 오직 도(道)만이 천하 만물을 잘 돌보고 베풀며 또한 이루고 생성케 한다.)

勤:부지런할근 亡:망할망/없을무 笑:웃음소 建:세울건 昧:어두울매 夷:오랑캐이
類:실마디뢰(뇌) 辱:욕될욕 廣:넓을광 偸:훔칠투 渝:변할투 方:모방 隅:모퉁이우
晚:늦을만 隱:숨을은 貸:빌릴대

문법(文法)적 해석 및 한자 풀이

1) 勤而行之:힘써 행하고,
   - 勤(근):부지런하다, 힘쓰다.
   - 而:그리고, 그래서/앞에 명사(구,절), 부사, 동사가 와서 뒤 문장과 연결하는 순접 접속사이다.
2) 若存若亡:있는 듯 없는 듯하고,
   - 若(약): ~와 같다, ~듯 하다/비교 형용사.
   - 亡(무):없다, 가난하다, (멸)망하다.
3) 不笑不足以爲道:비웃지 않으면 도라고 여기기에 부족하다.
   - 笑(소):웃음, 웃다, 비웃다, 조소하다.
   - 以爲: ~라고(으로) 여기다(간주하다), ~라고(으로) 생각하다.
4) 故建言有之, 明道若昧:그러므로 전해오는 말(격언)이 있으니, 밝은 도는 어두운 듯하고,
   - 建(건):세우다, 일으키다, 아뢰다. 建言(건언)은 立言(입언)과

의미가 통하며, 후세에 교훈이 될만한 말, 전해오는 말을
의미한다.

- 昧(매):어둡다, 찢다, 탐하다.

5) 夷道若纇:평평한 도는 울퉁불퉁한 듯하고,

- 夷(이):오랑캐, 평평하다, 평탄하다, 온화하다.

- 纇(뢰):실마디, 고르지 못하다, 어그러지다, 울퉁불퉁하다.

6) 大白若辱, 廣德若不足, 建德若偸, 質眞若渝:크게 깨끗한 것은
치욕스러운 듯하고, 넓은 덕은 부족한 듯하고, 건실한 덕은
가벼운 듯하고, 소박하게 참된 것은 변하는 듯하다.

- 白(백):희다, 깨끗하다, 밝다, 명백하다.

- 辱(욕):욕되다, 욕보이다, 수치(치욕)스럽다, 더럽히다.

- 偸(투):훔치다, 교활하다, 나태하다, 가볍다, 경박하다.

- 質(질):바탕, 본질, 소박하다, 질박하다.

- 渝(투):변하다, 바뀌다, 변경하다.

7) 大方無隅, 大器晩成, 大音希聲:크게 모난 것은 모서리가 없고,
큰 그릇은 늦게 이루어지며, 큰 소리는 소리가 드물고,

- 方(방):모, 네모, 방위, 곳, 장소.

- 晩(만):늦다, (해가) 저물다, 저녁, 늦게/부사.

- 希(희):드물다, 드문드문하다/특수형용사.

8) 夫唯道, 善貸且成:오직 도(道)만이 잘 베풀고 또 이룬다.

- 善(선):선, 훌륭하다, 착하다, 선하다, 좋다, 잘(부사).

- 貸(대):빌리다, 주다, 느슨하다, 관대히 다스리다, 베풀다.

- 且(차):또/又와 같이, 구와 구, 절과 절을 연결하는 접속사.

9) 이 장은 은미하여 이름이 없는 도(道)의 참모습이 세상에 비친
겉모습과는 상반되어 반신반의하고 또 비웃지만 오직 도(道)만
이 천하 만물을 잘 베풀고 이룬다고 한다.

42章

道生一, 一生二, 二生三, 三生萬物.

萬物負陰而抱陽, 沖氣以爲和.

人之所惡, 唯孤寡不穀, 而王公以爲稱.

故物或損之而益, 或益之而損. 人之所敎,

我亦敎之, 强梁者不得其死, 吾將以爲敎父.

도생일, 일생이, 이생삼, 삼생만물. 만물부음이포양, 충기이위화. 인지소오, 유고과불곡, 이왕공이위칭. 고물혹손지이익, 혹익지이손. 인지소교, 아역교지, 강량자부득기사, 오장이위교부.

도(道)는 하나를 낳고, 하나는 둘을 낳고, 둘은 셋을 낳고, 셋은 만물을 낳는다.(도(道)는 하나를 낳고, 하나는 음과 양, 둘을 낳고, 이 둘은 음과 양 그리고 텅빈 기운를 더하여 셋이 되었고, 이 셋은 만물을 낳았다.) 만물은 음을 짊어지고 양을 껴안아, 텅 빈 기운으로써 조화를 이룬다(조화로워진다).(만물은 음을 뒤에 짊어지고 양을 앞에 껴안아, 텅 빈 기운으로써 조화를 이루어 생육한다.) 사람들이 싫어하는 것은 고(孤/외로운 사람), 과(寡/모자란 사람), 불곡(不穀/착하지 않는 사람)이지만, 왕과 제후는 이로써 〈자신을〉 일컫는다. 그러므로 만물은 혹은 줄지만 더해지고, 혹은 더해지지만 줄어든다.(세상 사람들이 싫어하는 것은 '외로운 사람', '모자란 사람', '착하지 않는 사람'이라고 할 수 있는데, 왕과 제후는 고(孤), 과(寡), 불곡(不穀)으로서 자신을 낮춰 부른다. 그러므로 만물이 혹 자신을 낮춰 겸양하여 줄어들고 손해를 보는 것 같지만 더해지고 이익이 되고, 또 더해지고 이익이 되는 것 같지만 줄어들고 손해가 된다.) 사람들이 가르치는 것을 나 또한 가르치는데, 강하고 함부로 날뛰는 자(억센 자)는 그 죽음을 얻지 못하니, 나는 장차 이를 가르침의 근본으로 여기겠다.(다른 사람들이 가르치는 것을 나 또한 가르치는데, 강하고 억세면서 함부로 날뛰는 자는 제명에 죽지 못하니, 나는 장차 이 말을 가르침의 근본으로 삼겠다.)

負:질부 抱:안을포 沖:빌충 損:덜손 梁:교량량(양)

문법(文法)적 해석 및 한자 풀이

1) 道生一:도(道)는 하나를 낳고,
 - 生(생): ~살다, ~낳다, ~생기(게 하)다.
2) 萬物負陰而抱陽, 沖氣以爲和:만물은 음을 짊어지고 양을 껴안아, 텅 빈 기운으로써 조화로워진다.
 - 負(부):(짐을)지다, 짊어지다, 업다.
 - 抱(포):안다, 품다, 가지다, 지키다.
 - 沖(충):비다, 공허하다, 오르다, 솟구치다.
 - 以: ~로써/수단, 방법을 나타내는 전치사로써 '以沖氣'가 도치된 것이라 할 수 있다.
 - 爲:'爲+명사'는 '~하다'로 해석하며, 목적어의 성격에 따라 그 뜻을 적절하게 해석할 수 있다. '爲和'는 조화를 이룬다.
3) 唯孤寡不穀, 而王公以爲稱:고(孤/외로운 사람), 과(寡/모자란 사람), 불곡(不穀/착하지 않는 사람)이지만, 왕과 제후는 이로써 〈자신을〉 일컫는다.
 - 唯, 惟, 維:조사(후치사)로 문장의 앞이나 중간에 쓰일 때는 해석하지 않아도 된다.
 - 孤(고):외롭다, 고아, 왕후(王侯)의 겸칭, 외로운 사람.
 - 寡(과):적(작)다, 외롭다, 왕후(王侯)의 자칭(自稱), 모자란 사람.
 - 穀(곡):곡식, 녹(祿), 녹미(祿米)/불곡(不穀)은 임금이나 제후의 자칭(自稱), 착하지 않는 사람.
 - 王公(왕공):왕과 제후(公).

- 以:앞 문장 '孤寡不穀'을 가리키는 대명사 '之'가 생략되었으며,
  以다음에 之등의 대명사가 오는 경우는 생략할 수 있다.
4) 故物或損之而益:그러므로 만물은 혹은 줄지만 더해지고,
  - 損(손):덜다, 줄이다, 줄다, 손해를 보다.
  - 或(혹):혹, 혹은, 혹시, 또/부사.
  - 而:그러나, 그런데/역접 접속사이며, 해석하지 않아도 된다.
5) 人之所教, 我亦教之:사람들이 가르치는 것을 나 또한 가르치는데,
  - 之: ~가(이), ~은(는)/주격 후치사.
  - 所: ~바(것)/所+술어가 오며, 불완전명사(의존명사) 또는
    특수 지시대명사로, 주어는 대체로 所앞에 온다.
6) 强梁者不得其死, 吾將以爲教父:강하고 함부로 날뛰는 자(억센
   자)는 그 죽음을 얻지 못하니, 나는 장차 이를 가르침의 근본
   으로 여기겠다.
  - 梁(량):교량, 나무다리, 함부로 뛰다.
  - 以爲: ~라고 여기다, ~라고 생각하다, ~로 삼다.
  - 父(부):아버지, 창시자, 만물을 화육(化育)하는 근본.
    教父(교부)는 '가르침의 근본'으로 해석할 수 있다.
7) 이 장은 만물의 근원인 도(道)에 의한 생육의 변화와 조화,
   그리고 강하고 억센 것은 그 죽음을 얻지 못하므로 약하고
   겸허하게 처신하라고 한다.

43章

天下之至柔, 馳騁天下之至堅.

無有入無間. 吾是以知無爲之有益.

不言之敎, 無爲之益, 天下希及之.

천하지지유, 치빙천하지지견. 무유입무간. 오시이지무위지유익. 불언지교, 무위지익,
천하희급지.

천하의 지극히 부드러운 것이 천하의 지극히 굳센 것을 달리
게 한다(부린다).(천하에서 가장 부드러운 것이 천하에서 가장 굳세고 단단
한 것을, 말을 달리게 하는 것처럼 부린다.) 있음이(형체가) 없는 것이
틈새가 없는 곳으로 들어간다.(형체가 없는 것이 빈틈이 없는 곳을 들
어갈 수 있다.) 나는 이 때문에 함이 없는 것이 이로움이 있다는
것을 안다. 말하지 않는 가르침, 함이 없는 이로움, 천하에서
이것에 미치는 것은 드물다.(나는 이 때문에 인위적으로 함이 없는 무위
가 이로움이 있다는 것을 안다. 말하지 않는 무언의 가르침과 인위적으로 함이
없는 무위의 이로움을 천하에서 미칠만한 것은 드물다.)

柔:부드러울유 馳:달릴치 騁:달릴빙 堅:굳을견 希:드물희/바랄희

문법(文法)적 해석 및 한자 풀이

1) 天下之至柔, 馳騁天下之至堅:천하의 지극히 부드러운 것이
   천하의 지극히 굳센 것을 달리게 한다(부린다).
   - 之: ~의/관형격 후치사.
   - 至(지):지극하다, 지극히, 성대하게, 크게/부사
   - 柔(유):부드럽다, 순하다, 연약하다.
   - 馳(치):달리다, 질주하다, 빨리 몰다.
   - 騁(빙):(말을)달리다, 제멋대로 하다/馳騁(치빙)은 말을 타고
     달리는 것.

2) 無有入無間:있음이(형체가) 없는 것이 틈새가 없는 곳으로
들어간다.

 - 無:사물이 없음을 나타내는 존재동사로써 '有, 間'를 보어로
   취하며 보어를 주어처럼 해석한다.

 - 間(간):사이, 틈, 틈새, 사이에 두다.

3) 吾是以知無爲之有益:나는 이 때문에 함이 없는 것이 이로움이
있다는 것을 안다.

 - 是以(시이):이 때문에, 이로 인해, 따라서/인과 관계를 나타
   내는 접속사.

 - 知:뒤 문장 전체를 목적절로 취하는 동사이다.

 - 之: ~가(이), ~은(는)/주격 후치사.

4) 不言之敎, 無爲之益, 天下希及之:말하지 않는 가르침, 함이
없는 이로움, 천하에서 이것에 미치는 것은 드물다.

 - 之:관형격 후치사로써 수식어가 '동사구'이면 ~(하)는, ~한'
   으로 해석한다. 그래서 '不言之'는 '말하지 않는', '無爲之'는
   '함이 없는'으로 해석할 수 있다.

 - 希(희):드물다, 드문드문하다/특수형용사로써 술어로 쓰이는
   경우에 보어 '及之'를 취하며, 주어처럼 해석한다.

 - 及(급):미치다, 미치게 하다, 이르다, 도달하다.

5) 이 장은 지극히 부드러운 것, 형체가 없는 것의 이로움과 천하
에서 무언의 가르침과 무위의 이로움에 미칠만한 것이 드문 것을
언급하고 있다.

44章

名與身孰親? 身與貨孰多? 得與亡孰病?

是故甚愛必大費, 多藏必厚亡.

知足不辱, 知止不殆, 可以長久.

명여신숙친? 신여화숙다? 득여망숙병? 시고심애필대비, 다장필후망. 지족불욕, 지지불태,
가이장구.

이름(명예)과 몸 중에 어느 것이 가까운가? 몸과 재화 중에
어느 것이 나은가(소중한가)? 얻음과 잃음 중에 어느 것이
괴로운가(걱정인가)?(명예와 몸 중에 어느 것을 더 친하고 가깝게 생각하
는가? 몸과 재물 중에 어느 것을 더 소중하고 좋다고 생각하는가? 명예와 몸과
재물을 얻는 것과 잃는 것 중에 무엇이 더 괴롭고 걱정이라고 생각하는가?)
이러한 까닭으로 몹시 아끼면 반드시 크게 소비하게(손해를
보게) 되고, 많이 간직하고(지니고) 있으면 반드시 많이 잃게
된다.(이러한 까닭으로 재물을 지나치게 아끼면 반드시 크게 허비하거나 손해
를 보게 되고, 많이 쌓아두거나 지니고 있으면 반드시 많이 잃게 되거나 없어지
게 된다.) 만족을 알면 욕되지 않고, 멈춤을 알면 위태롭지 않으
므로, 길이 오래갈 수 있다.(그러므로 만족할 줄 알면 욕을 당하지 않고,
멈출 줄 알면 위태롭지 않으며, 길게 오랫동안 자신을 보존할 수 있다.)

孰:누구숙 **貨**:재물화 **藏**:감출장 **辱**:욕될욕 **殆**:위태할태

문법(文法)적 해석 및 한자 풀이

1) 名與身孰親?:이름(명예)과 몸 중에 어느 것이 가까운가?
   - 名(명):이름, 평판, 소문, 명분.
   - 與: ~와(과)/접속사.
   - 孰(숙):누구, 무엇, 어느/의문대명사.
   - 親(친):친하다, 가깝다, 사이 좋다, 어버이, 친척, 친히.

2) 身與貨孰多?:몸과 재화 중에 어느 것이 나은가(소중한가)?

　- 貨(화):재물, 재화, 물건, 돈, 화폐.

　- 多(다):많다, 낫다, 더 좋다, 뛰어나다, 크다, 많이/부사.

3) 得與亡孰病?:얻음과 잃음 중에 어느 것이 괴로운가(걱정인가)?

　- 亡(망):망하다, 멸망하다, 잃다, 없어지다.

　- 病(병):병, 근심, 걱정, 괴로워하다, 병들다.

4) 是故甚愛必大費, 多藏必厚亡:이러한 까닭으로 몹시 아끼면
　　반드시 크게 소비하게(손해를 보게) 되고, 많이 간직하고(지
　　니고) 있으면 반드시 많이 잃게 된다.

　- 是故:이러한 까닭으로/인과 관계를 나타내는 접속사.

　- 甚(심):심하다, 지나치다, 심히, 매우, 몹시, 참으로/부사.

　- 愛(애):사랑(하다), 소중히 하다, 아끼다, 아깝게 여기다.

　- 費(비):소비하다, 소모하다, 손상하다, 해치다.

　- 藏(장):감추다, 숨기다, 품다, 간직하다.

　- 厚(후):두텁다, 후하다, 많다, 두터이, 매우, 많이, 크게/부사.

5) 可以長久:길이 오래갈 수 있다.

　- 可以:~할 수 있다/가능 보조사.

　- 長(장):늘, 항상, 길이/부사.

　- 久(구):오래다, 길다, 오래 머무르다, 변하지 아니하다.

6) 이 장은 명예와 재물보다 자신이 더 소중하고, 몹시 아끼거나
　　많이 간직하면 반드시 손해를 보거나 잃게 되며, 만족과 멈춤을
　　알아야 한다고 한다.

45章

大成若缺, 其用不弊. 大盈若沖, 其用不窮.

大直若屈, 大巧若拙, 大辯若訥.

躁勝寒, 靜勝熱, 淸靜爲天下正.

대성약결, 기용불폐. 대영약충, 기용불궁. 대직약굴, 대교약졸, 대변약눌. 조승한, 정승열, 청정위천하정.

큰 이룸은 부족한 듯하나, 그 쓰임은 해지지(다하지) 않는다.

(위대한 완성은 이지러진 것 같이 부족한 듯하나, 그 쓰임은 다하지 않는다.)

큰 채움은 빈 듯하나, 그 쓰임은 다하지(끝나지) 않는다.(크게 가득 찬 것은 텅 비어 있는 듯하나, 그 쓰임은 끝나지 않는다.) 큰 곧음은 굽은 듯하고, 큰 재주는 졸렬한(서툰) 듯하고, 큰 언변은 말을 더듬거리는 듯하다.(크게 곧은 것은 굽은 것 같고, 큰 기교와 재주는 졸렬하면서 서툰 것 같고, 뛰어난 말재주는 말을 더듬거리는 것 같이 어눌하다.)

성급하면(바삐 움직이면) 추위를 이기고, 고요하면(고요히 있으면) 더위를 이기며, 맑고 고요함이 천하의 바름이 된다.

(몸을 바삐 움직이면 열이 생겨서 추위를 이길 수 있고, 고요히 가만이 있으면 더위도 사라지며, 맑고 고요하여야 천하의 올바른 것이 될 수 있다.)

缺:이지러질결 弊:해질폐 盈:찰영 沖:빌충 窮:다할궁 屈:굽힐굴 巧:공교할교 拙:옹졸할졸 辯:말씀변 訥:말더듬거릴눌 躁:조급할조 熱:더울열

문법(文法)적 해석 및 한자 풀이

1) 大成若缺, 其用不弊:큰 이룸은 부족한 듯하나, 그 쓰임은 해지지(다하지) 않는다.

- 若(약): ~와 같다, ~듯 하다/비교 형용사.

- 缺(결):이지러지다, 모자라다, 부족하다, 없다.

- 其(기):그(것의)/지시 대명사.

- 弊(폐):해어지다(닳아서 떨어지다), 낡다.

2) 大盈若沖, 其用不窮:큰 채움은 빈 듯하나, 그 쓰임은 다하지
   (끝나지) 않는다.

- 盈(영):차다, 가득하다, 충만하다, 채우다.

- 沖(충):비다, 공허하다, 오르다, 솟구치다.

- 窮(궁):다하다, 마치다, 중단하다, 궁하다.

3) 大直若屈, 大巧若拙, 大辯若訥:큰 곧음은 굽은 듯하고,
   큰 재주는 졸렬한(서툰) 듯하고, 큰 언변은 말을 더듬거리는
   듯하다.

- 屈(굴):굽히다, 굽다, 구부러지다, 한쪽으로 휘다.

- 巧(교):공교하다, 교묘하다, 솜씨가 있다, 재주, 솜씨.

- 拙(졸):옹졸하다, 졸하다, 둔하다, 어리석다, 서툴다.

- 辯(변):말씀, 말을 잘하다, 말하다, 변론하다.

- 訥(눌):말을 더듬거리다, (입이 무거워)말을 잘 하지 않다.

4) 躁勝寒, 靜勝熱, 淸靜爲天下正:성급하면(바삐 움직이면) 추위를
   이기고, 고요하면(고요히 있으면) 더위를 이기며, 맑고 고요함
   이 천하의 바름이 된다.

- 躁(조):조급하다, 성급하다, 떠들다.

- 熱(열):덥다, 더워지다, 타다, 열, 더위, 더운 기운.

- 爲: ~이(가) 되다/爲+명사, 불완전 자동사로 보아 '天下正'를
  취한다.

5) 이 장은 도(道)는 부족한 듯하고, 텅 비어 있는 듯하며, 굽은
   것 같고, 졸렬한 것 같으며, 어눌한 것 같지만 맑고 고요하여
   천하 만물의 근본이 될 수 있다고 한다.

46章

天下有道, 却走馬以糞,
天下無道, 戎馬生於郊.
禍莫大於不知足, 咎莫大於欲得.
故知足之足, 常足矣

천하유도, 각주마이분, 천하무도, 융마생어교. 화막대어부지족, 구막대어욕득.
고지족지족, 상족의.

천하에 도가 있으면 달리는 말을 그치게(멈추게) 하여서 거름
을 주게(농사를 짓게) 하고, 천하에 도가 없으면 전쟁에 쓰이
는 말(군마)이 교외에서 〈새끼를〉 낳는다.(천하에 도가 행해지면
전쟁에서 달리던 말을 멈추게 하여서 밭에서 거름을 주고 농사를 짓게 하지만,
천하에 도가 행해지지 않으면 전쟁에 쓰이는 군마가 교외의 전쟁터에서 새끼를
낳는다.) 재앙은 만족을 알지못하는 것보다 큰 것이 없고, 허
물은 얻으려고 하는 것보다 큰 것이 없다.(재앙은 만족할 줄 모르는
것 보다 더 큰 것이 없고, 허물은 남의 것을 얻으려고 애쓰는 것보다 더 큰 것이
없다.) 그러므로 만족할 줄 아는 만족이 항상 넉넉한 것이다
(만족할 수 있다).(그러므로 만족할 줄 알아서 만족하면 항상 만족할 수 있다.)

却:물리칠각 糞:똥분 戎:병장기융 郊:교외교 禍:재앙화 咎:허물구

문법(文法)적 해석 및 한자 풀이

1) 天下有道, 却走馬以糞:천하에 도가 있으면 달리는 말을 그치게
   (멈추게) 하여서 거름을 주게(농사를 짓게) 하고,
   - 有:無와 함께 사물이 있고 없음을 나타내는 존재동사로써
     뒤 문장을 보어로 취하며 보어를 주어처럼 해석한다.
   - 却(각):물리치다, 물러나다, 돌아가다, 그치다, 쉬다.

- 以(이): ~하면서(하므로)/접속사로 而(그래서)와 유사하며, 해석하지 않아도 된다.
- 糞(분):똥, 거름을 주다, 썩다, 부패하다.

2) 天下無道, 戎馬生於郊:천하에 도가 없으면 전쟁에 쓰이는 말(군마)이 교외에서 〈새끼를〉 낳는다.
- 戎(융):병장기, 병거, 싸움 수레, 싸움, 전쟁, 오랑캐.
- 生(생): ~살다, ~낳다, ~생기(게 하)다.
- 於: ~에(게)/처소, 대상, 장소의 전치사.
- 郊(교):들, 야외, 성밖, 교외, 근교.

3) 禍莫大於不知足, 咎莫大於欲得:재앙은 만족을 알지못하는 것보다 큰 것이 없고, 허물은 얻으려고 하는 것보다 큰 것이 없다.
- 莫(막): ~않다(없다)/부정을 나타내는 부정 보조사.
- 於: ~보다, ~와(과)/전치사로써, 술어가 '大'처럼 형용사일 때 비교를 나타낸다.
- 咎(구):허물, 잘못, 재앙, 근심거리.
- 欲: ~하고자 하다/원망(願望) 보조사.

4) 故知足之足, 常足矣:그러므로 만족할 줄 아는 만족이 항상 넉넉한 것이다(만족할 수 있다).
- 故(고):그러므로/원인에 따른 결과를 나타내는 인과 접속사.
- 之:관형격 후치사로써 수식어가 '동사구'이면 '~(하)는, ~한'으로 해석하며 '知足之'는 '만족(할 줄)을 아는'으로 해석한다.
- 常(상):항상, 늘, 언제나/부사.
- 足:넉넉하다, 충족하다, 족하다, 만족하게 여기다.

5) 이 장은 천하에 도가 있고 없음에 따라서 말이 농사를 짓거나 전쟁터에서 새끼를 낳는 것을 비유하고 있고, 모든 것에 만족할 줄 알아야 함을 언급하고 있다.

47章

不出戶知天下, 不窺牖見天道.

其出彌遠, 其知彌少.

是以聖人不行而知, 不見而名, 不爲而成.

불출호지천하, 불규유견천도. 기출미원, 기지미소. 시이성인불행이지, 불견이명,
불위이성.

문을 나가지 않아도 천하를 알고, 창을 엿보지(열어보지)
않아도 하늘의 도(道)를 본다.<u>(문 밖으로 나가지 않아도 천하의 모든
것을 알고, 창 밖을 내다보지 않아도 하늘의 도를 볼 수가 있다.)</u> 그 나가는
것이 더욱 멀어질수록 그 아는 것이 더욱 적어진다.<u>(그가 밖으로
나가는 것이 멀면 멀수록 앎의 본질과 멀어져 그가 아는 것이 더욱 적어진다.)</u>
이 때문에 성인은 가지 않아도 알고, 보지 않아도 이름(식별)
하며, 하지 않아도 이루어진다.<u>(이 때문에 성인은 돌아다니지 않아도
알고, 보지 않아도 올바로 식별하며, 인위적으로 하지 않아도 이루어진다.)</u>

戶:집호 窺:엿볼규 牖:들창유 彌:두루미

문법(文法)적 해석 및 한자 풀이

1) 不出戶知天下, 不窺牖見天道:문을 나가지 않아도 천하를 알고,
   창을 엿보지(열어보지) 않아도 하늘의 도(道)를 본다.
   - 出(출):나다, 나가다, 드러내다, 나타내다.
   - 戶(호):집, 가옥, 한 짝으로 된 문을 가리킨다. 두 짝으로
     된 문은 '門'이라고 한다.
   - 窺(규):엿보다, 훔쳐보다, 살펴보다.
   - 牖(유):들창(들어서 여는 창), 창.
2) 其出彌遠:그 나가는 것이 더욱 멀어질수록,
   - 其:그(것), 자기/지시(3인칭) 대명사.

- 彌(미):더욱, 두루, 널리/부사.
3) 不見而名:보지 않아도 이름(식별)하며,
- 名(명):이름하다, 이름나다, 지칭하다, 훌륭하다.
4) 이 장은 성인은 돌아다니지 않아도 천하를 알고, 밖을 보지
 않아도 천도를 올바르게 식별할 수 있으며, 인위적으로 행하지
 않아도 자연스럽게 이루어진다고 말하고 있다.

그 나가는 것이 더욱 멀어질수록 그 아는 것이 더욱 적어진다.

48章

爲學日益, 爲道日損. 損之又損, 以至於無爲,
無爲而無不爲. 取天下, 常以無事.
及其有事, 不足以取天下.

위학일익, 위도일손. 손지우손, 이지어무위, 무위이무불위. 취천하, 상이무사.
급기유사, 부족이취천하.

배움(학문)을 하면 나날이 〈지식이〉 더해지고, 도(道)를 (실천)하면 나날이 〈지식이〉 줄어든다.(학문을 하면 나날이 지식이 쌓이고 할 일도 늘어나지만, 도를 실천하면 사사로운 욕심이 줄어 나날이 지식이 줄어들고 할 일도 줄어든다.) 줄고 또 줄어서 함이 없음에 이르며, 함이 없지만 하지 않는 것이 없다.(이렇게 줄고 또 줄어서 인위적으로 하지 않는 무위의 경지에 이르면 함이 없지만 이루어지지 않는 것이 없다.) 천하를 취함에 항상 일삼음이 없이 한다. 그가 일삼음이 있음에 이르면 천하를 취할 수 없다.(천하를 취할 때에도 항상 하는 일 없는 것으로 한다. 그가 인위적으로 하는 일이 있다면 천하를 취할 수 없을 것이다.)

損:덜손

문법(文法)적 해석 및 한자 풀이

1) 爲學日益, 爲道日損:배움(학문)을 하면 나날이 〈지식이〉
   더해지고, 도(道)를 (실천)하면 나날이 〈지식이〉 줄어든다.
   - 爲:'爲+명사'는 '~하다'로 해석하며, 목적어의 성격에 따라
     그 뜻을 적절하게 해석할 수 있다.
   - 日:날마다, 나날이/때, 시간을 나타내는 명사가 동사 앞에
     와서 부사가 된다.
   - 益(익):더하다, 많다, 넉넉해지다, 풍부해지다.
   - 損(손):덜다, 줄이다, 줄다, 감소하다.

2) 損之又損, 以至於無爲:줄고 또 줄어서 함이 없음에 이르며,

　- 又(우):또/且와 같이, 구와 구, 절과 절을 연결하는 접속사.

　- 以(이):명사절 다음에 이가 오면 '~하면서'의 뜻으로, 접속사
　　로 사용되어 而(그래서)와 유사하며, 해석하지 않아도 된다.

　- 至(지):이르다, 도달하다, 미치다, 이루다.

　- 於: ~에(게)/처소, 대상, 장소의 전치사.

3) 常以無事:항상 일삼음이 없이 한다.

　- 常(상):항상, 늘, 언제나/부사.

　- 以: ~하다, 행하다/동사.

4) 及其有事, 不足以取天下:그가 일삼음이 있음에 이르면 천하를
　　취할 수 없다.

　- 及(급): ~에 이르러, ~할 때/전치사로써 동작이나 행위가
　　발생한 시점을 나타낸다.

　- 足以:충분히(족히) ~하다, ~할 수 있다/보조사.

5) 이 장은 배움을 잊고 도(道)를 실천하면 함이 없지만 이루어
　　지지 않는 것이 없으며, 천하도 얻을 수 있다고 한다.

無爲 ▌ 無不爲
함이 없다. ▌ 하지 않음이 없다.

49章

聖人無常心, 以百姓心爲心. 善者吾善之,
不善者吾亦善之, 德善. 信者吾信之,
不信者吾亦信之, 德信. 聖人在天下,
歙歙焉, 爲天下渾其心. 百姓皆注其耳目,
聖人皆孩之.

성인무상심, 이백성심위심. 선자오선지, 불선자오역선지, 덕선.
신자오신지, 불신자오역신지, 덕신. 성인재천하, 흡흡언, 위천하혼기심.
백성개주기이목, 성인개해지.

성인은 일정한 마음이 없고, 백성의 마음을 〈자신의〉 마음
이라고 생각한다.(성인은 고정되고 일정한 마음을 갖고 있지 않아 백성을
대하는 마음도 치우치거나 선입관이 없으며, 백성의 마음을 자신의 마음으로
생각한다.) 선한 사람을 나는 선하게 대하고, 선하지 않는 사람
을 나는 또한 선하게 대하니, 〈나의〉 덕은 선한 것이다.(착한
사람을 나는 선하게 대하고, 착하지 않는 사람을 나는 또한 선하게 대하니, 나의
덕은 선한 것이다.) 미더운 사람을 나는 믿고, 미덥지 못한 사람
을 나는 또한 믿으니, 〈나의〉 덕은 믿는 것이다.(믿음직한 사람을
나는 믿고, 믿음직하지 않는 사람도 나는 또한 믿으니, 나의 덕은 믿는 것이다.)
성인은 천하에 있어 맞추려고 하며, 천하를 위하여 그 마음을
혼탁하게(혼연하게) 한다.(성인은 천하를 대함에 있어 잘 맞추려고 하며,
천하를 위해서 그 마음을 혼연하게 한다.) 백성들은 모두 그 귀와 눈을
〈성인에게〉 모으고(집중하고), 성인은 그들 모두(를) 어린아이
처럼 대한다.(이렇게 하면 백성들은 모두 귀와 눈을 성인에게 집중하게 되고,
성인은 그들 모두를 어린아이처럼 대하고 돌본다.)

歙:들이쉴흡 渾:흐릴혼 注:부을주 孩:어린아이해

문법(文法)적 해석 및 한자 풀이

1) 聖人無常心, 以百姓心爲心 : 성인은 일정한 마음이 없고,
   백성의 마음을 〈자신의〉 마음이라고 생각한다.
   - 常(상) : 항구하다, 영원하다, 일정하다, 항상, 늘, 언제나/부사.
   - 以 ~爲 ~ : ~을 ~라고 생각하다, ~을 ~로 삼다.

2) 善者吾善之 : 선한 사람을 나는 선하게 대하고,
   - 善(선) : 좋다, 훌륭하다, 착하다, 선하다, 잘(부사).
   - 之 : 목적어를 강조하기 위해 목적어 '善者'를 동사 앞으로 하고
   그 자리에 대명사 '之'를 쓴 것이라고 할 수 있다.

3) 聖人在天下, 歙歙焉, 爲天下渾其心 : 성인은 천하에 있어 맞추려
   고 하며, 천하를 위하여 그 마음을 혼탁하게(혼연하게) 한다.
   - 歙(흡) : 들이쉬다, 거두다, 줄어들다, 맞다.
   歙歙(흡흡)은 맞추려고 하는 모양이나 상태를 나타내며,
   焉은 형용사 접미사라고 할 수 있다.
   - 爲 : ~위해, ~위하여/전치사.
   - 渾(혼) : 흐리다, 혼탁하다, 혼합하다, 뒤섞어서 한데 합하다.
   - 其 : 그, 자기/3인칭(지시) 대명사.

4) 百姓皆注其耳目, 聖人皆孩之 : 백성들은 모두 그 귀와 눈을
   〈성인에게〉 모으고(집중하고), 성인은 그들 모두(를) 어린
   아이처럼 대한다.
   - 皆 : 모두, 다/부정칭 인칭(지시)대명사.
   - 注(주) : 붓다, (뜻을)두다, 모으다, 쓰다, 사용하다.
   - 孩(해) : 어린아이, 달래다, 어르다, (마음이) 어리다.

5) 이 장은 성인은 항심이 없고 치우침이 없으며, 천하에 맞추
   려고 하며, 백성들을 어린아이처럼 대하고 돌본다고 한다.

50章

出生入死. 生之徒十有三, 死之徒十有三.
人之生, 動之死地, 亦十有三.
夫何故? 以其生生之厚. 蓋聞善攝生者,
陸行不遇兕虎, 入軍不被甲兵.
兕無所投其角, 虎無所措其爪,
兵無所容其刃. 夫何故? 以其無死地.

출생입사. 생지도십유삼, 사지도십유삼. 인지생, 동지사지, 역십유삼.
부하고? 이기생생지후. 개문선섭생자, 육행불우시호, 입군불피갑병.
시무소투기각, 호무소조기조, 병무소용기인. 부하고? 이기무사지.

삶에서 나와서 죽음으로 들어간다.(태어나서 살다가 죽음으로 들어
간다.) 삶의 무리는 열, 혹(열에) 셋이고, 죽음의 무리는 열,
혹(열에) 셋이다. 사람이 살면서, 움직여(발버둥 쳐) 죽음의
땅으로 가는 것(무리)도 또한 열, 혹(열에) 셋이다. 무슨 까닭
인가? 그가 살고도 〈더욱〉 살려고 하는 두터움(집착하기) 때문
이다.(살 길로 가는 사람이 열 사람 중에 세 사람이고, 죽을 길로 가는 사람이
열 사람 중에 세 사람이다. 그리고 사람이 살려고 발버둥 치다가 죽음의 땅으로
가는 사람도 또한 열 사람 중에 세 사람이다. 무슨 까닭인가? 그는 살고도 더욱
살려고 하는 마음이 너무 두텁고 삶에 집착하기 때문이다.) 대체로 든건데
삶을 유지하기를 잘하는 사람은 땅(언덕)으로 다녀도 외뿔소
나 호랑이를 만나지 않고, 전쟁에 나가도 병장기의 피해를 입지
않는다. 외뿔소는 그 뿔을 던질(들이받을) 곳이 없고, 호랑이
는 그 발톱을 둘(할퀼) 곳이 없고, 병기는 그 칼날을 담을(집어
넣을) 곳이 없다. 무슨 까닭인가? 그(善攝生者)에게 죽음의
땅이 없기 때문이다.(대체로 든건데 삶을 잘 유지하고 다스리는 사람은

땅으로 다녀도 외뿔소나 호랑이를 만나지 않고, 전쟁터에 나가서도 병장기의 피해를 입지 않는다. 이런 사람은 외뿔소도 그 뿔을 들이받을 곳이 없고, 호랑이도 그 발톱을 할퀼 곳이 없으며, 병기도 그 칼날을 사용할 곳이 없다. 무슨 까닭인가? 이는 삶을 유지하기를 잘하는 사람에게는 죽음의 자리가 없기 때문이다.)

蓋·덮을개 攝·다스릴섭 陸·뭍륙(육) 遇·만날우 兕·외뿔소시 投·던질투 措·둘조

문법(文法)적 해석 및 한자 풀이

1) 生之徒十有三:삶의 무리는 열, 혹(열에) 셋이고,
   - 徒(도):무리, 동류(同類), 제자, 문하생.
   - 有:수와 수 사이에 쓰여지는 접속사로써, 又(우)의 용법과 같으며, 해석하지 않아도 된다.

2) 人之生, 動之死地, 亦十有三:사람이 살면서, 움직여(발부둥쳐) 죽음의 땅으로 가는 것(무리)도 또한 열, 혹(열에) 셋이다.
   - 之: ~가(이), ~은(는)/주격 후치사.
   - 動(동):움직이다, 동요하다, 움직여/부사.
   - 之:가다, 이르다, 도달하다.

3) 夫何故? 以其生生之厚:무슨 까닭인가? 그가 살고도 〈더욱〉 살려고 하는 두터움(집착하기) 때문이다.
   - 夫(부):'대저(大抵), 대체로, 무릇'으로 해석하거나, 해석하지 않아도 된다. 즉 발어사라고 할 수 있다.
   - 故(고):연고, 사유, 까닭, 이유/何故(하고)는 무슨 까닭.
   - 以: ~때문(이다)에, ~으로 인해/접속사로써 단문을 연결시켜 주는 역할을 한다.
   - 之:관형격 후치사로써 수식어가 '동사구'이면 '~(하)는, ~한'으로 해석하며 '生之'는 '살려고 하는'으로 해석한다.

4) 蓋聞善攝生者, 陸行不遇兕虎, 入軍不被甲兵:대체로 듣건데 삶을 유지하기를 잘하는 사람은 땅(언덕)으로 다녀도 외뿔소나

호랑이를 만나지 않고, 전쟁에 나가도 병장기의 피해를 입지
않는다.

- 蓋(개):대개(大槪), 대략, 대부분, 아마도, 그래서.
- 善(선):좋다, 훌륭하다, 착하다, 선하다, 잘하다, 잘(부사).
- 攝(섭):다스리다, 유지하다, 가지다, 잡다.
- 陸(륙):뭍, 육지, 땅, 언덕, 길.
- 兕(시):외뿔소, 외뿔난 들소.
- 被(피):입다, 당하다, 미치다, 받다, 더하다.
- 甲兵(갑병):전쟁 또는 갑옷과 병장기를 아울러 이른다.

5) 兕無所投其角, 虎無所措其爪, 兵無所容其刃:외뿔소는 그 뿔을
던질(들이받을) 곳이 없고, 호랑이는 그 발톱을 둘(할퀼) 곳이
없고, 병기는 그 칼날을 담을(집어넣을) 곳이 없다.

- 所: ~바(것)/所+술어가 오며, 불완전명사(의존명사) 또는
특수 지시대명사로, 주어는 대체로 所앞에 온다.
- 投(투):던지다, 뛰어들다, 합치다, 받아들이다.
- 措(조):두다, 놓다, 처리하다, 조처하다.
- 容(용):담다, 그릇 안에 넣다, 받아들이다, 용납하다.

6) 以其無死地:그(善攝生者)에게 죽음의 땅이 없기 때문이다.

- 其:그(것)들, 자기/3인칭(지시) 대명사.
- 無:사물이 없음을 나타내는 존재동사로써 '死地'를 보어로
취하며 보어를 주어처럼 해석한다.

7) 이 장은 사람은 태어나고 누구나 죽지만 삶에 너무 집착하지
않고 잘 유지하고 다스리는 사람만이 안전하고 죽음의 땅이
없다고 한다.

51章

道生之, 德畜之, 物形之, 勢成之.
是以萬物莫不尊道而貴德. 道之尊,
德之貴, 夫莫之命而常自然. 故道生之,
德畜之, 長之育之, 亭之毒之, 養之覆之.
生而不有, 爲而不恃, 長而不宰, 是謂玄德.

도생지, 덕휵지, 물형지, 세성지. 시이만물막부존도이귀덕. 도지존, 덕지귀,
부막지명이상자연. 고도생지, 덕휵지, 장지육지, 정지독지, 양지부지.
생이불유, 위이불시, 장이부재, 시위현덕.

도(道)는 (만물을) 낳고, 덕은 (만물을) 기르고, 물질은 (만물을) 형태가 있게 하고, 형세는 (만물을) 이루게 한다.(도는 천하 만물을 낳고, 덕은 그 만물을 잘 기르며, 물질은 그 만물을 형태가 있게 하고, 형세는 만물을 이루게 한다.) 이로 인해 만물은 도를 높이고 덕을 귀하게 여기지 않음이 없다.(이런 까닭으로 만물은 도를 높이고 덕을 귀하게 여기지 않을 수가 없다.) 도의 높임, 덕의 귀함은 명령하지 않아도 항상 스스로 그러한 것이다.(도를 높이고, 덕을 귀하게 여기는 것은 시켜서가 아니라 항상 스스로 그러하다.) 그러므로 도(道)는 (만물을) 낳고, 덕은 (만물을) 기르고, 자라게 하고 기르며, 양육하고 키우며, 가꾸고 덮어(보호해) 준다.(그러므로 도는 만물을 낳고, 덕은 만물을 기르고, 자라게 하고, 양육하고 키우며, 가꾸고 덮어서 보호해 준다.) 낳았으나 소유하지 않으며, 하면서도 자부(자랑)하지 않으며, 자라게 하면서도 다스리지(지배하지) 않으니, 현묘하면서도 신비하고 그윽한 덕(德)이라고 말한다.(이렇게 도는 만물을 낳았지만 소유하지 않고, 이루게 하면서도 자랑하지 않으며, 자라게 하면서도 다스리거나 지배하지 않으니, 현묘하면서도 신비하고 그윽한 현덕이라고 한다.)

畜:기를휵　勢:형세세　育:기를육　亭:정자정　毒:독독　覆:덮을부/다시복　恃:믿을시
宰:재상재

문법(文法)적 해석 및 한자 풀이

1) 道生之, 德畜之, 物形之, 勢成之:도(道)는 (만물을) 낳고,
   덕은 (만물을) 기르고, 물질은 (만물을) 형태가 있게 하고,
   형세는 (만물을) 이루게 한다.

   - 生(생): ~살다, ~낳다, ~생기(게 하)다.

   - 之:술어 뒤에 之가 붙음으로써 술어를 술어답게 만들어주며,
     해석하지 않아도 되지만 대명사, 목적어로 본다면 '만물'을
     가리킨다고 할 수 있다.

   - 畜(휵):기르다, 양육하다, 먹이다, 치다.

   - 物(물):물건, 물질, 만물, 사물, 사람.

   - 勢(세):형세, 권세, 기세.

2) 是以萬物莫不尊道而貴德:이로 인해 만물은 도를 높이고 덕을
   귀하게 여기지 않음이 없다.

   - 是以(시이):이 때문에, 이로 인해, 따라서/인과 관계를 나타
     내는 접속사.

   - 莫不~ : ~하지 않는 것이 없다/이중 부정.

3) 夫莫之命而常自然:명령하지 않아도 항상 스스로 그러한 것이다.

   - 夫(부):'대저(大抵), 대체로, 무릇'으로 해석하거나, 해석하지
     않아도 된다. 즉 발어사라고 할 수 있다.

   - 莫(막): ~않다(없다)/부정을 나타내는 부정 보조사.

   - 之:부정문에서 '之'가 지시(인칭) 대명사로써 목적어일 때 앞
     으로 도치될 수 있으며, '莫命之'가 도치된 것이라 할 수 있다.

   - 自然(자연):스스로 그러하다/'自'뒤에 자동사일 때는 '스스로
     ~하(되)다, 저절로 ~하(되)다'로 해석한다.

4) 長之育之, 亭之毒之, 養之覆之:자라게 하고 기르며, 양육하고
   키우며, 가꾸고 덮어(보호해) 준다.

   - 長:길다, 낫다, 나아가다, 자라다.

   - 育(육):기르다, 자라다, 어리다, 낳다.

   - 亭(정):기르다, 양육하다, 고르다, 평평하게 하다.

   - 毒(독):다스리다, 부리다, 고치다, 기르다, 키우다.

   - 養(양):기르다, 먹이다, 가꾸다, 봉양하다.

   - 覆(부):덮다, 가리다, 뒤집다, 뒤엎다, 다시(복).

5) 生而不有, 爲而不恃, 長而不宰, 是謂玄德:낳았으나 소유하지
   않으며, 하면서도 자부(자랑)하지 않으며, 자라게 하면서도
   다스리지(지배하지) 않으니, 현묘하면서도 신비하고 그윽한
   덕(德)이라고 말한다.

   - 有:있다, 가지다, 소지(유)하다, 존재하다.

   - 恃(시):믿다, 의지하다, 자부하다, 가지다.

   - 宰(재):주관하다, 지배하다, 다스리다, 재상, 가신.

   - 是: ~이다/연계동사이며, 지시대명사로써 주어인 '이것이'의
     뜻이 아니며, 주어는 문맥상 앞 문장이므로 해석하지 않는다.

   - 玄(현):검다, 신(현)묘하다, 오묘하다, 심오하다/玄德(현덕)은
     현묘하면서 신비하고 그윽한 덕(德).

6) 이 장은 도(道)가 만물을 낳고, 덕은 그 만물을 길러주면서도
   항상 스스로 자연스럽게 그러하니, 도(道)를 현묘하면서도
   신비하고 그윽한 현덕(玄德)이라고 말하고 있다.

52章

天下有始, 以爲天下母. 旣得其母,

以知其子, 旣知其子, 復守其母, 沒身不殆.

塞其兌, 閉其門, 終身不勤.

開其兌, 濟其事, 終身不救.

見小曰明, 守柔曰强.

用其光, 復歸其明, 無遺身殃, 是爲習常.

천하유시, 이위천하모. 기득기모, 이지기자, 기지기자, 부수기모, 몰신불태.
색기태, 폐기문, 종신불근. 개기태, 제기사, 종신불구. 견소왈명, 수유왈강.
용기광, 복귀기명, 무유신앙, 시위습상.

천하에 시초(道)가 있으니, 천하의 어머니라고 여긴다.(천하에
시초인 도(道)가 있었는데, 그것이 천하 만물의 어머니인 것이다.) 이미 그
어머니를 얻었으니 그래서 그 자식을 알며, 이미 그 자식을
알았으니 그 어머니를 다시 지키므로 죽을 때까지 위태롭지
않는다.(이미 그 어머니인 도(道)를 얻었으니, 그 자식인 천하 만물을 알고 이해
할 수 있으며, 이미 그 자식을 알면서 그 어머니를 다시 지키면 죽을 때까지 위태
롭지 않을 것이다.) 그 〈욕망의〉 구멍을 막고 그 〈욕망의〉 문을
닫으니 죽을 때까지 힘들지 않는다. 그 구멍을 열고 그 〈욕망
의〉 일을 더하니 죽을 때까지 구제되지 못한다.(욕망이 생기는
그 구멍을 막고, 욕망이 생기는 그 문을 닫으면 죽을 때까지 힘들거나 근심하지
않는다. 욕망이 생기는 그 구멍을 열어놓고서 그 욕망의 일을 늘이거나 더하니
죽을 때까지 구제받지 못한다.) 작은 것을 보는 것이 밝다고 하고,
부드러운 것을 지키는 것이 강하다고 한다. 그 빛을 쓰고 그
밝음에 되돌아가면, 몸에 재앙이 남지 않으니, (이를) 항구함
을 익힌다고 한다.(작고 미세한 것을 잘 보는 것이 밝다고 하고, 유약한 것이

강한 것을 이기므로 약하고 부드러운 것을 잘 지키는 것이 강하다고 한다.

그 도(道)의 밝은 빛을 사용하여 그 밝음으로 되돌아가면 몸에 재앙이 미치지 않

으니, 이를 일러 도(道)의 늘 그러함을 익힌다고 한다.)

沒:빠질몰 塞:변방새/막힐색 兌:바꿀태 濟:건널제 遺:남길유 殃:재앙앙

문법(文法)적 해석 및 한자 풀이

1) 天下有始, 以爲天下母:천하에 시초(道)가 있으니, 천하의
   어머니라고 여긴다.
   - 始(시):비로소, 처음, 시초, 시작하다.
   - 以爲: ~라고 여기다, ~라고 생각하다, ~로 삼다.

2) 以知其子:그래서 그 자식을 알며,
   - 以(이):명사절 다음에 이가 오면 '~하면서'의 뜻으로, 접속사로
     사용되어 而(그래서)와 유사하며, 해석하지 않아도 된다.
   - 其:그, 자기/3인칭(지시) 대명사.

3) 復守其母, 沒身不殆:그 어머니를 다시 지키므로 죽을 때까지
   위태롭지 않는다.
   - 復(부):다시, 거듭(하여)/부사.
   - 沒(몰):죽다, 마치다, 다하다, 끝나다/沒身(몰신)은 몸을 다할
     때까지, 죽을 때까지.

4) 塞其兌, 閉其門, 終身不勤:그 〈욕망의〉 구멍을 막고
   그 〈욕망의〉 문을 닫으니 죽을 때까지 힘들지 않는다.
   - 塞(색):막히다, 막다, 가리다, 엄폐하다.
   - 兌(태):바꾸다, 기쁘다, 모이다, 구멍.
   - 勤(근):부지런하다, 힘쓰다, 근심하다, 괴롭다.

5) 開其兌, 濟其事, 終身不救:그 구멍을 열고 그 〈욕망의〉 일을
   더하니 죽을 때까지 구제되지 못한다.
   - 濟(제):건너다, 이루다, 성취하다, 더하다, 구제하다.

- 救(구):구원하다, 구제하다, 건지다, 막다, 금지하다.

6) 曰:일컫다, 이르다, 말하다, ~라고 하다.

7) 無遺身殃, 是爲習常:몸에 재앙이 남지 않으니, (이를) 항구함을 익힌다고 한다.

- 遺(유):남기다, 남다, 끼치다, 전하다.

- 是: ~이다/연계동사.

- 爲習(위습):익힌다고 (말)한다/동사가 연속으로 이어지는 연동사(連動詞)로 앞의 동사가 문장의 본동사이며, 爲는 謂와 같이 '말하다'의 의미로 해석할 수 있다.

- 常(상):항구하다, 영원하다, 일정하다, 항상, 늘, 언제나/부사.

8) 이 장은 천하의 어머니인 도(道)가 만물의 근원이고, 욕망의 구멍과 문을 닫으면 죽을 때까지 힘들지 않으며, 도(道)의 밝음으로 되돌아가면 재앙이 일어나지 않는다고 한다.

道 老子:기원전 571년 이전 ~

天下有始, 以爲天下母

천하에 시초(道)가 있으니, 천하의 어머니라고 여긴다.

53章

使我介然有知, 行於大道, 唯施是畏.
大道甚夷, 而民好徑. 朝甚除, 田甚蕪,
倉甚虛. 服文綵, 帶利劍, 厭飮食,
財貨有餘, 是謂盜夸. 非道也哉!

사아개연유지, 행어대도, 유시시외. 대도심이, 이민호경. 조심제, 전심무, 창심허.
복문채, 대리검, 염음식, 재화유여, 시위도과. 비도야재!

만일 내게 작게나마 지혜가 있어 큰 도를 행한다면, 오직 〈인위적으로〉 드러낼 것을 두려워한다. (만일 나에게 조그만한 지혜가 있어서 위대한 도(道)를 행하게 한다면, 나는 오직 인위적으로 행동할 것을 두려워한다.) 큰 길은 매우 평탄하지만 백성들은 지름길을 좋아한다. (큰 길, 위대한 도는 매우 넓고 평탄하지만, 백성들은 지름길을 좋아한다.) 조정은 매우 손질되어 있지만(깨끗하지만), 〈백성들의〉 밭은 매우 거칠며(황폐하며), 창고는 심히 비어 있다. (조정은 매우 손질이 잘 되어 깨끗하게 정돈되어 있지만, 백성들의 밭은 매우 거칠고 황폐하며, 창고는 텅비어 있다.) 〈위정자들은〉 무늬가 있는 비단옷을 입고, 날카로운 검을 차고, 질리도록 마시고 먹으며, 재화는 남아도니, (이를) 도둑질하면서 자랑한다라고 말하는 것이다. 〈이러한 것은〉 도가 아니도다! (하지만 위정자들은 무늬가 있는 아름다운 비단옷을 입고, 날카로운 검을 허리에 차고, 질리도록 실컷 먹고 마시면서도 재화는 남아도니, 이를 일러서 도둑질을 하고도 자랑한다고 한다. 이러한 것은 도가 아니도다!)

介:낄개 施:베풀시 夷:오랑캐이 徑:지름길경 朝:조정조 除:덜제 蕪:거칠무
綵:비단채 帶:띠대 厭:싫어할염 餘:남을여 夸:자랑할과

문법(文法)적 해석 및 한자 풀이

1) 使我介然有知, 行於大道, 唯施是畏 : 만일 내게 작게나마 지혜가

있어 큰 도를 행한다면, 오직 〈인위적으로〉 드러낼 것을
두려워한다.

- 使(사):가령(假令), 만일(萬一), 설사(設使) ~ 면/가정 부사.
- 介(개):끼다, 적다, 작다, 사소하다/介然(개연)은 사소한 모양,
  작게나마, 잠시 동안의 의미이다. 然은 모양이나 상태를 나타
  내는 의태어로써 형용사 접미사.
- 於: ~을(를)/일반적으로 타동사 뒤에는 전치사가 놓이지 않으나,
  놓이는 경우에 목적어로 해석한다.
- 施(시):실시하다, 미치게 하다, 드러내다, 뽐내다.
- 是:목적어 '施'을 강조하기 위해 목적격 후치사 '是'를 목적어와
  술어 사이에 쓴 것이라고 할 수 있으며, 대부분 '之'을 쓴다.

2) 大道甚夷, 而民好徑. 朝甚除, 田甚蕪:큰 길은 매우 평탄하지만
   백성들은 지름길을 좋아한다. 조정은 매우 손질되어 있지만
   (깨끗하지만), 〈백성들의〉 밭은 매우 거칠며(황폐하며),

- 甚(심):심히, 매우, 몹시, 대단히/부사.
- 夷(이):크다, 형체가 없이 지극히 크다, 평평하다, 평탄하다.
- 除(제):덜다, 없애다, 손질하다, 청소하다.
- 蕪(무):거칠다, 어지럽다, 난잡하다, 황무지.

3) 服文綵, 帶利劍, 厭飮食, 財貨有餘, 是謂盜夸:〈위정자들은〉
   무늬가 있는 비단옷을 입고, 날카로운 검을 차고, 질리도록
   마시고 먹으며, 재화는 남아도니, (이를) 도둑질하면서 자랑한
   다라고 말하는 것이다.

- 服(복):옷, 의복, 입다, 차다, (몸에) 매달다, 복종하다.
- 綵(채):비단, 채색, 무늬.
- 帶(대):띠, 띠를 두르다, 장식하다, 꾸미다, 차다.
- 利(리):이롭다, 유익하다, 날카롭다, 편리하다.

- 厭(염):싫어하다, 물리다, 물리도록, 질리도록/부사.
- 夸(과):자랑하다, 자만하다, 뽐내다, 사치하다, 자랑.

4) 非道也哉!:〈이러한 것은〉 도가 아니도다!

- 非(비): ~아니다/연계동사. 뒤에 술어가 오면 부정 보조사로
  쓰이지만, 보어로 명사(구/절)가 오면 연계동사로써 주어와
  보어 사이에 놓여 이를 연결하는 역할을 한다.
- 也哉(야재):반문이나 감탄의 어기를 나타내는 종결사.

5) 이 장은 인위적으로 행하는 것을 두려워하며, 위정자들의
   인위적인 정치에 대해서 도(道)에 어긋나고, 도둑질을 하고도
   자랑한다고 한다.

行於大道
唯施是畏

큰 도를 행한다면
오직 〈인위적으로〉
드러낼 것을 두려워한다.

54章

善建者不拔, 善抱者不脫, 子孫以祭祀不輟.
修之於身, 其德乃眞, 修之於家, 其德乃餘,
修之於鄕, 其德乃長, 修之於國, 其德乃豊,
修之於天下, 其德乃普. 故以身觀身,
以家觀家, 以鄕觀鄕, 以國觀國,
以天下觀天下. 吾何以知天下然哉? 以此.

선건자불발, 선포자불탈, 자손이제사불철. 수지어신, 기덕내진, 수지어가, 기덕내여,
수지어향, 기덕내장, 수지어국, 기덕내풍, 수지어천하, 기덕내보. 고이신관신, 이가관가,
이향관향, 이국관국, 이천하관천하. 오하이지천하연재? 이차.

잘 세운 것은 뽑이지 않고, 잘 품는 것은 벗어나지 않으니,
자손들은 이로써 제사가 그치지 않는다.(잘 세운 것은 견고하여

뽑이지 않고, 잘 품는 것은 빠뜨리거나 벗어나지 않으니, 자손들은 이러한 도(道)

로써 잘하므로 제사가 그치지 않는다.)   (이러한 도를) 자신에게 닦으

면 그 덕이 이에 참될 것이고, 집안에 닦으면 그 덕이 이에

남음이 있을 것이며, 마을에 닦으면 그 덕이 이에 장구할 것

이고, 나라에 닦으면 그 덕이 이에 풍성할 것이며, 천하에 닦

으면 그 덕이 이에 두루 미치게 된다.(이러한 도를 자신에게 닦으면

그 덕은 참될 것이고, 집안에 닦으면 그 덕은 남아 여유가 있을 것이고, 이러한

도를 마을에 닦으면 그 덕은 오래갈 것이고, 나라에 닦으면 그 덕은 넉넉하고 풍성

해질 것이고, 이러한 도를 천하에 닦으면 그 덕은 널리 펴져 미치게 될 것이다.)

그러므로 자신으로서 자신을 관찰하고, 집안으로써 집안을

관찰하며 마을로써 마을을 관찰하고, 나라로써 나라를 관찰

하며 천하로써 천하를 관찰한다.(그러므로 자신을 통해서 자신의 덕이

참된 것인지를 관찰하고, 집안을 통해서 집안의 덕이 남아 여유가 있는지를 관찰

하고, 마을을 통해서 마을의 덕이 오래갈 것인지를 관찰하고, 나라를 통해서 나라의 덕이 넉넉하고 풍성해질 것인지를 관찰하고, 천하를 통해서 천하의 덕이 널리 퍼져 미칠게 될 것인지를 관찰한다.) 나는 무엇으로써 천하가 그러한지 아는가? 이(것)로써이다.(나는 무엇으로써 천하가 그러한지를 알겠는가? 바로 이러한 도(道)로써 하였기에 아는 것이다.)

拔:뽑을발 抱:안을포 脫:벗을탈 輟:그칠철 餘:남을여 豐:풍년풍 普:넓을보

문법(文法)적 해석 및 한자 풀이

1) 善建者不拔, 善抱者不脫, 子孫以祭祀不輟:잘 세운 것은 뽑이지 않고, 잘 품는 것은 벗어나지 않으니, 자손들은 이로써 제사가 그치지 않는다.
   - 善(선):선, 훌륭하다, 착하다, 선하다, 좋다, 잘(부사).
   - 者:의존명사(불완전명사) 또는 특수 지시대명사로 '~하는 사람(자), ~하는 것'으로 해석한다.
   - 拔(발):뽑다, 빼다, 빠지다, 빠져 떨어지다.
   - 抱(포):안다, 품다, 가지다, 손에 넣다.
   - 脫(탈):벗다, 벗어나다, 빠지다, 사면하다.
   - 以:앞 문장을 가리키는 대명사 '之'가 생략되었으며, 以다음에 之등의 대명사가 오는 경우는 생략할 수 있다.
   - 輟(철):그치다, 중지하다, 버리다.
2) 修之於身, 其德乃眞, 修之於家, 其德乃餘:(이러한 도를) 자신에게 닦으면 그 덕이 이에 참될 것이고, 집안에 닦으면 그 덕이 이에 남음이 있을 것이며,
   - 身:몸, 신체, 자신, 나/自, 身, 己가 주어로 쓰이면 인칭대명사로 해석할 수 있다.
   - 其(기):그(것의)/지시 대명사.
   - 乃(내):이에, 곧, 그래서/접속사.

- 餘(여):남다, 남기다, 나머지, 여가, 여분.

3) 修之於鄕, 其德乃長, 修之於國, 其德乃豊, 修之於天下, 其德乃普:마을에 닦으면 그 덕이 이에 장구할 것이고, 나라에 닦으면 그 덕이 이에 풍성할 것이며, 천하에 닦으면 그 덕이 이에 두루 미치게 된다.

- 長:길다, 오래되다, 낫다, 나아가다, 자라다.
- 豊(풍):넉넉하다, 풍성하다, 가득하다, 우거지다.
- 普(보):넓다, 광대하다, 두루 미치다, 널리, 두루.

4) 吾何以知天下然哉? 以此:나는 무엇으로써 천하가 그러한지 아는가? 이(것)로써이다.

- 吾:나, 우리, 우리들/1인칭 대명사.
- 何以(하이):어찌하여(어떻게), 무엇으로써/의문사가 전치사의 목적어로 도치된 것이다.
- 然:그러한(하다), 그처럼, 그렇게/상황이나 성질, 상태 등을 대신 나타낸다/대명사.
- 哉(재):의문의 어기를 나타내는 의문 종결사로써 의문 대명사인 하(何), 안(安) 등과 함께 쓰인다.
- 以: ~로써/수단, 방법을 나타내는 전치사.
- 此(차):이(것)/지시 대명사.

5) 이 장은 자신으로부터 시작하여 집안, 마을, 나라, 그리고 천하까지 도로써 닦으면 덕이 자연스럽게 생겨나고, 천하를 이러한 도로써 알 수 있다고 한다.

55章

含德之厚, 比於赤子. 蜂蠆虺蛇(毒蟲)不螫,
猛獸不據, 攫鳥不搏. 骨弱筋柔, 而握固.
未知牝牡之合而全(朘)作, 精之至也.
終日號而不嗄, 和之至也. 知和曰常,
知常曰明. 益生曰祥, 心使氣曰强.
物壯則老, 是謂不道. 不道早已.

함덕지후, 비어적자. 봉채훼사(독충)불석, 맹수불극, 확조불박. 골약근유, 이악고.
미지빈모지합이전(최)작, 정지지야. 종일호이불사, 화지지야. 지화왈상, 지상왈명.
익생왈상, 심사기왈강. 물장즉로, 시이부도. 부도조이.

덕의 지극함을 품음은(품은 사람은) 갓난아이에게 비교할 수
있다. 〈갓난아이는〉 벌과 전갈과 독사와 뱀(독충)이 쏘거나
물지 않으며, 사나운 짐승이 할퀴지 않으며, 움키는(사나운)
새도 〈날개로〉 치지 않는다. <u>(덕이 지극하고 도탑게 품은 사람은 갓난
아이에게 비유할 수 있다. 갓난아이는 벌과 전갈과 독사와 뱀도 쏘거나 물지 않고,
사나운 짐승도 덤비지 않으며, 사나운 새도 잡아채지 않는다.)</u> 〈갓난아이는〉
뼈가 약하고 살갗은 부드럽지만 손아귀(의 힘)는 단단하다.
〈갓난아이는〉 암컷과 수컷의 합함을 알지 못하지만 완전히
(음경이) 일어나니 정기가 지극하다. 〈갓난아이는〉 온종일
울어도 목이 잠기지(쉬지) 않으니 조화가 지극하다. <u>(갓난아이는
뼈가 약하고 근육과 살갗은 부드럽지만 손아귀의 힘은 단단하다. 갓난아이는 암컷과
수컷이 교합하는 것을 알지 못하면서도 음경이 일어나니, 정기(력)가 지극하다.
갓난아이는 온종일 울어도 목이 쉬거나 잠기지 않으니, 조화로움이 지극하다.)</u>
조화를 아는 것이 항구함이라 하고, 항구함을 아는 것이 밝음
이라 한다. 〈인위적으로〉 삶을 더하는 것이 재앙이라 하고,
마음이 기를 부리는 것이 강함이라 한다. <u>(조화로움을 아는 것을</u>

늘 그러함이라 하고, 늘 그러함을 아는 것을 밝고 명철하다고 한다. 인위적으로 삶을 늘리는 것을 재앙이라 하고, 마음이 기운를 좇는 것을 부드럽지 않고, 부러지기 쉬운 강함이라 한다.) 만물이 성하면 늙게 되니, (이를) 도가 아니라고 말하는 것이다. 도가 아니면 일찍 끝난다.(만물도 기운이 성하여 장성하면 늙고 쇠하게 되니, 이를 일러 도가 아니라고 하는 것이다. 도가 아닌 것은 일찍 끝나게 된다.)

含:머금을함 蜂:벌봉 蠆:전갈채 虺:살무사훼 蛇:긴뱀사 螫:쏠석 據:할퀼극/근거거
攫:움킬확 搏:두드릴박 筋:힘줄근 握:쥘악 牝:암컷빈 牡:수컷모 朘:고환최
號:부르짖을호 嗄:잠길사 祥:상서상 壯:장할장 曰:이를조

문법(文法)적 해석 및 한자 풀이

1) 含德之厚, 比於赤子:덕의 지극함을 품음은(품은 사람은) 갓난
   아이에게 비교할 수 있다.

   - 含(함):머금다, 품다, 참다, 담다, 넣다.

   - 厚(후):두텁다, 후하다, 지극하다.

   - 之: ~의/관형격 후치사.

   - 比(비):견주다, 비교하다, 겨루다.

   - 赤子(적자):갓난아이, 젖먹이, 어린아이.

2) 螫(석):(벌레가) 쏘다, 성내다, 노하다, 독(毒).

3) 猛獸不據, 攫鳥不搏:사나운 짐승이 할퀴지 않으며, 움키는
   (사나운) 새도 〈날개로〉 치지 않는다.

   - 據(극):(손톱으로) 할퀴다.

   - 攫(확):움키다, 가로채다, 빼앗다, 당기다.

   - 搏(박):두드리다, 치다, 때리다, 쥐다, 빼앗다.

4) 骨弱筋柔, 而握固:〈갓난아이는〉 뼈가 약하고 살갗은 부드럽
   지만 손아귀(의 힘)는 단단하다.

   - 筋(근):힘줄, 살(갗), 힘.

   - 握(악):쥐다, 악착스럽다, 손아귀, 손잡이, 주먹.

- 固(고):굳다, 단단하다, 굳어지다, 완고하다.
5) 未知牝牡之合而全(朘)作, 精之至也:〈갓난아이는〉 암컷과 수컷의
   합함을 알지 못하지만 완전히(음경이) 일어나니 정기가 지극하다.
 - 全(전):온전하다, 완전히, 모두, 다/부사.
 - 精(정):정기, 정신, 정력, 원기.
6) 終日號而不嗄, 和之至也:〈갓난아이는〉 온종일 울어도 목이
   잠기지(쉬지) 않으니 조화가 지극하다.
 - 號(호):부르짖다, (동물이)울다, 통곡하다, 큰소리치다.
 - 嗄(사):(목이)잠기다, 목메다, (목이)막히다.
 - 和(화):화하다(서로 뜻이 맞아 사이 좋은 상태가 되다),
   화목하다, 온화하다, 조화롭다.
7) 知和曰常, 知常曰明:조화를 아는 것이 항구함이라 하고,
   항구함을 아는 것이 밝음이라 한다.
 - 曰:일컫다, 이르다, 말하다, ~라고(이라) 하다.
 - 常(상):항구하다, 영원하다, 영원함, 영원 불변한 것.
8) 祥(상):상서, 조짐, 재앙, 상서롭다.
9) 物壯則老:만물이 성하면 늙게 되니,
 - 則(즉): ~면/가정, 조건의 접속사.
 - 壯(장):장하다, 군세다, 씩씩하다, 성하다.
10) 不道早已:도가 아니면 일찍 끝난다.
 - 不: ~면/부정 보조사 '不'로 인하여 가정의 의미이다.
 - 早(조):이르다, 서두르다, 일찍, 빨리.
 - 已(이):말다, 그치다, 그만두다, 끝나다, 버리다.
11) 이 장은 덕이 지극한 사람을 갓난아이에게 비유하여 조화로
   움이 지극하다고 하고, 조화로움을 아는 것이 밝음이며, 도가
   아니면 만물도 쇠하게 되고 일찍 끝나게 된다고 한다.

56章

知者不言, 言者不知. 塞其兌, 閉其門,
挫其銳, 解其紛, 和其光, 同其塵, 是謂玄同.
故不可得而親, 不可得而疏, 不可得而利,
不可得而害, 不可得而貴, 不可得而賤.
故爲天下貴.

지자불언, 언자부지. 색기태, 폐기문, 좌기예, 해기분, 화기광, 동기진, 시위현동.
고불가득이친, 불가득이소, 불가득이리, 불가득이해, 불가득이귀, 불가득이천.
고위천하귀.

아는 자는 말하지 않고, 말하는 자는 알지 못한다.(진실로 도(道)를 아는 자는 말하지 않고, 말하는 자는 진실로 알지 못한다.) 〈욕망의〉 그 구멍을 막고, 〈욕망의〉 그 문을 닫으며, 그 날카로움을 꺾고 (무디게 하고), 그 엉클어진 것을 풀며, 그 빛을 조화롭게 하고, 그 티끌과 함께하니, 현묘하면서 신비하고 그윽한 같음이라고 말한다.(도(道)를 아는 자는 욕망이 생기는 그 구멍을 막고, 욕망이 들어오는 그 문을 닫으며, 그 날카로움을 무디고 둔하게 하고, 그 엉킨 것을 풀며, 그 빛을 부드럽고 조화롭게 하고, 그 티끌과 함께하여 동화되니, 이를 일러 현묘하면서 신비하고 그윽한 같음이라고 한다.) 그러므로 친할 수 없으며, 멀어질 수 없으며, 이롭게 할 수 없으며, 해롭게 할 수 없으며, 존귀하게 할 수 없으며, 빈천하게 할 수 없다. 그러므로 천하의 존귀한 것이 되는 것이다.(그러므로 도(道)를 아는 자는 사사로이 친할 수 없고, 멀리할 수도 없으며, 이롭게 할 수 없고, 해롭게 할 수도 없으며, 귀하게 여길 수도 없고, 천하게 여길 수도 없다. 그러므로 도(道)를 아는 자는 천하에 가장 귀중한 존재가 되는 것이다.)

塞:변방새/막힐색 **兌**:바꿀태 **挫**:꺾을좌 **銳**:날카로울예 **紛**:어지러울분 **塵**:티끌진

문법(文法)적 해석 및 한자 풀이

1) 知者不言, 言者不知:아는 자는 말하지 않고, 말하는 자는 알지 못한다.
   - 者:의존명사(불완전명사) 또는 특수 지시대명사로 '~하는
   사람(자), ~하는 것'으로 해석한다.

2) 塞其兌, 閉其門, 挫其銳, 解其分, 和其光, 同其塵, 是謂玄同:
   〈욕망의〉 그 구멍을 막고, 〈욕망의〉 그 문을 닫으며,
   그 날카로움을 꺾고(무디게 하고), 그 엉클어진 것을 풀며,
   그 빛을 조화롭게 하고, 그 티끌과 함께하니, 현묘하면서
   신비하고 그윽한 같음이라고 한다.
   - 塞(색):막히다, 막다, 가리다, 엄폐하다.
   - 兌(태):바꾸다, 기쁘다, 모이다, 구멍.
   - 挫(좌):꺾다, 부러지다, 문지르다, 주무르다.
   - 紛(분):어지럽다, 번잡하다, 엉클어지다, 다툼, 분규.
   - 和(화):화하다, 화목하다, 온화하다, 조화롭다.
   - 塵(진):티끌, 세속, 때묻다, 더럽히다.
   - 玄(현):검다, 신(현)묘하다, 오묘하다, 심오하다/玄同(현동)은
   현묘하면서 신비하고 그윽한 같음(同).

3) 不可得而疏:멀어질 수 없으며,
   - 可得而: ~할 수 있다/가능 보조사.
   - 疏(소):소통하다, 멀어지다, 멀다.

4) 故爲天下貴:그러므로 천하의 존귀한 것이 되는 것이다.
   - 爲: ~이(가) 되다/爲+명사, 불완전 자동사로 보어를 취하며,
   '爲天下貴'는 '천하의 존귀한 것이 되다'로 해석한다.

5) 이 장은 도를 터득한 사람은 말하지 않고, 욕망을 초월하여 조
   화롭게 함께하여 동화되니, 현동(玄同)이라 할 수 있으며, 세상
   사를 초월하니, 천하에서 가장 존귀한 존재가 된다고 한다.

57章

以正治國, 以奇用兵, 以無事取天下.
吾何以知其然哉? 以此. 天下多忌諱,
而民彌貧. 民多利器, 國家滋昏.
人多伎巧, 奇物滋起. 法令滋彰, 盜賊多有.
故聖人云, 我無爲而民自化, 我好靜而民自正,
我無事而民自富, 我無欲而民自樸.

이정치국, 이기용병, 이무사취천하. 오하이지기연재? 이차. 천하다기휘, 이민미빈.
민다리기, 국가자혼. 인다기교, 기물자기. 법령자창, 도적다유.
고성인운, 아무위이민자화, 아호정이민자정, 아무사이민자부, 아무욕이민자박.

올바름으로써 나라를 다스리고, 기이함으로써 군사를 부리
며, 일 없음으로써 천하를 취한다. 나는 무엇으로써 그것이
그러한 것을 아는가? 이것(다음)으로써이다. (나라를 다스릴 때에는
올바름으로써 다스려야 혼란이 없고, 군사를 부릴 때에는 상황에 맞는 기묘한 술책
으로써 해야 패하지 않고, 인위적으로 하는 일이 없으므로써 다스려야 천하를 차지
한다. 내가 어떻게 그것이 그렇다는 것을 알겠는가? 바로 다음의 이런한 것들 때
문이다.) 천하에 꺼리고 숨겨야 할 것이 많아지니 백성은 더욱
가난해진다. 백성에게 이로운 도구가 많아지니 국가는 점점
더 혼란해진다. 사람에게 재주와 기교가 많아지니 기이한 물건
들이 점점 더 일어(생겨)난다. 법령이 더욱 더 나타나니 도적
들이 많이 있다(많아졌다). (천하에 꺼리고 숨기거나 피해야 할 것들이
많아지니 백성은 더욱 더 가난해진다. 백성에게 이롭고 편리한 기구가 많아지니
국가는 더욱 더 혼란해진다. 사람들에게 재주와 기교가 많아지니 기이하고 괴상
한 물건들이 점점 더 생겨난다. 나라의 법령이 많이 발표될수록 도적들이 많아
진다.) 그러므로 성인이 이르기를, "나는 하는 것이 없으나

백성은 스스로 교화되고, 나는 고요함을 좋아하나 백성은 스스로 올바르게 되고, 나는 일함이 없으나 백성은 스스로 부유해지고, 나는 하고자 함이 없으나 백성은 스스로 통나무가 된다(순박해진다)."고 하였다.(그러므로 성인이 말하기를, "나는 아무것도 하는 것이 없지만 백성은 스스로 교화되고, 나는 고요히 있는 것을 좋아하지만 백성은 스스로 올바르게 되고, 나는 아무 일도 하지 않지만 백성은 스스로 부유해지고, 나는 인위적으로 하고자 함이 없지만 백성은 스스로 순박해진다."고 하였다.)

奇:기이할기 忌:꺼릴기 諱:숨길휘 彌:두루미 滋:불을자 昏:어두울혼 伎:재주기 彰:드러날창

문법(文法)적 해석 및 한자 풀이

1) 以正治國, 以奇用兵:올바름으로써 나라를 다스리고, 기이함으로써 군사를 부리며,
   - 以: ~로써/수단, 방법을 나타내는 전치사.
   - 奇(기):기특하다, 기이하다, 괴상하다, 기만하다.
2) 吾何以知其然哉?:나는 무엇으로써 그것이 그러한 것을 아는가?
   - 何以(하이):어찌하여(어떻게), 무엇으로써/의문사가 전치사의 목적어로 도치된 것이다.
   - 其(기):그, 그것(의)/지시 대명사.
   - 然:그러한(하다), 그처럼, 그렇게/상황이나 성질, 상태 등을 대신 나타낸다/대명사.
   - 哉(재):의문의 어기를 나타내는 의문 종결사로써 의문 대명사인 하(何), 하이(何以), 안(安) 등과 함께 쓰인다.
3) 天下多忌諱, 而民彌貧:천하에 꺼리고 숨겨야 할 것이 많아지니 백성은 더욱 가난해진다.
   - 多: ~이 많다/특수형용사로써, 술어로 쓰이는 경우 보어를

취하며 보어 '忌諱'을 주어처럼 해석한다.

- 忌(기):꺼리다, 시기하다, 미워하다.

- 諱(휘):숨기다, 꺼리다, 피하다, 싫어하다.

- 彌(미):두루, 널리, 더욱, 멀리.

4) 國家滋昏:국가는 점점 더 혼란해진다.

- 滋(자):붇다, 증가하다, 많아지다, 더욱 더, 점점 더.

- 昏(혼):어둡다, 희미하다, 날이 저물다, 혼란하다.

5) 人多伎巧, 奇物滋起. 法令滋彰:사람에게 재주와 기교가 많아
지니 기이한 물건들이 점점 더 일어(생겨)난다. 법령이 더욱
더 나타나니,

- 伎(기):재간, 재능, 재주, 광대.

- 起(기):일어나다, 비롯하다, 시작하다, 발생하다.

- 彰(창):드러나다, 나타내다, 밝다, 뚜렷하다.

6) 故聖人云, 我無爲而民自化:그러므로 성인이 이르기를, "나는
하는 것이 없으나 백성은 스스로 교화되고,

- 故(고):그러므로/원인에 따른 결과를 나타내는 인과 접속사.

- 云(운):이르다, 일컫다, 어조사.

- 自:'自'뒤에 자동사일 때는 '스스로 ~하다, 저절로 ~하다'로
해석할 수 있다.

- 化(화):되다, 교화하다, 따르다, 본받다, 감화시키다.

7) 樸(박):통나무, 바탕, 순박하다, 질박하다.

8) 이 장은 천하를 인위적으로 다스리면 백성은 가난해지고,
국가는 혼란해지며, 기이한 물건과 도적들이 많아지지만
무위(無爲)로써 천하를 다스리면 백성은 스스로 교화되고,
올바르게 되며, 부유해지고, 순박해진다고 한다.

58章

其政悶悶, 其民淳淳, 其政察察, 其民缺缺.
禍兮福之所倚, 福兮禍之所伏. 孰知其極?
其無正. 正復爲奇, 善復爲妖.
人之迷, 其日固久. 是以聖人方而不割,
廉而不劌, 直而不肆, 光而不燿.

기정민민, 기민순순, 기정찰찰, 기민결결. 화혜복지소의, 복혜화지소복.
숙지기극? 기무정. 정부위기, 선부위요. 인지미, 기일고구. 시이성인방이불할,
염이불귀, 직이불사, 광이불요.

그 정치가 어둡고 혼미하니, 그 백성들은 순박해지고, 그 정치가 밝고 자세하니, 그 백성들은 이지러진다(각박해진다).(그 정치가 어리숙하고 혼미하면 그 백성들은 순박하면서 관대해지고, 그 정치가 밝고 빈틈없이 자세하면 그 백성들은 이지러지고 각박해진다.) 화는 복이 기대어 있는 곳이며, 복은 화가 숨어 있는 곳이다. 누가 그 극(끝)을 알겠는가? 그것은 바른 것이 없다. 바른 것은 다시 기이한 것이 되고, 선한 것은 다시 요사한 것이 된다. 사람의 미혹함은 그 날이 참으로 오래 되었다.(화는 그 곁에 복이 의지하여 기대어 있는 곳이며, 복은 그 속에 화가 엎드려 숨어 있는 곳이다. 누가 그 화와 복의 끝을 알겠는가? 그것은 바르지도 않고, 일정하지도 않다. 바른 것은 변하여 다시 기이한 것이 되고, 선한 것은 변하여 다시 요사한 것이 된다. 사람들이 이런 것에 미혹되어 헤맨지가 참으로 오래 되었구나.) 이 때문에 성인은 모가 나면서도 해치지 않으며, 날카로우면서도 상처를 입히지 않으며, 곧으면서도 방자하지 않으며, 빛나면서도 현혹시키지 않는다.(이런 까닭으로 성인은 자신이 네모 반듯하다고 해서 남도 그렇게 자르거나 해치지 않으며, 날카롭고 예리하지만 남에게 상처를 입히지 않으며, 곧다고 해서 남에게 방자하지 않으며, 자신은 빛나면서도 남을 현혹시키거나 눈부시게 하지 않는다.)

悶:답답할민 淳:순박할순 察:살필찰 缺:이지러질결 倚:의지할의 伏:엎드릴복
極:극진할극 妖:요사할요 迷:미혹할미 劇:상처입힐귀 肆:방자할사 燿:빛날요

문법(文法)적 해석 및 한자 풀이

1) 其政悶悶, 其民淳淳, 其政察察, 其民缺缺:그 정치가 어둡고
   혼미하니, 그 백성들은 순박해지고, 그 정치가 밝고 자세하니,
   그 백성들은 이지러진다(각박해진다).
   - 悶(민):답답하다, 어둡다, 혼미하다/'悶悶(민민)'은 어둡고
     혼미한 모양이나 상태.
   - 淳(순):순박하다, 맑다, 깨끗하다, 도탑다/'淳淳(순순)'은 순박한
     모양이나 상태.
   - 察(찰):살피다, 자세하다, 밝고 자세하다/'察察(찰찰)'은 밝고
     자세한 모양이나 상태.
   - 缺(결):이지러지다, 없어지다, 모자라다, 부족하다/'缺缺(결결)'
     은 이지러지고 모자라는 모양이나 상태.

2) 禍兮福之所倚, 福兮禍之所伏. 孰知其極?:화는 복이 기대어 있는
   곳이며, 복은 화가 숨어있는 곳이다. 누가 그 극(끝)을 알겠는가?
   - 兮(혜):문장의 중간에 쓰여 어기를 부드럽게 해주며, 문맥에
     따라 해석할 수 있다.
   - 之: ~이(가), ~은(는)/'之+所'일때는 之는 주격 후치사이다.
   - 所: ~바(것)/所+술어가 오며, 불완전명사(의존명사) 또는
     특수 지시대명사로, 주어는 대체로 所앞에 온다.
   - 倚(의):의지하다, 기대다, 기울다, 치우치다.
   - 伏(복):엎드리다, 굴복하다, 숨다, 잠복하다.
   - 極(극):극진하다, 지극하다, 다하다, 극, 한계.

3) 正復爲奇, 善復爲妖:바른 것은 다시 기이한 것이 되고,
   선한 것은 다시 요사한 것이 된다.

- 復(복):돌아가다, 되풀이하다, 다시(부), 거듭(부).
- 爲: ~이(가) 되다/爲+명사, 불완전 자동사로 보어를 취한다.
- 奇(기):기특하다, 기이하다, 괴상하다, 기이, 괴상.
- 妖(요):요사하다, 요염하다, 요망하고 간사하다.

4) 人之迷, 其日固久:사람의 미혹함은 그 날이 참으로 오래 되었다.
- 迷(미):미혹하다, 헤매다, 유혹하다, 혼미하다.
- 固(고):굳다, 단단하다, 굳게, 진실로, 참으로.

5) 是以聖人方而不割, 廉而不劌, 直而不肆, 光而不燿:이 때문에 성인은 모가 나면서도 해치지 않으며, 날카로우면서도 상처를 입히지 않으며, 곧으면서도 방자하지 않으며, 빛나면서도 현혹시키지 않는다.
- 是以(시이):이 때문에, 이로 인해, 따라서/인과 관계를 나타내는 접속사.
- 方(방):모, 네모, 바르다, 동등하다, 나란히 하다.
- 而:그러나, 그런데/역접 접속사이며, 해석하지 않아도 된다.
- 割(할):베다, 자르다, 끊다, 빼앗다, 해치다.
- 廉(렴):청렴하다, 검소하다, 날카롭다, 예리하다, 모나다.
- 劌(귀):상처 입히다, 쪼개다, 가르다.
- 肆(사):방자하다, 늘어놓다, 곧다, 가게.
- 燿(요):빛나다, 비치다, 밝다, 현혹시키다.

6) 이 장은 무위(無爲) 정치의 관대함과 바르지도 않고 일정하지도 않는 화와 복에 연연해하지 않아야 하며, 성인은 남을 해치지도 않고, 상처를 입히거나 방자하지도 않으며, 현혹시키지도 않는다고 한다.

59章

治人事天, 莫若嗇. 夫唯嗇, 是以早服,
早服, 謂之重積德. 重積德, 則無不克,
無不克, 則莫知其極, 莫知其極, 可以有國.
有國之母, 可以長久, 是謂深根固柢,
長生久視之道.

치인사천, 막약색. 부유색, 시이조복, 조복, 위지중적덕. 중적덕, 즉무불극, 무불극,
즉막지기극, 막지기극, 가이유국. 유국지모, 가이장구, 시위심근고저, 장생구시지도.

사람들을 다스리고 하늘을 섬김에 아낌만 한 것이 없다.(사람
들을 다스리고 하늘을 섬기는데 아끼고 절제만 한 것이 없다.) 오직 아끼기에,
이 때문에 일찍 〈도를〉 따르는 것이고, 일찍 따르는 것을 거듭
덕을 쌓는다고 말한다. 거듭 덕을 쌓으면 이기지 못하는 것이
없고, 이기지 못하는 것이 없으면 그 끝을 알지 못하고, 그 끝을
알지 못하니 나라가 있을(가질) 수 있다.(오직 아끼고 절제하기에,
이 때문에 일찍 도를 따르고 순종할 수 있는 것이고, 일찍 도를 따르고 순종할 수
있는 것을 일러 거듭 덕을 쌓는다고 말한다. 계속해서 덕을 쌓으면 이기지 못하는
것이 없고, 이기지 못하는 것이 없으면 그 도의 한계를 알 수 없으며, 그 한계를
알지 못하게 되면 나라를 가질 수 있고, 잘 다스릴 수 있게 된다.) 나라의 근본
이 있으니 길이 오래될 수 있고, 뿌리가 깊고 근본이 견고하
여 오래도록 살고 길게 보는 도라고 이른다.(나라에 어머니와 같은
근본이 있으면 오래갈 수 있으며, 이를 일러 뿌리가 깊고 근본이 단단하여 오래
살고 길게 멀리 보는 도(道)라고 한다.)

嗇:아낄색 柢:뿌리저

문법(文法)적 해석 및 한자 풀이

1) 治人事天, 莫若嗇:사람들을 다스리고 하늘을 섬김에 아낌만
   한 것이 없다.
   - 莫若: ~(만) 한 것이 없다.
   - 嗇(색):아끼다, 인색하다, (곡식을) 거두다(=穡).
2) 是以早服:이 때문에 일찍 〈도를〉 따르는 것이고,
   - 早(조):이르다, 서두르다, 일찍, 빨리.
   - 服(복):좇다, 따르다, 복종하다.
3) 早服, 謂之重積德:일찍 따르는 것을 거듭 덕을 쌓는다고
   말한다.
   - 之:목적어를 강조하기 위해 목적어 '早服'를 앞으로 하고
   그 자리에 대명사 '之'를 쓴 것이라고 할 수 있다.
   - 重(중):자주하다, 거듭하다, 또다시, 거듭.
4) 無不克, 則莫知其極, 莫知其極:이기지 못하는 것이 없으면
   그 끝을 알지 못하고, 그 끝을 알지 못하니,
   - 無不:이중부정으로 강조나 강한 긍정을 나타낸다.
   - 則(즉): ~면/가정, 조건의 접속사.
   - 莫(막): ~않다(없다)/부정을 나타내는 부정 보조사.
   - 極(극):극진하다, 지극하다, 다하다, 극, 한계.
5) 有國之母, 可以長久:나라의 근본이 있으니 길이 오래될 수 있고,
   - 可以: ~할 수 있다/가능 보조사.
   - 母(모):어머니, 암컷, 근본, 근원, 표준.
   - 長(장):늘, 항상(恒常), 오래도록, 길이/부사.
   - 久(구):오래다, 길다, 오래가다, 오랫동안.
6) 是謂深根固柢, 長生久視之道:뿌리가 깊고 근본이 견고하여
   오래도록 살고 길게 보는 도라고 이른다.
   - 謂(위):이르다, 일컫다, 말하다, 논평하다./뒤 문장 전체를

목적절로 취한다.

- 柢(저):뿌리, 밑, 근본, 기초, 뿌리를 내리다.
- 之:관형격 후치사로써 수식어가 '동사구'이면 '~(하)는, ~한'
  으로 해석하며 '視之道'는 '보는 도'로 해석할 수 있다.

7) 이 장은 사람을 다스리고 하늘을 섬김에 아낌만 한 것이 없고,
   아낌으로써 도와 덕이 쌓이게 되고, 나라 또한 가질 수 있게
   되며, 나라의 근본인 도(道)가 있으면 장구할 수 있다고 한다.

治人事天莫若嗇
*사람들을 다스리고
하늘을 섬김에
아낌만 한 것이 없다.

60章

治大國, 若烹小鮮. 以道莅天下, 其鬼不神.
非其鬼不神, 其神不傷人. 非其神不傷人,
聖人亦不傷人. 夫兩不相傷, 故德交歸焉.

치대국, 약팽소선. 이도리천하, 기귀불신. 비기귀불신, 기신불상인.
비기신불상인, 성인역불상인. 부량불상상, 고덕교귀언.

큰 나라를 다스리는 것은 작은 생선을 삶는듯한다.(큰 나라를
다스리는 것은 작은 생선을 익히는 것과 같다.) 도로써 천하를 다스리니
그 귀신도 신령스럽지 못하다.(무위자연의 도(道)로써 천하를 다스리면
그 귀신도 신령스럽지 못하고 신통력을 부리지 못한다.) 그 귀신이 신령
스럽지 않을 뿐만 아니라, 그 귀신은 사람을 해치지도 않는다.
그 귀신이 사람을 해치지 않을 뿐만 아니라, 성인도 또한 사
람을 해치지 않는다. 두 쪽이 서로 해치지 않으니, 그러므로
덕은 서로 주고 받으며 돌아간다.(무위자연의 도(道)로써 다스려진
세상에서는 그 귀신도 신령스럽거나 신통력을 부리지 못할 뿐만 아니라, 그 귀신
은 사람을 다치게 하거나 해치지도 않는다. 이처럼 그 귀신이 사람을 해치지 않을
뿐만 아니라, 무위자연의 도(道)에 충실하여 사람들 중에 뛰어난 사람인 성인이
라고 할지라도 또한 사람을 다치게 하거나 해치지 않는다. 귀신도, 성인도 양쪽이
서로 사람을 다치게 하거나 해치지 않기에 그러므로 덕으로 서로 주고 받으면서
도(道)로 돌아갈 것이다.)

烹:삶을팽 鮮:생선선 莅:임할리 傷:다칠상

문법(文法)적 해석 및 한자 풀이

1) 治大國, 若烹小鮮:큰 나라를 다스리는 것은 작은 생선을
   삶는듯한다.
   - 若(약): ~와 같다, ~듯 하다/비교 형용사.

- 烹(팽):(음식물을)삶다, 삶아지다, (삶아서)죽이다.
- 鮮(선):곱다, 선명하다, 드물다, 생선, 날것.

2) 以道莅天下, 其鬼不神:도로써 천하를 다스리니 그 귀신도
   신령스럽지 못하다.
   - 以:~로써/수단, 방법을 나타내는 전치사.
   - 莅(리):임하다, 관여하다, 다스리다, 군림하다.
   - 神(신):귀신, 신령, 영묘하다, 신기하다, 영험이 있다.

3) 非其鬼不神, 其神不傷人:그 귀신이 신령스럽지 않을 뿐만
   아니라, 그 귀신은 사람을 해치지도 않는다.
   - 非 ~不: ~하지 않는 것이(뿐만) 아니다/이중 부정.
   - 傷(상):다치다, 해치다, 상하다, 상처.

4) 夫兩不相傷, 故德交歸焉:두 쪽이 서로 해치지 않으니,
   그러므로 덕은 서로 주고 받으며 돌아간다.
   - 夫(부):문장의 첫머리에 쓰여 문장을 이끄는 어기를 나타내는
     데, '대저(大抵), 대체로, 무릇'으로 해석하거나, 해석하지 않아
     도 된다. 즉 발어사라고 할 수 있다.
   - 兩(량):두, 둘, 두 쪽, 짝하다.
   - 故(고):그러므로/원인에 따른 결과를 나타내는 인과 접속사.
   - 交(교):사귀다, 오고 가다, 주고 받다, 서로, 상호, 함께.
   - 焉(언):술어에 붙어서 그 술어의 대상을(목적어) 내포하기도
     하고 또는 단순히 처소격의 의미를 갖는 서술형 종결사로 쓰인다.

5) 이 장은 작은 생선을 삶는 듯한 치국의 방법과 무위자연의
   도(道)로써 다스리면 귀신은 사람을 해치지 않고, 성인과 함께
   덕을 주고 받으면서 도(道)로 돌아간다는 것이다.

61章

大國者下流, 天下之交, 天下之牝.

牝常以靜勝牡, 以靜爲下. 故大國以下小國,

則取小國, 小國以下大國, 則取大國.

故或下以取, 或下而取.

大國不過欲兼畜人, 小國不過欲入事人.

夫兩者各得其所欲, 大者宜爲下.

대국자하류, 천하지교, 천하지빈. 빈상이정승모, 이정위하.
고대국이하소국, 즉취소국, 소국이하대국, 즉취대국. 고혹하이취, 혹하이취.
대국불과욕겸휵인, 소국불과욕입사인. 부량자각득기소욕, 대자의위하.

큰 나라가 아래로 흐르니, 천하가 교제하고 천하의 암컷이
된다. 암컷은 언제나 고요함으로써 수컷을 이기고, 고요함
으로써 아래가 된다. 그러므로 큰 나라는 작은 나라 아래에
있음으로써 즉 작은 나라를 취하고, 작은 나라는 큰 나라 아
래에 있음으로써 즉 큰 나라에 받아들여진다. 그러므로 아마
도 〈큰 나라는〉 아래에 있음으로써 취하고, 아마도 〈작은 나
라는〉 아래에 있으므로 받아들여진다.(큰 나라는 강이나 바다처럼
하류로써 아래로 흐르면 천하의 물이 모여들어 교제하고, 그러므로 큰 나라는
천하에 있어 암컷과도 같다. 암컷은 언제나 고요하게 있음으로써 활동적인 수컷을
이기고, 고요함으로써 수컷의 아래가 된다. 그러므로 큰 나라는 작은 나라 아래
에서 겸허하게 처신한다면 작은 나라가 의탁해와서 자연스럽게 취할 수 있고, 작은
나라도 큰 나라 아래에서 겸손하게 처세한다면 큰 나라에게 받아들여져 도움을
받을 수 있다. 그러므로 아마도 큰 나라는 아래에서 겸허하게 처신하므로써 얻게
되고, 아마도 작은 나라는 아래에서 겸손하게 처세함으로써 받아들여진다.) 큰
나라는 사람들을 함께 양육하고자 함에 지나지 않고, 작은

나라는 들어가 사람들을 섬기고자 함에 지나지 않는다. 둘은 각자 그 바라는 것을 얻으니, 큰 것은 마땅히 아래가 되어야 한다.(큰 나라는 사람들을 모아 함께 양육하고 다스리고자 함에 지나지 않고, 작은 나라는 큰 나라에 들어가 사람들을 섬기면서 편안히 지내고자 함에 지나지 않는다. 이리하여 두 나라는 각자 바라는 것을 얻으니, 즉 큰 나라는 대국이라는 명분을 얻고, 작은 나라는 편안하고 안전함이라는 실리를 얻게 된다. 하지만 작은 나라보다도 먼저 큰 나라가 마땅히 아래가 되어야 작은 나라가 자연스럽게 아래가 된다.)

牝:암컷빈 牡:수컷모 兼:겸할겸 畜:짐승축/기를휵

문법(文法)적 해석 및 한자 풀이

1) 大國者下流, 天下之交, 天下之牝:큰 나라가 아래로 흐르니, 천하가 교제하고 천하의 암컷이 된다.
   - ~者:문장의 중간이나 끝에 쓰여 어기를 부드럽게 하며, 해석하지 않는다/주격 후치사.
   - 下(하):아래로/下처럼 방향, 위치를 나타낼 경우, 동사 앞에 와서 부사로 쓰인다. 東, 西, 南, 北, 上, 下, 左, 右, 前(先), 後, 內, 外, 遠, 近 등이 있다.
   - 交(교):사귀다, 오고 가다, 교제하다, 서로, 상호, 함께.
   - 牝(빈):암컷, 골짜기, 계곡.
2) 牝常以靜勝牡, 以靜爲下:암컷은 언제나 고요함으로써 수컷을 이기고, 고요함으로써 아래가 된다.
   - 常(상):항상, 늘, 언제나/부사.
   - 牡(모):수컷, 양성, 열쇠.
   - 爲: ~이(가) 되다/爲+명사, 불완전 자동사로 보어를 취하며, '爲下'는 '아래가 되다'로 해석한다.

3) 則取大國:즉 큰 나라에 받아들여진다.

　- 則(즉):곧, 즉/앞뒤 문장의 인과 관계를 나타낸다.

　- 取(취):취하다, 받다, 받아들이다.

4) 或(혹):혹, 혹은, 혹시, 아마도, 또/부사.

5) 大國不過欲兼畜人:큰 나라는 사람들을 함께 양육하고자 함에
　　지나지 않고,

　- 兼(겸):겸하다, 아우르다, 함께, 아울러.

　- 畜(흑):기르다, 양육하다, 먹이다.

6) 夫兩者各得其所欲, 大者宜爲下:둘은 각자 그 바라는 것을
　　얻으니, 큰 것은 마땅히 아래가 되어야 한다.

　- 兩(량):두, 둘, 두 쪽, 짝하다.

　- 各:각각, 각자, 제각기/부정칭 대명사.

　- 宜(의):마땅하다, 알맞다, 마땅히, 거의.

7) 이 장은 암컷이 고요함으로써 아래가 되듯이, 나라가 크든
　　작든 간에 아래에 있음으로써 서로 받아들여지며, 큰 나라가
　　먼저 아래가 되어야 한다고 말한다.

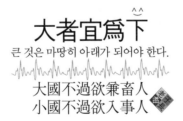

62章

道者萬物之奧, 善人之寶, 不善人之所保.
美言可以市, 尊行可以加人.
人之不善, 何棄之有?
故立天子, 置三公, 雖有拱璧以先駟馬,
不如坐進此道. 古之所以貴此道者何?
不曰以求得, 有罪以免邪? 故爲天下貴.

도자만물지오, 선인지보, 불선인지소보. 미언가이시, 존행가이가인. 인지불선, 하기지유?
고립천자, 치삼공, 수유공벽이선사마, 불여좌진차도. 고지소이귀차도자하?
불왈이구득, 유죄이면야? 고위천하귀.

도는 만물의 그윽함이고, 선한 사람의 보배이며, 선하지 않은
사람이 지녀야 할 것이다. (도(道)는 만물의 심오하면서도 그윽한 것이며,
선한 사람에게는 더할 수 없는 보배이고, 선하지 않은 사람도 지녀야 할 것이다.)
아름다운 말은 거래될 수 있고, 존귀한 행동은 남에게 미칠 수
있다. 사람이 선하지 않더라도 어찌 버림이 있겠는가? (도(道)에서
나오는 말은 아름다우며 시장에서도 잘 거래될 수 있고, 도(道)에서 나오는 행동은
존귀하므로 사람으로부터 존경을 받고 또한 남에게 영향을 미칠 수 있다. 도(道)가
이러하거늘 하물며 사람이 선하지 않다고 하더라도 어찌 버릴 수 있겠는가?)
그러므로 천자를 세우고, 삼공을 두면서, 비록 둥근 옥을 껴안
고 사두마차를 앞섬이 있을지라도 앉아서 이 도에 나아가는
것보다 못하다. (그러므로 천자를 옹립하고, 천자 아래 가장 높은 벼슬의 삼공을
임명할 때에 비록 한 아름의 둥근 구슬을 네 마리가 끄는 마차를 앞서듯이 와서
바칠지라도 이 도(道)를 앉아서 바치는 것보다 못하다.) 예로부터 이 도를
귀하게 여긴 까닭은 무엇인가? 〈도〉 구하여 얻음으로써 죄가
있어도 면한다고 말하지 않더냐? 그러므로 천하의 귀함이 되

는 것이다.(옛날부터 이 도(道)라는 것을 귀하게 여긴 까닭은 무엇인가? 도(道)를 구하여 얻음으로써 죄가 있더라도 사면된다고 말하지 않았는가? 그러므로 도(道)는 천하의 귀함이 되는 것이다.)

奧:깊을오 寶:보배보 置:둘치 拱:마주잡을공 璧:구슬벽 駟:사마사 邪:어조사야

문법(文法)적 해석 및 한자 풀이

1) 道者萬物之奧:도는 만물의 그윽함이고,

 - 奧(오):깊다, 깊숙하다, 그윽하다, 깊숙한 안쪽, 아랫목.

2) 不善人之所保:선하지 않은 사람이 지녀야 할 것이다.

 - 之: ~이(가), ~은(는)/'之+所'일때는 之는 주격 후치사이다.

 - 所: ~바(것)/所+술어가 오며, 불완전명사(의존명사) 또는
   특수 지시대명사로, 주어는 대체로 所앞에 온다.

 - 保(보):지키다, 보호하다, 지니다, 유지하다, 보존하다.

3) 美言可以市, 尊行可以加人:아름다운 말은 거래될 수 있고,
   존귀한 행동은 남에게 미칠 수 있다.

 - 市(시):시장, 사다, 팔다, 거래하다.

 - 加(가):더하다, (영향이나 작용이)미치다, 보태다.

4) 何棄之有?:어찌 버림이 있겠는가?

 - 何(하):어찌/의문 부사.

 - 棄(기):버리다, 그만두다, 멀리하다, 물리치다.

 - 棄之有:有棄가 도치된 문장이다. 보어를 강조하기 위해 보어
   '棄'를 술어 앞으로 도치시키고 후치사 '之'를 보어와 술어
   사이에 쓴 것이라 할 수 있다.

5) 三公(삼공):천자 아래 가장 높은 벼슬자리의 관원들.

6) 雖有拱璧以先駟馬, 不如坐進此道:비록 둥근 옥을 껴안고 사두
   마차를 앞섬이 있을지라도 앉아서 이 도에 나아가는 것보다

못하다.

- 雖(수):비록 ~할지라도/조건, 양보의 부사.

- 拱(공):(두 손을)마주 잡다, 팔짱을 끼다, 껴안다.

- 璧(벽):구슬, 둥근 옥.

- 以(이): ~하면서(하므로)/접속사로 而(그래서)와 유사하며,
  해석하지 않아도 된다.

- 先(선):앞으로 가다, 앞서다, 이끌다.

- 駟(사):사마(駟馬:한 채의 수레를 끄는 네 필의 말),
  사마의 수레.

- 不如(불여): ~보다 못하다/열등비교이며, 뒤 문장을 보어로
  취한다.

- 坐(좌):앉다, 지키다, 자리, 좌석, 앉아서/부사.

- 此(차):이(것)/지시 대명사.

7) 古之所以貴此道者何?:예로부터 이 도를 귀하게 여긴 까닭은
   무엇인가?

- 所以 ~ 者: ~라는 까닭(이유)/수식어+者가 뒤에서 '所以'를
  수식하는 형태로 '者'는 해석하지 않아도 된다.

8) 不曰以求得, 有罪以免邪?:〈도〉 구하여 얻음으로써 죄가
   있어도 면한다고 말하지 않더냐?

- 以: ~로써(서), ~하면서(하므로)/앞의 '以'는 수단, 방법 등을
  나타내는 전치사, 뒤의 '以'는 접속사로 而(그래서)와 유사하며
  해석하지 않아도 된다.

- 邪(야):의문, 반문의 어기를 나타내는 의문 · 반어 종결사.

9) 이 장은 도(道)는 만물의 근원이고, 선한 사람이나 선하지 않는
   사람에게도 귀중한 보배이며, 도(道)가 있으므로 죄도 사면
   되니, 도(道)는 천하의 귀함이 되는 것이라 한다.

63章

爲無爲, 事無事, 味無味, 大小多少,
報怨以德. 圖難於其易, 爲大於其細.
天下難事, 必作於易, 天下大事, 必作於細.
是以聖人終不爲大, 故能成其大.
夫輕諾必寡信, 多易必多難.
是以聖人猶難之, 故終無難矣.

위무위, 사무사, 미무미, 대소다소, 보원이덕. 도난어기이, 위대어기세.
천하난사, 필작어이, 천하대사, 필작어세. 시이성인종불위대, 고능성기대.
부경낙필과신, 다이필다난. 시이성인유난지, 고종무난의.

무위를(아무런 함이 없음을) 하고, 무사를(아무런 일이 없는
것을) 일삼으며, 무미(아무런 맛이 없는 것)를 맛보고, 작은
것을 크게 여기며, 적은 것을 많게 여기고, 덕으로써 원한을
갚는다. (의식적으로 함이 없음을 행하고, 아무런 일이 없는 듯이 일하며, 아무
런 맛이 없는 것을 맛보듯이 하고, 작은 것을 크게 여기며, 적은 것을 많게 여기고,
덕으로써 원한을 갚는다.) 어려움을(어려운 일은) 그것이 쉬운 데
에서 꾀하고, 큰 것을(큰일은) 그것이 미세한 데에서 처리한
다. 천하의 어려운 일은 반드시 쉬운 데에서 일어나고, 천하
의 큰일은 반드시 미세한 데에서 일어난다. 이로 인해 성인은
끝까지 큰일을 하지 않으니, 그러므로 그 큰일을 이룰 수 있
다. (어려운 일은 그것이 쉬울 때에 처리하고, 큰일은 그것이 미세할 때에 해결
한다. 천하의 어려운 일은 반드시 쉬운 일에서 시작하며, 천하의 큰일은 반드시
작은 일에서 시작한다. 이처럼 성인은 사전에 처리하기에 이로 인해 성인은 끝까지
큰일을 하지 않지만 그 큰일을 이룰 수 있는 것이다.) 대체로 가벼운 승낙
은 반드시 믿음이 적고, 쉬움이 많으면 반드시 어려움도 많다.

이로 인해 성인은 오히려 〈쉬움을〉 어려워하니, 그러므로 끝내 어려움이 없다.(대체로 가볍게 승낙하는 사람은 반드시 믿음이 덜 가고, 쉬운 일이 많으면 반드시 어려운 일이 많아진다. 이를 알기에 성인은 오히려 쉬운 일을 어렵게 여기고 신중하게 처리하니, 끝내 어려운 일이 없게 되는 것이다.)

圖:그림도 細:가늘세 輕:가벼울경 諾:허락할낙 寡:적을과

문법(文法)적 해석 및 한자 풀이

1) 爲無爲, 事無事:무위(아무런 함이 없도록)를 하고, 무사를 (아무런 일이 없는 것을) 일삼으며,
   - 爲:爲+명사(구)는 '~하다'로 해석하며, 목적어의 성격에 따라 그 뜻을 적절하게 해석할 수 있다. '爲無爲'는 무위를 하다.
   - 事:일, 섬기다, 일삼다, 종사하다, 힘쓰다.
2) 報怨以德:덕으로써 원한을 갚는다.
   - 以: ~로써/수단, 방법을 나타내는 전치사로써, 전치사를 수반한 부사구는 문구 뒤에 위치하는 경우가 많다.
3) 圖難於其易, 爲大於其細:어려움을(어려운 일) 그것이 쉬운 데에서 꾀하고, 큰 것을(큰일은) 그것이 미세한 데에서 처리한다.
   - 圖(도):헤아리다, 꾀하다, 도모하다, 계획하다.
   - 於: ~에서(게)/처소, 대상, 장소의 전치사.
   - 細(세):가늘다, 미미하다, 작다, 자세하다.
4) 必作於易:반드시 쉬운 데에서 일어나고,
   - 作(작):만들다, 비롯되다, 창작하다, 일어나다.
5) 是以聖人終不爲大, 故能成其大:이로 인해 성인은 끝까지 큰일을 하지 않으니, 그러므로 그 큰일을 이룰 수 있다.
   - 是以(시이):이 때문에, 이로 인해, 따라서/인과 관계를 나타내는 접속사.

- 終(종):마치다, 끝내다, 마침내, 결국, 끝까지.

- 能: ~할 수 있다/가능 보조사.

6) 夫輕諾必寡信, 多易必多難:대체로 가벼운 승낙은 반드시
믿음이 적고, 쉬움이 많으면 반드시 어려움도 많다.

- 輕(경):가볍다, 가벼이하다, 가벼이 여기다.

- 諾(낙):허낙하다, 승낙하다, 대답하다, 허락, 승낙.

- 寡(과):적다, 작다, 드물다, 홀아비, 과부/특수형용사로써,
술어로 쓰이는 경우, 보어를 취하며 보어를 주어처럼 해석한다.

- 多: ~이 많다/특수형용사.

7) 이 장은 성인은 도(道)로써 무위와 무사, 무미를 하며, 작고
적은 것을 신중히 하고, 원한을 덕으로써 갚으며, 천하의 일을
쉽고 작은 일에서 처리하니, 끝내 어려운 일이 없다고 한다.

[天下難事, 必作於易
天下大事, 必作於細]
圖難於其易, 爲大於其細
어려움을(어려운 일은) 그것이 쉬운 데에서 꾀하고,
큰 것을(큰일은) 그것이 미세한 데에서 처리한다.

64章

其安易持, 其未兆易謀. 其脆易泮,
其微易散. 爲之於未有, 治之於未亂.
合抱之木, 生於毫末, 九層之臺, 起於累土,
千里之行, 始於足下. 爲者敗之, 執者失之.
是以聖人無爲故無敗, 無執故無失.
民之從事, 常於幾成而敗之.
愼終如始, 則無敗事. 是以聖人欲不欲,
不貴難得之貨, 學不學, 復衆人之所過,
以輔萬物之自然, 而不敢爲.

기안이지, 기미조이모. 기취이반, 기미이산. 위지어미유, 치지어미란.
합포지목, 생어호말, 구층지대, 기어루토, 천리지행, 시어족하. 위자패지, 집자실지.
시이성인무위고무패, 무집고무실. 민지종사, 상어기성이패지. 신종여시, 즉무패사.
시이성인욕불욕, 불귀난득지화, 학불학, 복중인지소과, 이보만물지자연, 이불감위.

평안한 것은(상태는) 보전하기 쉽고, 조짐이 나타나지 않는
것은 꾀하기 쉽다. 연한 것은 녹기 쉽고, 미세한 것은 흩어
지기 쉽다. 아직 있지(생기지) 않을 때에 하고, 아직 어지럽
지 않을 때 다스린다.(평안한 상태는 유지하거나 보전하기 쉽고, 조짐이
아직 나타나기 전에는 미연에 방지하여 도모하기 쉽다. 연약하고 무른 것은 녹기
쉽고, 작고 미세한 것은 흩어지기 쉽다. 그러므로 아직 생기거나 나타나지 않을
때에 처리하고, 아직 어지러워지기 전에 다스려야 한다.)   한아름되는 나무
도 터럭 끝(터럭만한 작은 싹)에서 생기고, 구층의 누대도 흙을
쌓는 데에서 일어나고, 천리의 길도 발밑(한 걸음)에서 시작
된다.(한아름되는 큰 나무도 터럭만한 작은 싹에서 자라나고, 구층의 높은 누대도
한 줌의 흙을 쌓는 데에서 세워지고, 천리의 먼 길을 가는 것도 한 걸음에서 시작

된다.) 〈의식적으로〉 하는 자는 실패하고, 잡는(집착하는) 자는 잃게 된다. 이 때문에 성인은 〈의식적으로〉 하지 않으므로 실패하지 않고, 잡지(집착하지) 않으므로 잃지 않는다.(의식적으로 무엇인가를 하는 자는 실패하고, 억지로 무엇인가를 잡으려고 집착하는 자는 잃게 된다. 이로 인해 성인은 의식적으로 무엇인가를 하지 않으므로 실패하지 않고, 억지로 무엇인가를 잡으려고 집착하지 않으므로 잃지 않는다.) 사람들이 일을 하는데 항상 거의 이룰 때에 실패한다. 끝을 처음과 같이 삼가 조심하면 일을 실패하지 않는다.(사람들이 일을 함에 언제나 거의 완성하게 되었을 때에 실패한다. 그러므로 끝까지 처음과 같이 삼가하고 조심한다면 일을 실패하지 않을 것이다.) 이 때문에 성인은 하고자(탐욕) 하지 않음을 하고자 하고, 얻기 어려운 재물을 귀중히 여기지 않으며, 배우지 않음을 배우고, 많은 사람들이 잘못한 것을 회복시켜주며, 만물이 스스로 그러함을 돕지만, 감히 〈인위적으로〉 하려고 하지 않는다.(이 때문에 성인은 하고자 함이 없고자 할 뿐이고, 얻기 어려운 진기한 재물을 귀중히 여기지 않으며, 또 성인은 사람들이 배우지 않는 도(道)를 배워서 많은 사람들이 잘못한 것을 도(道)로 돌아오게 하며, 또한 성인은 만물이 스스로 그러함을 돕지만, 감히 인위적으로 작위하지 않는다.)

持:가질지 兆:조짐조 謀:꾀모 脆:연할취 泮:녹을반 微:작을미 抱:안을포 毫:터럭호
層:층층 臺:대대 累:여러루 輔:도울보

문법(文法)적 해석 및 한자 풀이

1) 其安易持, 其未兆易謀:평안한 것은(상태는) 보전하기 쉽고, 조짐이 나타나지 않는 것은 꾀하기 쉽다.
   - 其:문장의 첫머리에 쓰여 문장을 이끄는 어기를 나타내는데, 해석하지 않아도 된다.
   - 異(이):쉽다/특수형용사로써 술어로 쓰이는 경우, 보어를

취하며 주어처럼 해석한다.

- 持(지):가지다, 지니다, 잡다, 보전하다, 유지하다.
- 未:(아직) ~아니다/부정 보조사.
- 兆(조):조짐, 빌미, 나타나다, 비롯하다, 시작되다.
- 謀(모):꾀하다, 도모하다, 모색하다.

2) 其脆易泮:연한 것은 녹기 쉽고,

- 脆(취):연하다, 가볍다, 부드럽다.
- 泮(반):녹다, 풀리다, 물가.

3) 合抱之木, 生於毫末, 九層之臺, 起於累土, 千里之行, 始於足下: 한아름되는 나무도 터럭 끝(터럭만한 작은 싹)에서 생기고, 구층의 누대도 흙을 쌓는 데에서 일어나고, 천리의 길도 발밑 (한 걸음)에서 시작된다.

- 抱(포):안다, 품다, 둘러싸다/合抱之木는 한아름되는 나무를 의미한다.
- 毫(호):터럭, 털, 가는 털, 잔 털, 가늘다.
- 臺(대):누대, 누각.
- 累(루):묶다, 결박하다, 거듭하다, 여러, 자주/累土는 흙을 쌓아 올리는 것을 의미한다.
- 行(행):가다, 행하다, 하다, 길, 도로, 행위.

4) 是以聖人無爲故無敗:이 때문에 성인은 〈의식적으로〉 하지 않으므로 실패하지 않고,

- 無: ~않다/부정 보조사로, 동사 앞에 위치하며 不과 같다.
- 故(고):그러므로/원인에 따른 결과를 나타내는 인과 접속사.

5) 常於幾成而敗之:항상 거의 이룰 때에 실패한다.

- 常(상):항상, 늘, 언제나/부사.
- 幾(기):몇, 어느 정도, 거의, 자주, 조용하고 공손하게.

6) 不貴難得之貨:얻기 어려운 재물을 귀중히 여기지 않으며,

 - 難(난):특수형용사로써 술어로 쓰이는 경우, 보어 '得'을 취한다.

 - 之:관형격 후치사로써 수식어가 '동사구'이면 '~(하)는, ~한'
   으로 해석하며 '難得之'는 '얻기 어려운'으로 해석한다.

 - 貴(귀):귀하다, 귀하게 여기다/뒤 문장은 목적절로 볼 수 있다.

7) 復衆人之所過:많은 사람들이 잘못한 것을 회복시켜주며,

 - 復(복):돌아가다, 돌아오다, 되돌리다, 회복하다.

 - 之: ~이(가), ~은(는)/'之+所'일때는 之는 주격 후치사이다.

8) 以輔萬物之自然:만물이 스스로 그러함을 돕지만,

 - 以(이): ~하면서(하므로)/접속사로 而(그래서)와 유사하며,
   해석하지 않아도 된다.

 - 輔(보):돕다, 도움.

 - 自然(자연):스스로 그러하(되)다.

9) 이 장은 성인은 일이 미세할 때 처리하고, 의식적으로 집착
   하지 않으며, 큰 나무도, 높은 누대도, 천리 길도 작거나 한
   걸음에서 시작하듯이 처음과 같이 끝까지 삼가고 조심하며,
   만물이 스스로 그렇게 되기를 돕지만 인위적으로 하지 않을
   뿐이라고 한다.

65章

古之善爲道者, 非以明民, 將以愚之.
民之難治, 以其智多. 故以智治國, 國之賊,
不以智治國, 國之福. 知此兩者, 亦稽式,
常知稽式, 是謂玄德. 玄德深矣遠矣,
與物反矣, 然後乃至大順.

고지선위도자, 비이명민, 장이우지. 민지난치, 이기지다. 고이지치국, 국지적,
불이지치국, 국지복. 지차량자, 역계식, 상지계식, 시위현덕. 현덕심의원의, 여물반의,
연후내지대순.

옛날의 도를 잘 행한 자는 백성들을 똑똑하게 하지 않고,
장차 어리석게 하였다.(옛날에 도(道)를 잘 실천한 사람은 백성들을 밝고
총명하게 만들지 않고, 장차 그들을 어리석게 하여 다스렸다.) 백성들을
다스리기 어려운 것은 그들의 지혜가 많기 때문이다. 그러므로
지혜로써 나라를 다스리는 것은 나라의 도적이고, 지혜로써
나라를 다스리지 않는 것은 나라의 복이다.(백성들을 다스리기
어려운 것은 그들에게 지혜가 많아 서로 속이거나 불신하기 때문에 다스리기
어려운 것이다. 그러므로 지혜로써 나라를 다스리는 것은 나라를 해치는 것이며
또한 나라의 해악이 되고, 지혜로써 나라를 다스리지 않는 것이 나라를 복되게
하며 또한 나라의 행복이다.) 이 두 가지를 아는 것은 또한 법식에
맞고, 항상 법식에 맞는 것을 아는 것을 신묘한 덕이라고 한다.
신묘한 덕은 깊고도 심오하며, 만물과 함께 되돌아간 연후에
이에 큰 도리에 이르게 된다.(이 두 가지의 차이, 즉 지혜로써 나라를
다스리는 것과 지혜로써 나라를 다스리지 않는 것의 차이를 아는 것은 또한 법도에
맞는 것이고, 항상 법도에 맞는 것을 알고 있는 것을 신묘하고 그윽한 덕이라고
한다. 신묘하고 그윽한 덕은 깊고도 심오하고 원대하며, 만물과 더불어 참된 근원인
도(道)로 되돌아가며, 그런 연후에 비로소 위대한 도리(道)에 이르게 된다.)

賊:도둑적 稽:상고할계 式:법식 順:순할순

문법(文法)적 해석 및 한자 풀이

1) 古之善爲道者, 非以明民, 將以愚之:옛날의 도를 잘 행한 자는
   백성들을 똑똑하게 하지 않고, 장차 어리석게 하였다.
   - 善(선):선, 훌륭하다, 착하다, 선하다, 좋다, 잘(부사).
   - 非:부정 보조사로써 술어 앞에 위치하면 不과 같다.
   - 以: ~쓰다, 하다, 행하다/동사.
   - 明:밝다, 날이 새다, 똑똑하다.
   - 將:장차/차(且)와 함께 미래를 나타내는 시간 부사.
2) 民之難治, 以其智多:백성들을 다스리기 어려운 것은 그들의
   지혜가 많기 때문이다.
   - 之:강조를 위해 목적어 '民'이 앞으로 도치되면서 추가된
     목적격 후치사라고 할 수 있다.
   - 難(난):특수형용사로써 술어로 쓰이는 경우, 보어 '治'를 취한다.
   - 以: ~때문(이다)에, ~으로 인해/접속사로써 단문을 연결시켜
     주는 역할을 한다.
   - 其:그(들), 자기/3인칭 대명사.
3) 知此兩者, 亦稽式:이 두 가지를 아는 것은 또한 법식에 맞고,
   - 者(자):의존명사(불완전명사) 또는 특수 지시대명사로 '兩'와
     함께 명사구를 이루며, 언급한 것을 합산하여 ~가지 또는
     ~것(사람) 등으로 해석할 수 있다.
   - 稽(계):상고하다, 조사하다, 헤아리다, 맞다, 서로 같다.
   - 式(식):법, 제도, 의식, 정도.
4) 玄德深矣遠矣:신묘한 덕은 깊고도 심오하며,
   - 玄(현):검다, 신(현)묘하다, 오묘하다, 심오하다.
   - 遠(원):멀다, 심오하다, 멀리하다,

5) 與物反矣, 然後乃至大順:만물과 함께 되돌아간 연후에
　　이에 큰 도리에 이르게 된다.
　- 與: ~와 더불어, 함께/전치사.
　- 反(반):되돌아가다, 되돌아오다, 반복하다/동사.
　- 然後: ~연후에/순접 접속사.
　- 乃(내):이에, 곧, 비로소/부사.
　- 順(순):순하다, 따르다, 잇다, 도리, 차례, 순서.

6) 이 장은 백성들을 밝고 총명하게 하지 말고, 지혜로써 나라를
　　다스리지 말아야 하며, 이를 아는 것이 현덕(玄德)이고 위대한
　　도(道)에 이르게 된다고 한다. 이 장은 노자가 우민(愚民) 정치를
　　주장하고 있다고 생각할 수 있다.

玄德
深矣遠矣
깊고도 심오하다.

＊ 以智治國, 國之賊
不以智治國, 國之福

66章

江海所以能爲百谷王者, 以其善下之.
故能爲百谷王. 是以聖人欲上民, 必以言下之,
欲先民, 必以身後之. 是以聖人處上而民不重,
處前而民不害. 是以天下樂推而不厭.
以其不爭, 故天下莫能與之爭.

강해소이능위백곡왕자, 이기선하지. 고능위백곡왕. 시이성인욕상민, 필이언하지,
욕선민, 필이신후지. 시이성인처상이민부중, 처전이민불해. 시이천하락추이불염.
이기부쟁, 고천하막능여지쟁.

강과 바다가 모든 계곡의 왕이 될 수 있는 까닭은 그것이
잘 낮추기(아래에 처하기) 때문이다. 그러므로 모든 계곡의
왕이 될 수 있다.(강과 바다가 모든 계곡의 왕이 될 수 있는 까닭은 강과
바다가 모든 계곡보다 아래에 있기 때문이다. 그러므로 강과 바다에 모든 계곡의
물이 모이고, 왕이 될 수 있는 것이다.) 이 때문에 성인은 백성들의
위에 있고자 하면 반드시 말을 낮추며, 백성들의 앞에 있고자
하면 반드시 자신을 뒤에 둔다.(이 때문에 성인은 백성들의 위에 있고자
하면 반드시 말을 함에 있어 자신을 낮추고, 백성들의 앞에 서고자 하면 반드시
자신을 백성들의 뒤에 둔다.) 이 때문에 성인은 위에 있어도 백성
들은 무겁지 않고, 앞에 있어도 백성들은 해롭지 않다.(이 때문에
성인은 위에 있어도 백성들은 무겁게 느끼지 않고, 앞에 있어도 백성들은 해롭
다고 생각하지 않는다.) 이 때문에 천하는 〈성인을〉 추대하기를
즐기면서도 싫어하지 않는다. 그는(성인은) 다투지 않기 때
문에 그러므로 천하는 그와 더불어 다툴 수가 없다.(이 때문에
천하 사람들은 성인을 추대하기를 좋아하면서도 싫어하지 않는다. 성인은 남과
다투지 않기 때문에 그러므로 천하는 그와 더불어 다툴 수가 없다.)

谷:골곡 處:곳처 推:밀추 厭:싫어할염

문법(文法)적 해석 및 한자 풀이

1) 江海所以能爲百谷王者, 以其善下之:강과 바다가 모든 계곡의
   왕이 될 수 있는 까닭은 그것이 잘 낮추기(아래에 처하기)
   때문이다.
   - 所以 ~ 者: ~라는 까닭(이유)/수식어+者가 뒤에서 '所以'를
     수식하는 형태로 '者'는 해석하지 않아도 된다.
   - 百:일백, 백 번, 여러, 모두, 모든, 온갖.
   - 能: ~할 수 있다/가능 보조사.
   - 爲: ~이(가) 되다/爲+명사, 불완전 자동사로 보어를 취한다.
   - 以: ~때문(이다)에, ~으로 인해/접속사로써 단문을 연결시켜
     주는 역할을 한다.
   - 善(선):선, 훌륭하다, 착하다, 선하다, 좋다, 잘(부사).
   - 下:아래, 밑, (자기를) 낮추다.
2) 是以聖人欲上民, 必以言下之:이 때문에 성인은 백성들의 위에
   있고자 하면 반드시 말을 낮추며,
   - 是以(시이):이 때문에, 이로 인해, 따라서/인과 관계를 나타
     내는 접속사.
   - 必以言下之:목적어 앞에 '以'를 추가하여 도치하며, '必下之言'
     가 도치된 문장이라고 할 수 있다.
3) 身:몸, 신체, 자신, 나.
4) 處(처):곳, 처소, 거주하다, (어떤 지위에) 있다, 머무르다.
5) 是以天下樂推而不厭:이 때문에 천하는 〈성인을〉 추대하기를
   즐기면서도 싫어하지 않는다.
   - 樂推(락추):추대하기를 즐기다/동사가 연속 이어지는 연동사
     (連動詞)로 앞의 동사가 문장의 본동사이다.

- 推(추):밀다, 천거하다, 추천(대)하다, 받들다.

6) 이 장은 강과 바다가 아래에 있기 때문에 모든 계곡의 왕이
   될 수 있듯이 성인은 자신의 말을 낮추고 자신을 뒤에 두어
   겸손하기에 천하 사람들이 싫어하지 않으며, 또한 천하는
   그와 더불어 다툴 수가 없다고 한다.

百谷王 | 江海
所以能爲百谷王者,
以其善下之.

강과 바다가 모든 계곡의 왕이 될 수 있는 까닭은
그것이 잘 낮추기(아래에 처하기) 때문이다.

67章

天下皆謂我道大, 似不肖. 夫唯大,
故似不肖, 若肖, 久矣, 其細也夫!
我有三寶, 持而保之. 一曰慈, 二曰儉,
三曰不敢爲天下先. 慈故能勇, 儉故能廣,
不敢爲天下先, 故能成器長. 今舍慈且勇,
舍儉且廣, 舍後且先, 死矣! 夫慈以戰則勝,
以守則固, 天將救之, 以慈衛之.

천하개위아도대, 사불초. 부유대, 고사불초, 약초, 구의, 기세야부! 아유삼보, 지이보지.
일왈자, 이왈검, 삼왈불감위천하선. 자고능용, 검고능광, 불감위천하선, 고능성기장.
금사자차용, 사검차광, 사후차선, 사의! 부자이전즉승, 이수즉고, 천장구지, 이자위지.

천하가 모두 나의 도가 커서 〈무엇과도〉 닮지 않은 듯하다고
말한다. 오직 크므로 〈무엇과도〉 닮지 않은 듯하니, 만약
닮았다면 오래 되었구나, 그것이 미미한 지!(천하 사람들이 모두
말하기를, 나의 도(道)가 너무 커서 무엇과도 닮지 않은 듯하다고 한다. 오직 크기
때문에 무엇과도 닮지 않은 것 같으며, 만약 닮았다면 나의 도(道)가 미미하고
작아진 지 오래되었을 것이다.) 나는 세 가지 보배가 있는데 그것을
지니면서 보존하고 있다. 첫째는 자애로움이고, 둘째는
검약함이며, 셋째는 감히 천하에 앞서지 않는 것이다. 자애
로우니 용감할 수 있고, 검약하니 원대할 수 있으며, 감히
천하에 앞서지 않으니 만물의 어른을 이룰 수 있다.(나에게는
세 가지 보배가 있는데, 그 세 가지 보배를 지니면서 보존하고 있다. 첫째는 자애
로움이고, 둘째는 검약함이며, 셋째는 감히 천하에서 앞서고자 하지 않는 것이다.
자애로움으로 인해 내리사랑을 하니 용감할 수 있고, 검약하기 때문에 은혜를
넓고 원대하게 베풀 수 있으며, 감히 천하에서 앞서고자 하지 않으니 만물의 우두

<u>머리가 될 수 있다.</u>) 이제는 자애로움을 버리고 또 용감하려고 하고, 검약함을 버리고 또 원대하려고 하고, 뒤로 하는 것을 버리고 또 앞으로 하니, 죽음이로구나! 무릇 자애로움으로써 싸우면 이기고, 지킨다면 견고하니, 하늘이 장차 구원할 때 에는 자애로움으로써 지킬 것이다.<u>(그런데 이제는 자애로움을 버리고 또한 용감하려고만 하고, 검약함을 버리고 또한 은혜를 넓고 원대하게 베풀려고만 하고, 뒤따르는 것을 버리고 또한 남보다 앞서려고만 하니, 죽게 될 것이다! 무릇 자애로움으로써 싸운다면 이길 것이고, 자애로움으로써 지킨다면 견고할 것이니, 하늘이 장차 이런 사람을 구원할 때에는 자애로움으로써 지켜줄 것이다.)</u>

肖:닮을초 寶:보배보 持:가질지 慈:사랑자 廣:넓을광 舍:버릴사 衛:지킬위

문법(文法)적 해석 및 한자 풀이

1) 天下皆謂我道大, 似不肖:천하가 모두 나의 도가 커서 〈무엇과 도〉 닮지 않은 듯하다고 말한다.
  - 似: ~와 같다, ~듯 하다/비교 형용사.
  - 肖(초):닮다, 모양이 같다, 본받다.

2) 若肖, 久矣, 其細也夫!:만약 닮았다면 오래 되었구나, 그것이 미미한 지!
  - 若(약):만약 ~면/가정, 조건, 양보 부사.
  - 細(세):가늘다, 미미하다, 작다, 드물다.
  - 也夫: ~하구나/감탄과 추측의 의미를 나타내는 종결사.

3) 我有三寶, 持而保之:나는 세 가지 보배가 있는데 그것을 지니 면서 보존하고 있다.
  - 持(지):가지다, 쥐다, 잡다, 지니다, 보전하다.
  - 保(보):지키다, 보호하다, 유지하다, 보존하다.

4) 一曰慈:첫째는 자애로움이고,

- 曰: ~이다/주어와 보어(구/절) 사이에 놓여 연결하는 역할을 하는 연계동사라고 할 수 있다.

5) 儉故能廣:검약하니 원대할 수 있으며,
- 能: ~할 수 있다/가능 보조사.
- 廣(광):넓다, 넓히다, 멀다, 원대하다.

6) 故能成器長:만물의 어른을 이룰 수 있다.
- 器(기):그릇, 도구, 만물, 도량, 재주.
- 長:맏, 어른, 우두머리.

7) 舍後且先, 死矣!:뒤로 하는 것을 버리고 또 앞으로 하니, 죽음이로구나!
- 舍(사):집, 버리다, 포기하다, 폐하다.
- 且(차):또/又와 같이, 구와 구, 절과 절을 연결하는 접속사.
- 矣:감탄의 어기를 나타내는 종결사.

8) 夫慈以戰則勝, 以守則固, 天將救之, 以慈衛之:무릇 자애로움으로써 싸우면 이기고, 지킨다면 견고하니, 하늘이 장차 구원할 것이니, 자애로움으로써 지킬 것이다.
- 夫(부):'대저(大抵), 대체로, 무릇'으로 해석하거나, 해석하지 않아도 된다. 즉 발어사라고 할 수 있다.
- 以:'慈'를 가리키는 대명사 '之'가 생략됨.
- 救(구):구원하다, 건지다, 돕다, 고치다.
- 衛(위):지키다, 호위하다, 보위하다.

9) 이 장은 나의 도(道)가 너무 커서 무엇과도 닮지 않았고, 삼보(三寶), 즉 '자애로움, 검약함, 천하에서 앞서지 않는 것' 등의 세 가지 보배를 지니고 있으며, 사람들이 삼보(三寶)를 경시하면 죽게 될 것이지만 자애로움을 행하다면 하늘이 장차 지켜줄 것이라고 한다.

68章

善爲士者不武, 善戰者不怒. 善勝敵者不與,
善用人者爲之下. 是謂不爭之德,
是謂用人之力, 是謂配天, 古之極.

선위사자불무, 선전자불노. 선승적자불여, 선용인자위지하. 시위부쟁지덕,
시위용인지력, 시위배천, 고지극.

잘 병사가 되는 자(훌륭한 병사)는 용맹스럽지 않고, 잘 싸우
는 자는 성내지 않는다. 잘 적을 이기는 자는 간여하지(더불어
싸우지) 않고, 잘 사람을 쓰는 자는 자기를 아래에 둔다.(훌륭
한 병사는 무력을 쓰거나 용맹스럽지 않고, 싸움을 잘 하는 자는 성내지 않는다.
적을 잘 이기는 자는 자기 감정을 내보이거나 더불어 싸우지 않고, 사람을 잘 쓸
줄 아는 자는 자기를 아랫자리에 둔다.) (이를) 다투지 않는 덕이라고
이르는 것이고, (이를) 사람을 쓰는 힘이라고 이르는 것이고,
(이를) 하늘을 짝한다고 이르니, 옛날의 지극함이다.(이것을 일러
싸우거나 다투지 않는 덕이라고 하고, 이것을 일러 사람을 부리는 능력이라고 하며,
이것을 일러 하늘과 짝한다고 하니, 옛날의 지극함인 것이다.)

怒:성낼노 敵:대적할적 配:짝배 極:극진할극

문법(文法)적 해석 및 한자 풀이

1) 善爲士者不武, 善戰者不怒:잘 병사가 되는 자(훌륭한 병사)는
   용맹스럽지 않고, 잘 싸우는 자는 성내지 않는다.
   - 善(선):선, 훌륭하다, 착하다, 선하다, 좋다, 잘(부사).
   - 爲: ~이(가) 되다/爲+명사, 불완전 자동사로 보어를 취하며,
     '爲士'는 '병사가 되다'로 해석한다.
   - 士:선비, 관리, 군사, 병사.
   - 武(무):무인, 무사, 용맹스럽다, 맹렬하다.

- 戰(전):싸움, 전투, 싸우다, 전쟁하다.

- 怒(노):성내다, 화내다, 꾸짖다, 나무라다.

2) 善勝敵者不與:잘 적을 이기는 자는 간여하지(더불어 싸우지)
   않고,

- 與:간여하다, 간섭하다, 더불다.

3) 是謂不爭之德:(이를) 다투지 않는 덕이라고 이르는 것이고,

- 是: ~이다/연계동사이며, 지시대명사로써 주어인 '이것이'의
  뜻이 아니며, 주어는 문맥상 앞 문장이므로 해석하지 않는다.

- 之:관형격 후치사로써 수식어가 '동사구'이면 '~(하)는, ~한'
  으로 해석하며 '不爭之'는 '다투지 않는'으로 해석한다.

4) 是謂配天, 古之極:(이를) 하늘을 짝한다고 이르니, 옛날의
   지극함이다.

- 配(배):짝짓다, 짝하다, 짝, 아내, 적수.

- 極(극):극진하다, 지극하다, 다하다.

5) 이 장은 하늘과 짝한다는 것은 다투지 않는 덕이고, 사람을
   부리는 능력이며, 옛날의 지극함이라고 한다.

69章

用兵有言, 吾不敢爲主而爲客, 不敢進寸
而退尺. 是謂行無行, 攘無臂, 扔無敵,
執無兵. 禍莫大於輕敵, 輕敵幾喪吾寶.
故抗兵相加, 哀者勝矣.

용병유언, 오불감위주이위객, 불감진촌이퇴척. 시위행무행, 양무비, 잉무적, 집무병.
화막대어경적, 경적기상오보. 고항병상가, 애자승의.

군사(군대)를 씀에 (이러한) 말이 있는데, "나는 감히 주체가
되지 않고 객체가 되며, 감히 한 치 나아가지 않고 한 자 물러
난다."라고 하였다. (이를) 나아가나 나아감이 없고, 〈소매를〉
걷어올리나 팔뚝이 없고, 쳐부숴도 대적함이 없고, 〈병기를〉
잡아도 병기가 없는 것이다라고 말하는 것이다. (군대를 부림에
대해 전해오는 말이 있는데, "나는 감히 전쟁의 주체가 되어 주동해서 일으켜서
는 안되고 전쟁의 객체가 되며 피동으로 해야 하며, 감히 한 치도 나아가지 않고
오히려 한 자를 물러난다"라고 하였다. 이를 일러서 나아가지만 나아감이 없는
듯이 하고, 소매를 걷어올려 휘두르지만 팔이 없는 듯이 하고, 적에게 나아가 공격
하여도 대적함이 없는 듯이 하고, 병기를 잡고 있어도 병기가 없는 듯이 한다고
말하는 것이다.) 재앙은 적을 가볍게 여기는 것보다 더 큰 것이
없고, 적을 가볍게 여기다가는 나의 보배를 거의 잃는다. 그
러므로 병기를 들어올려(들고) 서로 가하면(싸우면), 슬퍼하는
자가 이기는 것이다. (재앙은 적을 가볍게 여기는 것보다 더 큰 것이 없고,
적을 가볍게 여기다가는 나의 소중한 것을 거의 모두 잃게 된다. 그러므로 군사를
일으켜 병기를 들고 서로 싸우면 군사와 백성의 희생을 슬퍼하는 자가 이기게
되는 것이다. 슬퍼하는 마음에는 세 가지 보배 중에 하나인 자(慈), 자애로움이
있고, 이런 마음으로 싸운다면 군사도 백성도 하나가 되어 싸우기에 반드시

攘:물리칠양 臂:팔비 扔:당길잉 禍:재앙화 敵:대적할적 抗:겨룰항

문법(文法)적 해석 및 한자 풀이

1) 用兵有言, 吾不敢爲主而爲客, 不敢進寸而退尺:군사(군대)를
   씀에 (이러한) 말이 있는데, "나는 감히 주체가 되지 않고
   객체가 되며, 감히 한 치 나아가지 않고 한 자 물러난다."라고
   하였다.
   - 兵(병):병사, 군사, 무기, 병기, 싸움.
   - 爲: ~이(가) 되다/爲+명사, 불완전 자동사로 보어를 취한다.
   - 寸(촌):마디, 치(길이의 단위), 촌수, 조금, 약간.
   - 尺(척):자(길이의 단위), 길이.

2) 攘無臂, 扔無敵:〈소매를〉걷어올리나 팔뚝이 없고, 쳐부숴도
   대적함이 없고,
   - 攘(양):물리치다, 내쫓다, 사양하다, 걷다, 걷어올리다.
   - 臂(비):팔, 팔뚝.
   - 扔(잉):당기다, 끌어당기다, 부수다, 깨뜨리다.
   - 敵(적):대적하다, 겨루다, 원수, 적.

3) 禍莫大於輕敵, 輕敵幾喪吾寶:재앙은 적을 가볍게 여기는 것
   보다 더 큰 것이 없고, 적을 가볍게 여기다가는 나의 보배를
   거의 잃는다.
   - 莫大於: ~보다 더 큰 것이 없다/최상급 비교.
   - 於: ~보다, ~와(과)/전치사로써, 술어가 '大'처럼 형용사일 때
     비교를 나타낸다.
   - 幾(기):몇, 어느 정도, 거의, 자주, 조용하고 공손하게.

4) 故抗兵相加:그러므로 병기를 들어올려(들고) 서로 가하면
   (싸우면),

- 故(고):그러므로/원인에 따른 결과를 나타내는 인과 접속사.
- 抗(항):겨루다, 대항하다, 들어올리다, 막다.

5) 이 장은 전쟁에 임할 때에는 먼저 공격하지 말고 피동적으로
   해야 하며, 적을 가볍게 여기지 말고, 자애로움으로써 군사와
   백성의 희생을 슬퍼하는 자가 전쟁에 이기게 된다고 한다.

抗兵相加, 哀者勝矣

不敢爲主而爲客,
不敢進寸而退尺.

병기를 들어올려(들고) 서로 가하면(싸우면),
슬퍼하는 자가 이기는 것이다.

70章

吾言甚易知, 甚易行, 天下莫能知, 莫能行.
言有宗, 事有君, 夫唯無知, 是以不我知,
知我者希, 則我者貴. 是以聖人被褐懷玉.

오언심이지, 심이행, 천하막능지, 막능행. 언유종, 사유군, 부유무지, 시이불아지,
지아자희, 칙아자귀. 시이성인피갈회옥.

나의 말은 매우 알기가 쉽고, 매우 행하기가 쉬우나, 천하(사람들이)가 알 수도 없고, 행할 수도 없다.(나의 말은 매우 알기 쉽고,
행하기도 매우 쉽지만, 천하의 사람들은 잘 알지도 못하고, 잘 행하지도 않는다.)
말에는 근원이 있고, 일에는 중심이 있으나, 오직 알지 못하니,
이 때문에 나를 알지 못하는 것이니, 나를 아는 자는 드물고,
나를 본받는 자는 귀한 것이다.(나의 말에는 근원이 있고, 일에는 중심
이 있지만 세상 사람들은 오직 이러한 근원과 중심을 알지 못하니, 이 때문에 나를
제대로 알지 못하는 것이니, 나의 도를 아는 자는 드물고, 나의 도를 본받는 자는
더욱더 적고 희귀한 것이다.)   이 때문에 성인은 베옷을 입고 옥을
품고 있는 것이다.(나의 도를 알고, 본받는 사람이 드물고 희귀하기 때문에
성인도 안으로는 옥을 품으면서도 겉으로는 굵은 베옷으로 이것을 감추고 있는
것이다.)

宗:마루종 則:법칙칙 褐:갈색갈 懷:품을회

문법(文法)적 해석 및 한자 풀이

1) 吾言甚易知, 甚易行, 天下莫能知, 莫能行:나의 말은 매우 알기가
   쉽고, 매우 행하기가 쉬우나, 천하(사람들이)가 알 수도 없고,
   행할 수도 없다.
   - 甚(심):심히, 매우, 몹시, 대단히/부사.
   - 易(이):쉽다/특수 형용사로써 술어로 쓰이는 경우, 보어를

취하며 주어처럼 해석한다.

- 莫(막): ~않다(없다)/부정을 나타내는 부정 보조사.

- 能: ~할 수 있다/가능 보조사.

2) 言有宗, 事有君, 夫唯無知:말에는 근원이 있고, 일에는 중심이 있으나, 오직 알지 못하니,

- 宗(종):근본, 근원, 으뜸

- 君(군):주(主), 주인, 중심, 주재자.

- 夫(부):'대저(大抵), 대체로, 무릇'으로 해석하거나, 해석하지 않아도 된다. 즉 발어사라고 할 수 있다.

- 無: ~않다(못하다)/부정 보조사로, 동사 앞에 위치하며 不과 같다. '無' 뒤에 명사가 오면 존재동사로써 '~없다'로 해석한다.

3) 是以不我知:이 때문에 나를 알지 못하는 것이니,

- 是以(시이):이 때문에, 이로 인해, 따라서/인과 관계의 접속사.

- 我:부정문에서 인칭 대명사 또는 대명사가 목적어일 때 앞으로 도치될 수 있으며, '知我'가 도치된 것이라 할 수 있다.

4) 則我者貴:나를 본받는 자는 귀한 것이다.

- 則(칙):법칙, 본받다, 본보기로 삼다, 모범으로 삼다.

- 者:의존명사(불완전명사) 또는 특수 지시대명사로 '~하는 사람(자), ~하는 것'으로 해석한다.

5) 是以聖人被褐懷玉:이 때문에 성인은 베옷을 입고 옥을 품고 있는 것이다.

- 褐(갈):갈색, 베옷, 굵은 베.

- 懷(회):품다, 임신하다, 생각하다, 둘러싸다.

6) 이 장은 나의 도(道)는 알기 쉽고 행하기도 쉽지만, 사람들이 잘 알지도 못하고 행하지도 않으며, 성인은 옥을 품으면서도 겉으로는 굵은 베옷으로 감추고 있다고 한다.

71章

知不知上, 不知知病. 夫唯病病, 是以不病.
聖人不病, 以其病病, 是以不病.

지부지상, 부지지병. 부유병병, 시이불병. 성인불병, 이기병병, 시이불병.

알면서도 알지 못하는(못한다고 여기는) 것이 상이고, 알지 못하면서도 안다는(안다고 여기는) 것이 병이다.(알면서도 알지 못한다고 여기는 것이 최상이고, 알지 못하면서도 안다고 여기는 것이 병이다.) 오직 병을 병으로 여기니, 이 때문에 병들지 않는 것이다. 성인이 병들지 않는 것은 그가 병을 병으로 여기기 때문이니, 이로 인해 병들지 않는 것이다.(오직 병을 병으로 여기고 조심하니, 이 때문에 병들지 않을 수 있는 것이다. 그러므로 성인이 병들지 않는 것은 그도 또한 병을 병으로 여기고 미리 조심하기 때문이니, 이로 인해 병들지 않는 것이다. 즉 알지 못하면서도 안다고 여기는 것이 병이라는 것을 알기에 미리 조심하고 경계하며, 또한 아는 것도 알지 못한다고 하는 것이다.)

病:병병

문법(文法)적 해석 및 한자 풀이

1) 夫唯病病, 是以不病:오직 병을 병으로 여기니, 이 때문에 병들지 않는 것이다.
   - 夫(부):'대저(大抵), 대체로, 무릇'으로 해석하거나, 해석하지 않아도 된다. 즉 발어사라고 할 수 있다.
   - 唯(유):오직, 다만, 단지/한정 부사.
   - 病(병):병, 근심, 흠, 병들다, 앓다, 어려워하다, 꺼리다.
   - 是以(시이):이 때문에, 이로 인해, 따라서/인과 관계를 나타내는 접속사.

2) 以其病病:그가 병을 병으로 여기기 때문이니,

　- 以: ~때문(이다)에, ~으로 인해/접속사로써 단문을 연결시켜
　　주는 역할을 한다.

　- 其:그(들), 자기, 자기 자신/3인칭 대명사.

3) 이 장은 알지 못하면서도 안다고 여기는 것이 병이며, 성인은
　이렇게 하는 것이 병인 줄 알기에 미리 조심하고 경계하며,
　또한 알면서도 알지 못한다고 하는 것이다.

知不知上 ┃ 不知知病

" 알면서도 알지 못하는(못한다고 여기는) 것이 상이고, "
알지 못하면서도 안다는(안다고 여기는) 것이 병이다.

72章

民不畏威, 則大威至. 無狎其所居,
無厭其所生. 夫唯不厭, 是以不厭.
是以聖人自知不自見, 自愛不自貴.
故去彼取此.

민불외위, 즉대위지. 무압기소거, 무엽기소생. 부유불엽, 시이불염.
시이성인자지부자현, 자애부자귀. 고거피취차.

백성들이 〈통치자의〉 위엄을 두려워하지 않으면 큰 두려움이
이르게 된다. 그들이 사는 곳을 업신여기지(소홀히 하지)
말고, 그들이 생활하는 바를 핍박하지 말라. 오직 핍박하지
않으니, 이 때문에 싫어하지 않는다.(백성들이 통치자의 위엄을 두려
워하지 않으면 통치자는 큰 두려움이라고 할 수 있는 백성들의 폭동, 반란 등이
일어나게 된다. 그들이 살고 있는 곳을 소홀히 하지 말고, 그들이 생활하는 바를
핍박하지 말라. 오직 살고 있는 곳과 생활하는 바를 핍박하지 않으니, 이 때문에
백성들도 싫어하지 않을 것이다.) 이 때문에 성인은 자신을 알아도
자신을 드러내지 않고, 자신을 아껴도 자신을 귀하게 여기지
않는다. 그러므로 저것(自見, 自貴)을 버리고 이것(自知, 自愛)을
취한다.(이 때문에 백성들이 싫어하지 않게 하기 위해서는 또한 성인은 자신을
알아도 자신을 드러내지 아니하며, 자신을 아끼지만 자신을 귀하게 여기지 않는다.
그러므로 저것, 즉 자신을 드러내거나 자신을 귀하게 여기는 것을 버리고, 이것,
즉 자신을 알거나 자신을 아끼는 것을 취한다.)

畏:두려워할외 威:위엄위 狎:업신여길압 厭:누를엽/싫어할염 見:드러날현

문법(文法)적 해석 및 한자 풀이

1) 民不畏威, 則大威至:백성들이 (통치자의) 위엄을 두려워하지
   않으면 큰 두려움이 이르게 된다.

- 畏(외):두려워하다, 꺼리다, 경외하다, 조심하다.

- 威(위):위엄, 권위, 세력, 힘, 권세, 두려움.

2) 無狎其所居, 無厭其所生:그들이 사는 곳을 업신여기지(소홀히 하지) 말고, 그들이 생활하는 바를 핍박하지 말라.

 - 無: ~말라/금지 보조사. 毋와 같다.

 - 狎(압):익숙하다, 희롱하다, 업신여기다, 친압하다.

 - 其:그(들), 자기/3인칭 대명사. 백성을 의미한다.

 - 所: ~바(것, 곳)/所+술어가 오며, 불완전명사(의존명사) 또는 특수 지시대명사로, 주어는 대체로 所앞에 온다.

 - 厭(엽):핍박하다, 누르다. (염):싫어하다, 물리다.

3) 是以聖人自知不自見, 自愛不自貴:이 때문에 성인은 자신을 알아도 자신을 드러내지 않고, 자신을 아껴도 자신을 귀하게 여기지 않는다.

 - 自知(자지):자신을 알다/'自'뒤에 자동사일 때는 '스스로 ~하다, 저절로 ~하다'로 해석하며, 타동사일 때는 목적어일지라도 어순상 반드시 동사 앞에 오며 '자기를, 자신을', '스스로를'으로 해석한다.

 - 見(현):뵙다, 나타나다, 드러나다, 소개하다, 만나다.

 - 愛(애):사랑하다, 사모하다, 아끼다, 아깝게 여기다.

4) 故去彼取此:그러므로 저것(自見, 自貴)을 버리고 이것(自知, 自愛)을 취한다.

 - 故(고):그러므로/원인에 따른 결과를 나타내는 인과 접속사.

 - 去(거):버리다, 내몰다, 내쫓다, 물리치다.

5) 이 장은 성인이 자신을 드러내거나 귀하게 여기지 않듯이 통치자도 백성들이 살고 있고 생활하는 바를 소홀히 하거나 핍박하지 말아야 한다고 한다.

73章

勇於敢則殺, 勇於不敢則活. 此兩者,
或利或害. 天之所惡, 孰知其故?
是以聖人猶難之. 天之道, 不爭而善勝,
不言而善應, 不召而自來, 繟然而善謀.
天網恢恢, 疏而不失.

용어감즉살, 용어불감즉활. 차량자, 혹리혹해. 천지소오, 숙지기고? 시이성인유난지.
천지도, 부쟁이선승, 불언이선응, 불소이자래, 천연이선모. 천망회회, 소이불실.

감행함에 용감하면 죽고, 감행하지 않음에 용감하면 산다.
이 두 가지는 혹 이롭기도 하고, 혹은 해롭기도 하다. (무언가를
무릅쓰고 감행하는데 용감하면 죽음에 이르게 되고, 감행하지 않는네 용감하고
무모하지 않으면 살게 된다. 때로는 이 두 가지도 혹 이롭기도 하고, 혹은 해롭
기도 하다.) 하늘이 미워하는 바는 누가 그 이유를 알겠는가?
이 때문에 성인은 오히려 그것을 어려워한다. (하늘도 미워하고
싫어하는 것이 있는데 누가 그 이유를 쉽게 알 수 있을까? 이 때문에 도(道)를
체득한 성인도 오히려 조심하고 어렵게 여긴다.) 하늘의 도는 다투지
않아도 잘 이기고, 말하지 않아도 잘 응하고, 부르지 않아도
스스로 오고, 느릿느릿하면서도 잘 꾀한다. 하늘의 그물은
넓고 넓어 성글어도(듬성듬성해도) 〈아무것도〉 잃어버리지
않는다. (하늘의 도는 자연스럽고 인위적으로 하지 않으므로 다투거나 싸우지
않으면서도 잘 이기고 못하는 것이 없으며, 말하지 않아도 모두 잘 받아주고 순
응하며, 부르지 않아도 스스로 오고, 느릿느릿하면서도 신중하게 잘 도모한다.
또 하늘에는 그물이 있는데 넓고 넓어 듬성듬성하고 헐렁하지만 천하 만물이 그
자연의 그물 속에서 자유롭게 생육하면서도 벗어나지 않으므로 아무것도 잃어
버리거나 놓치지 않는다.)

敢:감히감 活:살활 應:응할응 繟:띠늘어질천 網:그물망 恢:넓을회 疎:성길소

문법(文法)적 해석 및 한자 풀이

1) 勇於敢則殺, 勇於不敢則活:감행함에 용감하면 죽고, 감행하지
   않음에 용감하면 산다.
   - 敢(감):감히, 감히 하다, 감행하다, 용맹스럽다.
   - 則(즉): ~면/가정, 조건의 접속사.
   - 活(활):살다, 생존하다, 목숨을 보전하다, 살리다.

2) 此兩者, 或利或害:이 두 가지는 혹 이롭기도 하고, 혹은 해롭
   기도 하다.
   - 者(자):의존명사(불완전명사) 또는 특수 지시대명사로 '兩'와
     함께 명사구를 이루며, 언급한 것을 합산하여 '~가지, 또는
     ~것(사람)' 등으로 해석할 수 있다.
   - 或(혹):혹, 혹은, 혹시, 아마도, 또/부사.

3) 天之所惡, 孰知其故?:하늘이 미워하는 바는 누가 그 이유를
   알겠는가?
   - 之: ~이(가), ~은(는)/'之+所'일 때는 之는 주격 후치사이다.
   - 故(고):연고, 사유, 까닭, 이유.

4) 不言而善應, 不召而自來, 繟然而善謀:말하지 않아도 잘 응하고,
   부르지 않아도 스스로 오고, 느릿느릿하면서도 잘 꾀한다.
   - 善(선):선, 훌륭하다, 착하다, 선하다, 좋다, 잘(부사).
   - 應(응):응하다, 대답하다, 승낙하다, 화답하다, 받다.
   - 自來(자래):스스로 오다/'自'뒤에 자동사일 때는 '스스로 ~하다,
     저절로 ~하다'로 해석한다.
   - 繟(천):띠가 늘어지다, 느릿느릿하다, 넉넉하다/繟然(천연)은
     느릿느릿한 모양을 나타내며, 然은 모양이나 상태를 나타내는
     의태어로써 형용사 접미사라고 할 수 있다.

5) 天網恢恢, 疎而不失:하늘의 그물은 넓고 넓어 성글어도(듬성
   듬성해도) 〈아무것도〉 잃어버리지 않는다.
   - 恢(회):넓다, 넓히다, 광대하다, 크다/恢恢(회회)는 넓고 넓은
     모양을 나타낸다.
   - 疎(소):소통하다, 드물다, 성기다(물건의 사이가 뜨다).
6) 이 장은 하늘의 도(道)는 다투지도 않고, 말하지도 않으며,
   부르지도 않고, 느릿느릿하면서도 천하 만물이 자유롭게
   생육하면서 벗어나지 않는다고 한다.

74章

民不畏死, 奈何以死懼之? 若使民常畏死,
而爲奇者, 吾得執而殺之, 孰敢?
常有司殺者殺, 夫代司殺者殺, 是謂代大匠斲.
夫代大匠斲者, 希有不傷其手矣.

민불외사, 내하이사구지? 약사민상외사, 이위기자, 오득집이살지, 숙감?
상유사살자살, 부대사살자살, 시위대대장착. 부대대장착자, 희유불상기수의.

백성들이 죽음을 두려워하지 않으니, 어떻게 죽음으로써
두렵게 하겠는가?(백성들이 죽는 것을 두려워하지 않는다면 어떻게 죽음
으로써 두려워하게 할 수가 있겠는가?) 만약 백성들로 하여금 항상
죽음을 두렵게 하면서 기이한 행동을 하는 자를 내가 잡아서
죽일 수 있다면 누가 감히 (기이한 행동을 하겠는가?)(만약 백성
들로 하여금 항상 죽는 것을 두려워하게 하고, 나쁜 짓을 하거나 기이한 행동을
하는 자를 내가 잡아서 죽인다면 누가 감히 나쁜 짓을 하거나 기이한 행동을 하
겠는가?) 늘 죽이는 일을 맡은 자가 있어서 죽이는데, 죽이는
일을 맡은 자를 대신하여 죽이는 것은 훌륭한 장인(목수)를
대신하여 〈나무를〉 깎는다고 말한다. 훌륭한 장인(목수)를
대신하여 〈나무를〉 깎는 자는 그 손을 다치지 않는 자가 있
는 것이 드물다.(늘 죽이는 일을 관장하는 관리, 즉 하늘이 생성과 소멸을
주관하면서 태어나게 하거나 죽게 하는데, 죽이는 일을 관장하는 하늘을 대신
하여 죽인다는 것은 훌륭한 목수를 대신하여 나무를 깎는다고 말할 수 있다.
훌륭한 목수를 대신하여 나무를 깎는 자 중에 자신의 손을 다치지 않는 자가
드물다. 다시 말해서 하늘을 대신하여 사람을 죽이는 자 중에 자신을 크게 다치지
않는 자가 드물 것이다.)

奈:어찌내(나) 懼:두려워할구 司:맡을사 匠:장인장 斲:깎을착 傷:다칠상

문법(文法)적 해석 및 한자 풀이

1) 民不畏死, 奈何以死懼之?:백성들이 죽음을 두려워하지 않으니, 어떻게 죽음으로써 두렵게 하겠는가?
 - 奈(내):어찌, 대처하다, 대응하다/奈何는 '어떻게'로 해석한다.
 - 以: ~로써/수단, 방법을 나타내는 전치사.
 - 懼(구):두려워하다, 두렵다, 걱정하다, 염려하다.

2) 若使民常畏死, 而爲奇者, 吾得執而殺之, 孰敢?:만약 백성들로 하여금 항상 죽음을 두렵게 하면서 기이한 행동을 하는 자를 내가 잡아서 죽일 수 있다면 누가 감히 (기이한 행동을 하겠는가)?
 - 若(약):만약 ~면/가정, 조건, 양보 부사.
 - 使(사): ~로 하여금 ~하게 하다/사동 보조사, 보조사 다음에 시키는 대상이 오고 서술어가 온다.
 - 常(상):항상, 늘, 언제나/부사.
 - 爲:'爲+명사'는 '~하다'로 해석하며, 목적어의 성격에 따라 그 뜻을 적절하게 해석할 수 있다. '爲奇'는 기이한 행동을 하다.
 - 得(득): ~할 수 있다/가능 보조사.
 - 而:만일(약) ~하면/단문을 연결 시키는 가정 접속사.
 - 敢(감):감히, 감히 하다, 감행하다/앞에 나온 것은 생략할 수 있는데, 敢 뒤에 '爲奇'가 생략된 것이라 할 수 있다.

3) 夫代司殺者殺, 是謂代大匠斲:죽이는 일을 맡은 자을 대신하여 죽이는 것은 훌륭한 장인(목수)를 대신하여 〈나무를〉 깎는다고 말한다.
 - 司(사):맡다, 지키다, 벼슬, 벼슬아치/'司殺者'는 죽이는 일을 맡은 자.
 - 斲(착):깎다, 쪼개다, 새기다.

4) 希有不傷其手矣:그 손을 다치지 않는 자가 있는 것이 드물다.

- 希(희):드물다, 드문드문하다/특수형용사로써 술어로 쓰이는
경우에 보어를 취하고 주어처럼 풀이한다.

- 傷(상):다치다, 해치다, 상하다, 불쌍히 여기다.

5) 이 장은 하늘이 생성과 죽음을 관장하며, 위정자가 이를 대신
하여 형벌로써 다스리고자 하면 자신은 크게 다칠 것이다.
그러므로 무위(無爲)로써 나라를 다스려야 함을 역설하고 있다.

하늘을 대신하여 사람을 죽이는 자 중에
자신을 크게 다치지 않는 자가 드물 것이다.

75章

民之饑, 以其上食稅之多, 是以饑.
民之難治, 以其上之有爲, 是以難治.
民之輕死, 以其上求生之厚, 是以輕死.
夫唯無以生爲者, 是賢於貴生.

민지기, 이기상식세지다, 시이기. 민지난치, 이기상지유위, 시이난치.
민지경사, 이기상구생지후, 시이경사. 부유무이생위자, 시현어귀생.

백성들이 굶주리는 것은 그 위에 있는 자들이 세금 중의 많은 것을 받아 먹기 때문이며, 이 때문에 굶주린다.(백성들이 굶주리는 것은 백성들 위에서 다스리는 자들이 거두는 세금이 많기 때문이며, 이로 인해 백성들이 굶주리게 되는 것이다.) 백성들이 다스리기 어려운 것은 그 위에 있는 자들이 함이 있기 때문이며, 이 때문에 다스리기 어렵다.(백성들을 다스리기 어려운 것은 백성들 위에서 다스리는 자들이 인위적으로 다스리려고 하기 때문이며, 이로 인해 백성들을 다스리기 어렵게 되는 것이다.) 백성들이 죽음을 가벼이 여기는 것은 그 위에 있는 자들이 삶의 두터움을(두텁게) 구하기 때문이며, 이 때문에 죽음을 가벼이 여긴다.(백성들이 죽음을 가볍게 여기는 것은 백성들 위에서 다스리는 자들이 백성들의 삶을 후생(厚生), 즉 두텁고 넉넉하게 해야 되는데 그렇지 않고 자신들의 삶만을 두텁고 풍족하기를 구하기 때문에 백성들의 삶은 황폐해지고 사는 그 자체가 고통이며 이로 인해 백성들은 삶을 포기하고 죽음을 가볍게 여기게 된다.) 오직 살려고 함으로써 함(작위함)이 없는 자가 삶을 귀하게 여기는 것보다 현명하다.(이런 까닭으로 오직 살려고 작위하거나 애쓰지 않고 무위(無爲)로써 사는 사람이 삶을 귀하게 여기는 사람보다 더 현명하다.)

饑:주릴기 稅:세금세

문법(文法)적 해석 및 한자 풀이

1) 民之饑, 以其上食稅之多, 是以饑:백성들이 굶주리는 것은 그
   위에 있는 자들이 세금 중의 많은 것을 받아 먹기 때문이며,
   이 때문에 굶주린다.
   - 之: ~가(이), ~은(는)/주격 후치사.
   - 饑(기):굶다, 굶주리다, 흉년이 들다.
   - 以: ~때문(이다)에, ~으로 인해/접속사로써 단문을 연결시켜
     주는 역할을 한다.
   - 其:그(것)들, 자기/3인칭(지시) 대명사.
   - 是以(시이):이 때문에, 이로 인해, 따라서/인과 관계를 나타
     내는 접속사.

2) 民之難治:백성들이 다스리기 어려운 것은,
   - 之: ~가(이), ~은(는)/주격 후치사.
   - 難(난):특수형용사로써 술어로 쓰이는 경우, 보어를 취하고,
     주어처럼 풀이한다.

3) 輕(경):가볍다, 가벼이 여기다, 업신여기다.

4) 夫唯無以生爲者, 是賢於貴生:오직 살려고 함으로써 함(작위
   함)이 없는 자가 삶을 귀하게 여기는 것보다 현명하다.
   - 夫(부):'대저(大抵), 대체로, 무릇'으로 해석하거나, 해석하지
     않아도 된다. 즉 발어사라고 할 수 있다.
   - 唯:오직, 다만, 단지/한정 부사.
   - 無: ~이 없다/존재동사로써 보어를 취한다.
   - 以: ~로써/수단, 방법을 나타내는 전치사.
   - 是: ~이다/연계동사이며, 지시대명사로써 주어인 '이것이'의
     뜻이 아니며, 주어는 문맥상 앞 문장이므로 해석하지 않아도 된다.

- 於: ~보다, ~와(과)/전치사로써, 술어가 '賢'처럼 형용사일 때 비교를 나타낸다.

5) 이 장은 백성들이 굶주리고, 다스리기 어려우며, 죽음을 가볍게 생각하는 것은 모두 위정자의 잘못이며, 위정자는 작위하지 말고 무위(無爲)로써 다스려야 한다는 것을 강조하고 있다.

"
夫唯無以生爲者
是賢於貴生
"

오직 살려고 함으로써 함(작위함)이 없는 자가
삶을 귀하게 여기는 것보다 현명하다.

76章

人之生也柔弱, 其死也堅强.

萬物草木之生也柔脆, 其死也枯槁.

故堅强者死之徒, 柔弱者生之徒. 是以兵强

則不勝, 木强則兵, 强大處下, 柔弱處上.

인지생야유약, 기사야견강. 만물초목지생야유취, 기사야고고. 고견강자사지도,
유약자생지도. 시이병강즉불승, 목강즉병, 강대처하, 유약처상.

사람이 살았을 때는 부드럽고 약하나, 그가 죽었을 때는 굳어
지고 강해진다.(사람은 살아있을 때는 부드럽고 약하지만 그가 죽고 나서는
굳어지고 강해진다.) 만물과 초목이 살았을 때는 부드럽고 연하나,
그것이 죽었을 때는 시들고 마른다.(만물과 초목도 살아있을 때에는
부드럽고 연하지만 그것이 죽으면 시들고 말라서 딱딱해진다.) 그러므로
굳고 강한 것은 죽음의 무리이고, 부드럽고 약한 것은 삶의
무리이다.(그러므로 굳고 강한 것은 죽음의 속성이고, 부드럽고 약한 것은
삶의 속성이다.) 이 때문에 군사가 강하면 이기지 못하고, 나무
가 강하면 꺾어지니, 강하고 큰 것은 아래에 있고, 부드럽고
약한 것은 위에 있는 것이다.(이 때문에 군사가 강하면 병력만을 믿고
교만해져 오히려 지기 쉽고, 나무가 강하면 먼저 베어지거나 큰 바람에 휘지 못
하고 부러지기 쉬우니, 뿌리와 큰 줄기처럼 강하고 큰 것은 아래에 처하고, 약한
줄기와 잎처럼 부드럽고 약한 것은 위에 처하게 되듯이, 부드럽고 약한 것이 강
하고 큰 것보다 위에 있는 것이다.)

柔:부드러울유 堅:굳을견 脆:연할취 枯:시들고 槁:마를고 徒:무리도 處:곳처

문법(文法)적 해석 및 한자 풀이

1) 人之生也柔弱, 其死也堅强:사람이 살았을 때는 부드럽고

약하나, 그가 죽었을 때는 굳어지고 강해진다.

- 之: ~가(이), ~은(는)/주격 후치사.

- 也: ~은(는), ~이(가)/주격 후치사.

- 其:그, 자기/3인칭(지시) 대명사.

- 堅(견):굳다, 굳어지다, 굳세다.

2) 萬物草木之生也柔脆, 其死也枯槁:만물과 초목이 살았을 때는 부드럽고 연하나, 그것이 죽었을 때는 시들고 마른다.

- 脆(취):연하다, 가볍다, 무르다, 부드럽다.

- 枯(고):마르다, 시들다, 쇠하다, 야위다.

- 槁(고):마르다, 여위다, 말라 죽은 나무.

3) 故堅强者死之徒:그러므로 굳고 강한 것은 죽음의 무리이고,

- 者:의존명사(불완전명사) 또는 특수 지시대명사로 '~하는 사람(자), ~하는 것'으로 해석한다.

- 之: ~의/관형격 후치사.

- 徒(도):무리, 동아리, 제자, 문하생, 하인, 일꾼.

4) 木强則兵, 强大處下:나무가 강하면 꺾어지니, 강하고 큰 것은 아래에 있고,

- 則(즉): ~면/가정, 조건의 접속사.

- 兵(병):병사, 군사, 병기, 전쟁, 상하다, 꺾어지다(=折).

- 處(처):곳, 처소, 거주하다, 머무르다, (어떤 위치에)있다.

5) 이 장은 굳고 강한 것은 죽음의 속성이고 아래에 처하게 되며, 부드럽고 약한 것은 삶의 속성이고 위에 처하게 되므로 부드럽고 약한 것이 도(道)의 특성임을 언급하고 있다.

77章

天之道, 其猶張弓與! 高者抑之, 下者擧之.
有餘者損之, 不足者補之. 天之道,
損有餘而補不足, 人之道則不然,
損不足以奉有餘. 孰能有餘以奉天下?
唯有道者. 是以聖人爲而不恃,
功成而不處, 其不欲見賢.

천지도, 기유장궁여! 고자억지, 하자거지. 유여자손지, 부족자보지.
천지도, 손유여이보부족, 인지도즉불연, 손부족이봉유여. 숙능유여이봉천하?
유유도자. 시이성인위이불시, 공성이불처, 기불욕현현.

하늘의 도는 아마도 활시위를 당기는 것과 같구나! 높은 것은
누르고, 낮은 것은 들어 일으킨다. 남음이 있는 것은 덜어주고,
부족한 것은 보태준다.(하늘의 도는 아마도 활을 당기는 것과 같은 것이다!
활을 당기면 높은 데는 낮아지고 낮은 데는 높아지듯이, 높은 것은 누르고, 낮은
것은 들어 올린다. 남아도는 것은 덜어주고, 부족한 것은 보태어 준다.) 하늘
의 도는 남음이 있는 것을 덜어서 부족한 것을 보태지만 사람
의 도는 그렇지 않아, 부족한 것을 덜어서 남음이 있는 것에
(사람에게) 바친다.(하늘의 도는 남아도는 것을 덜어서 부족한 것을 보태어
주지만 사람의 도는 그렇지 않으니, 부족하고 모자라는 것을 덜어서 남음이 있는
사람에게 바친다.) 누가 남음이 있는 것으로써 천하를 받들 수
있는가? 오직 도가 있는 사람일 것이다.(누가 남아도는 것으로 천하
를 받들 수 있는가? 오직 도가 있는 사람만이 그렇게 할 수 있을 것이다.) 이
때문에 성인은 행하고도 자부(자랑)하지 않고, 공이 이루어
져도 머무르지 않으며, 그는 현명함을 드러내려고 하지 않는
다.(이 때문에 성인은 행하고도 자랑하지 않고, 공을 이루고도 거기에 머무르지

<u>않으며, 자신의 현명함을 드러내거나 보이고 싶어하지 않는다.)</u>

張:베풀장 抑:누를억 損:덜손 補:도울보 奉:받을봉 恃:믿을시

문법(文法)적 해석 및 한자 풀이

1) 天之道, 其猶張弓與!:하늘의 도는 아마도 활시위를 당기는
   것과 같구나!
   - 其:거의, 아마도/정도와 추측을 나타내는 부사.
   - 猶(유): ~와 같다, ~듯 하다/비교 형용사.
   - 張(장):베풀다, 세게 하다, 넓히다, 크게 하다/張弓(장궁)은
     시위를 걸어 놓은 활로 '활시위를 당기는 것'이라 할 수 있다.
   - 與(여):일반적으로 추측을 나타내는 부사 '其'와 같이 쓰여
     추측과 감탄의 어기를 나타내는 종결사이다.

2) 高者抑之, 下者擧之. 有餘者損之, 不足者補之:높은 것은 누르고,
   낮은 것은 들어 일으킨다. 남음이 있는 것은 덜어주고, 부족한
   것은 보태준다.
   - 抑(억):누르다, 억누르다, 굽히다, 숙이다.
   - 擧(거):들다, 일으키다, 추천하다, 들추어내다.
   - 損(손):덜다, 줄이다, 줄다, 감소하다, 낮추다.
   - 補(보):돕다, 보태다, 채우다.

3) 人之道則不然, 損不足以奉有餘:사람의 도는 그렇지 않아,
   부족한 것을 덜어서 남음이 있는 것에(사람에게) 바친다.
   - 則: ~은, ~가/주어 다음에 위치할 경우에 이처럼 해석한다.
   - 然:그러한(하다), 그처럼, 그렇게/상황이나 성질, 상태 등을
     대신 나타낸다/대명사.
   - 以(이): ~하면서(하므로)/접속사로 而(그래서)와 유사하며,
     해석하지 않아도 된다.

4) 孰能有餘以奉天下?:누가 남음이 있는 것으로써 천하를
   받들 수 있는가?
  - 孰(숙):누가/의문대명사.
  - 能: ~할 수 있다/가능 보조사.
  - 以: ~로써/수단, 방법을 나타내는 전치사.
  - 奉(봉):받들다, 바치다, 섬기다, 힘쓰다.
5) 是以聖人爲而不恃:이 때문에 성인은 행하고도 자부(자랑)하
   지 않고,
  - 是以(시이):이 때문에, 이로 인해, 따라서/인과 관계를 나타
   내는 접속사.
  - 恃(시):믿다, 의지하다, 자부하다, 가지다, 소지하다.
6) 功成而不處, 其不欲見賢:공이 이루어져도 머무르지 않으며,
   그는 현명함을 드러내려고 하지 않는다.
  - 處(처):곳, 처소, 거주하다, 머무르다, (어떤 위치에)있다.
  - 其:그, 자기/3인칭(지시) 대명사.
  - 欲: ~하고자(~려고) 하다/원망(願望) 보조사.
  - 見(현):뵙다, 나타나다, 드러나다, 소개하다, 만나다.
7) 이 장은 하늘의 도(道)는 사람의 도(道)와 다르게 남아도는
   것을 덜어서 부족한 것을 보태어 주며, 이렇게 할 수 있는
   사람은 오직 성인일 것이라 한다.

78章

天下莫柔弱於水, 而攻堅強者, 莫之能勝,
以其無以易之. 弱之勝強, 柔之勝剛,
天下莫不知, 莫能行. 是以聖人云,
受國之垢, 是謂社稷主, 受國不祥,
是謂天下王. 正言若反.

천하막유약어수, 이공견강자, 막지능승, 이기무이역지. 약지승강, 유지승강, 천하막부지,
막능행. 시이성인운, 수국지구, 시위사직주, 수국불상, 시위천하왕. 정언약반.

천하에 물보다 부드럽고 약한 것이 없으나, 굳고 강한 것을
공격하는 데는 그것(물)을 이길 수 있는 것이 없으니, 아마도
그것(물)을 바꿀(대신할) 수 없기 때문이다. 약한 것이 강한
것을 이기고, 부드러운 것이 굳센 것을 이기는데, 천하가
알지 못하는 것이 없지만, 실행하지도 않는다.(천하에서 물보다 부
드럽고 약한 것은 없지만, 굳세고 강한 것을 공격하는 데에는 물보다 나은 것이
없으니, 아마도 물을 대신할 수 없기 때문이다. 약한 것이 강한 것을 이기고, 부드
러운 것이 굳센 것을 이긴다는 것을 천하 사람들이 모르지 않지만 행하지 않는다.)
이 때문에 성인은 말하길, 나라의 때(허물)를 받아들이는
이는 사직의 주인이라고 이르며, 나라의 상서롭지 못한 것을
받아들이는 이는 천하의 왕이라고 이른다. 〈道에 맞는〉 바른
말은 〈세속적인 이치와〉 반대인 듯하다.(이 때문에 성인은 말하길
나라의 허물과 치욕을 받아들여 참을 수 있는 사람이라면 사직의 주인이라고
하고, 나라의 상서롭지 못한 것을 받아들여 인내할 수 있는 사람이라면 천하의
왕이라고 한다. 도(道)에 맞는 올바른 말은 상식적이고 세속적인 이치와 반대인
것처럼 보인다.)

柔:부드러울유 垢:때구 社:토지신사 稷:피직 祥:상서상

문법(文法)적 해석 및 한자 풀이

1) 天下莫柔弱於水:천하에 물보다 부드럽고 약한 것이 없으나,

 - 莫: ~한 사람이 없다, ~한 것(곳)이 없다/대명사로써 사람이나 사물을 가르킨다.

 - 柔(유):부드럽다, 순하다, 연약하다, 무르다.

 - 於: ~보다, ~와(과)/전치사로써, 술어가 '柔弱'처럼 형용사일 때 비교를 나타낸다.

2) 莫之能勝, 以其無以易之:그것(물)을 이길 수 있는 것이 없으니, 아마도 그것(물)을 바꿀(대신할) 수 없기 때문이다.

 - 之:부정문에서 인칭 대명사 또는 대명사가 목적어일 때 앞으로 도치될 수 있으며, '能勝之'가 도치된 것이라 할 수 있다.

 - 能: ~할 수 있다/가능 보조사.

 - 以: ~때문(이다)에, ~으로 인해/접속사로써 단문을 연결시켜 주는 역할을 한다.

 - 其:아마도/추측을 나타내는 부사.

 - 無以(무이): ~할 수 없다, ~하지 않다/'無'는 ~없다(않다)로 해석하고, '以'는 '~하다'의 의미이다.

 - 易(역):바꾸다, 고치다, 교환하다, 바뀌다.

3) 天下莫不知, 莫能行:천하가 알지 못하는 것이 없지만, 실행하지도 않는다.

 - 莫不~: ~하지 않는(못하는) 것이 없다/이중 부정.

 - 莫(막): ~않다(없다)/부정을 나타내는 부정 보조사.

4) 受國之垢, 是謂社稷主, 受國不祥, 是謂天下王:나라의 때(허물)를 받아들이는 이는 사직의 주인이라고 이르며, 나라의 상서롭지 못한 것을 받아들이는 이는 천하의 왕이라고 이른다.

 - 垢(구):때, 티끌, 수치, 부끄러움, 때묻다, 더럽다.

- 稷(직):피, 기장, 곡신.
- 祥(상):상서, 조짐, 재앙, 상서롭다.
5) 正言若反:〈道에 맞는〉 바른 말은 〈세속적인 이치와〉 반대인 듯하다.
- 若(약): ~와 같다, ~듯하다/비교 형용사.
6) 이 장은 물은 부드럽고 약하지만 굳고 강한 것을 이기며, 올바른 말은 세속적인 이치와 반대인 것처럼 보여 사람들은 실천하지 않는다고 한다.

弱之勝强, 柔之勝剛
正言若反
〈道에 맞는〉 바른 말은 〈세속적인 이치와〉 반대인 듯하다.

79章

和大怨, 必有餘怨, 安可以爲善?
是以聖人執左契, 而不責於人. 有德司契,
無德司徹. 天道無親, 常與善人.

화대원, 필유여원, 안가이위선? 시이성인집좌계, 이불책어인. 유덕사계, 무덕사철.
천도무친, 상여선인.

큰 원한을 화해해도 반드시 원한이 남는 것이 있으니, 어찌
좋다고 할 수 있겠는가?(큰 원한은 화해해서 풀어져도 반드시 남는 원한
이 있으니, 어찌 잘 했다고 할 수 있겠는가?)   이 때문에 성인이 왼쪽 계
(계약서)을 잡고, 남에게 〈책무를〉 재촉하지 않는다.(이 때문에
성인은 돈을 빌려 준 계약서는 가지고 있어도 사람들에게 달라고 하지 않는다.)
덕이 있는 사람은 계(계약서)를 맡고, 덕이 없는 사람은 철(거
두어 들이는 것)을 맡는다.(덕이 있는 사람은 돈을 빌려 준 계약서를 맡고
있는 사람처럼 주는 일을 하고, 덕이 없는 사람은 세금을 거두는 사람처럼 받는
일을 한다.)   하늘의 도는 〈사사로운〉 친함이 없고, 항상 선한
사람과 함께 한다.(하늘의 도는 사사로이 친하거나 편애하지 않지만 항상
선한 사람과 함께 한다.)

契:맺을계 責:꾸짖을책 司:맡을사 徹:통할철

문법(文法)적 해석 및 한자 풀이

1) 和大怨, 必有餘怨, 安可以爲善?:큰 원한을 화해해도 반드시
   원한이 남는 것이 있으니, 어찌 좋다고 할 수 있겠는가?
   - 和(화):화하다(서로 뜻이 맞아 사이 좋은 상태가 되다),
     화목하다, 온화하다, 조화롭다, 화해하다.
   - 安(안):어찌, 어떻게/의문 부사.
   - 可以: ~할 수 있다/가능 보조사.

- 爲: ~이(하)다/연계동사로써, 爲善는 '좋다, 훌륭하다'라고
  해석할 수 있다.
- 善(선):선, 훌륭하다, 착하다, 선하다, 좋다, 잘(부사).
2) 是以聖人執左契, 而不責於人:이 때문에 성인이 왼쪽 계(계약서)
   을 잡고, 남에게 〈책무를〉 재촉하지 않는다.
- 執(집):가지다, 잡다, 지니다.
- 契(계):맺다, 언약하다, 계약, 계약서, 약속, 언약/물건을 빌려줄
  때 계부(契符)를 만들고 두 쪽으로 나누어, 좌계(左契)는 빌려
  주는 사람이 보관하고, 우계(右契)는 빌리는 사람이 보관하였다.
- 責(책):꾸짖다, 나무라다, 책망하다, 재촉하다, 요구하다.
3) 無德司徹:덕이 없는 사람은 철(거두어 들이는 것)을 맡는다.
- 司(사):맡다, 지키다, 벼슬, 벼슬아치, 관리.
- 徹(철):통하다, 꿰뚫다, 거두다/중국 주(周)나라 부세 방법의
  일종이며, 세금을 거두어 들이는 것이다.
4) 天道無親, 常與善人:하늘의 도는 〈사사로운〉 친함이 없고,
   항상 선한 사람과 함께 한다.
- 親(친):친하다, 가깝다, 사이 좋다, 어버이, 친척, 친히.
- 與(여):같이하다, 함께하다, 참여(參與)하다/동사.
5) 이 장은 큰 원한은 화해해도 원망이 남으며, 성인과 덕이 있는
   사람은 남에게 주는 일을 하고, 하늘 또한 사사로이 친애하지
   않지만 항상 선한 사람과 함께 한다고 한다.

80章

小國寡民, 使有什佰之器而不用.
使民重死而不遠徙. 雖有舟輿, 無所乘之,
雖有甲兵, 無所陳之. 使人復結繩而用之.
甘其食, 美其服, 安其居, 樂其俗.
隣國相望, 鷄犬之聲相聞, 民至老死不相往來.

소국과민, 사유십백지기이불용. 사민중사이불원사. 수유주여, 무소승지,
수유갑병, 무소진지. 사인부결승이용지. 감기식, 미기복, 안기거, 락기속.
린국상망, 계견지성상문, 민지로사불상왕래.

나라가 작고 백성이 적어, 가령 열 명이나 백 명의 그릇(도구)
이 있다고 할지라도 사용하지 않고(사용할 필요가 없고), 백성
들로 하여금 죽음을 소중하게 하고, 멀리 옮겨 다니지 않게
한다.(나라가 작고 백성이 적으면 교화시키기 쉽고, 백성이 교화되어 순박하고
검소해지면 비록 열 명이나 백 명이 사용해도 되는 많고 좋은 도구가 있다고 할
지라도 사용할 필요가 없으며, 백성들로 하여금 삶을 즐겁게 하여 자신들의 생명
을 소중하게 여기게 하고, 자신들이 거주하는 곳을 좋아하도록 하여 멀리 옮겨
다니지 않게 한다.) 비록 배와 수레가 있어도 탈 일이 없고, 비록
갑옷과 병기가 있지만 진을 칠 일이 없다. 사람들로 하여금
다시 노끈으로 매듭을 지어서(結繩文字) 사용하게 한다.(이렇게
하면 비록 배와 수레가 있어도 옮겨 다니지 않으므로 탈 일이 없고, 비록 갑옷과
병기로 무장한 군대가 있을지라도 사용할 필요가 없으므로 진을 치고 싸울 일이
없다. 또한 사람들로 하여금 다시 노끈으로 매듭을 지어서 글자 대신 사용하던
상태로 되돌아가게 한다.) 그 음식을 달게 여기고, 그 옷을 아름답
게 여기고, 그 거처하는 곳을 편안히 여기고, 그 풍속을 즐거워
한다.(이리하여 백성들은 자신들의 거친 음식을 달게 먹고, 누추한 옷을 아름
답게 여기며, 자신들이 거처하는 곳이 초라할지라도 편안히 여기고, 풍속이 순박

<u>할지라도 즐거워할 것이다.)</u> 이웃나라가 서로 바라보이고, 닭과 개의 소리가 서로 들리지만 백성들은 늙어서 죽음에 이르러도 서로 가고 오지 않는다.(또한 이웃 나라가 가까워서 서로 바라보이고, 닭과 개 짓는 소리도 들리지만 백성들은 자신들이 거처하는 곳을 편안하고 즐겁게 여기므로 늙어 죽을 때까지 서로 오고 가지 않는다.)

寡:적을과 **使**:가령사 **徙**:옮길사 **輿**:수레여 **陳**:진칠진 **繩**:노끈승 **俗**:풍속속 **隣**:이웃린(인)

문법(文法)적 해석 및 한자 풀이

1) 小國寡民:나라가 작고 백성이 적어,
  - 小:작다, 적다, 좁다/특수형용사로써 술어로 쓰이는 경우에 보어를 취하며 주어처럼 풀이한다.
  - 寡(과):적다, 작다, 드물다, 홀아비, 과부/특수형용사.

2) 使有什佰之器而不用:가령 열 명이나 백 명의 그릇(도구)이 있다고 할지라도 사용하지 않고(사용할 필요가 없고),
  - 使(사):가령(假令), 만일(萬一), 설사(設使) ~ 면/가정 부사.
  - 器(기):그릇, 도구, 만물, 도량, 재주.

3) 使民重死而不遠徙:백성들로 하여금 죽음을 소중하게 하고, 멀리 옮겨 다니지 않게 한다.
  - 使(사): ~로 하여금 ~하게 하다/사동 보조사, 보조사 다음에 시키는 대상이 오고 서술어가 온다.
  - 重(중):무겁다, 소중하다, 소중히 하다, 삼가다, 조심하다.
  - 遠(원):멀리/遠처럼 방향, 위치를 나타낼 경우, 동사 앞에 와서 부사로 쓰인다. 東, 西, 南, 北, 上, 下, 左, 右, 前(先), 後, 內, 外, 遠, 近 등이 있다.
  - 徙(사):옮기다, 이사하다, 거닐다, 배회하다.

4) 雖有甲兵, 無所陳之:비록 갑옷과 병기가 있지만 진을 칠 일이 없다.

- 雖(수):비록 ~ 할지라도/조건, 양보의 부사이며,
  주어는 雖 앞에 쓰는 것이 일반적이다.
- 所: ~바(것)/所+술어가 오며, 불완전명사(의존명사) 또는
  특수 지시대명사로, 주어는 대체로 所앞에 온다.
- 兵(병):병사, 군사, 병기, 전쟁, 상하다, 꺾어지다(=折).
- 陳(진):진을 치다, 진, 대열, 싸움, 전투.
5) 使人復結繩而用之:사람들로 하여금 다시 노끈으로 매듭을
   지어서(結繩文字) 사용하게 한다.
- 復(부):다시, 거듭/부사.
- 繩(승):노끈, 줄, 먹줄, 법, 바로잡다/結繩(결승)이란 옛날,
  글자가 없었던 시대에 노끈으로 매듭을 지어서 기억의 편리를
  꾀하고, 의사 소통의 표시로 삼았다.
6) 甘(감):달다, 달게 여기다, 만족하다.
7) 이 장은 작은 나라와 백성을 무위자연으로 다스리면 교화하기
   쉽고, 군대가 있을지라도 싸우지 않으며, 노끈으로 매듭을 지
   어서 사용하던 순박한 상태로 되돌아가고, 자신들의 생명을
   소중히 여겨 멀리 옮겨다니지 않을 뿐만 아니라 이웃 나라도
   죽을 때까지 서로 오가지 않는다고 한다. 즉 노자가 바라는
   이상적인 사회를 언급하고 있다.

81章

信言不美, 美言不信. 善者不辯, 辯者不善.
知者不博, 博者不知. 聖人不積, 旣以爲人,
己愈有, 旣以與人, 己愈多.
天之道, 利而不害, 聖人之道, 爲而不爭.

신언불미, 미언불신. 선자불변, 변자불선. 지자불박, 박자부지. 성인부적, 기이위인,
기유유, 기이여인, 기유다. 천지도, 리이불해, 성인지도, 위이부쟁.

믿음직한 말은 아름답지 않고, 아름다운 말은 믿음직하지
않다.(믿음직하고 진실한 말은 아름답지 않고, 아름다운 말은 믿음직하고 진실
하지 않다.) 선한(훌륭한) 사람은 말이 많지 않고, 말이 많은
사람은 선하지(훌륭하지) 않다.(선하고 훌륭한 사람은 말이 많지 않고
달변도 아니며, 말이 많고 달변인 사람은 선하거나 훌륭하지 않다.) 아는 사람
은 넓지(박식하지) 않고, 넓은(박식한) 사람은 알지 못한다.
(참으로 아는 사람은 넓게 알거나 박식하지 않고 깊게 통달한 사람이고, 넓게 알
거나 박식한 사람은 하나라도 제대로 알지 못한다.) 성인은 쌓아 두지 않
고, 이미 그것으로써 남을 위하지만 자기는 더욱 있게 되고,
이미 그것으로써 남에게 주었지만 자기는 더욱 많아진다.(성인
은 자기에게 쌓아두지 않고, 이미 남을 위해 다 쓰지만 쓰면 쓸수록 자기는 더욱
있게 되고, 이미 남에게 다 주었지만 주면 줄수록 자기는 더욱 많이 얻게 된다.)
하늘의 도는 이로우면서도 해하지 않고, 성인의 도는 하면서
도 다투지 않는다.(모든 일은 이로우면 반드시 해로움이 있게 마련인데 하늘
의 도는 이롭게 하면서 해를 끼치지 않고, 성인의 도는 무위(無爲)로써 하기 때문에
남과 다투지 않는다.)

辯:말씀변 博:넓을박 積:쌓을적 愈:나을유

문법(文法)적 해석 및 한자 풀이

1) 善者不辯:선한(훌륭한) 사람은 말이 많지 않고,

 - 善(선):선, 훌륭하다, 착하다, 선하다, 좋다, 잘(부사).

 - 辯(변):말씀, 말하다, 변론하다, 말을 잘하다.

2) 知者不博:아는 사람은 넓지(박식하지) 않고,

 - 博(박):넓다, 깊다, 넓히다, 넓게 하다.

3) 聖人不積, 旣以爲人, 己愈有, 旣以與人, 己愈多:성인은 쌓아
   두지 않고, 이미 그것으로써 남을 위하지만 자기는 더욱 있게
   되고, 이미 그것으로써 남에게 주었지만 자기는 더욱 많아진다.

 - 積(적):쌓다, 많다, 더미.

 - 旣(기):이미, 벌써, 다하다, 끝나(내)다.

 - 以:앞 문장을 가리키는 대명사 '之'가 생략되었으며,
   以다음에 之등의 대명사가 오는 경우는 생략할 수 있다.

 - 爲(위):하다, 위하다, 되다, 말하다.

 - 己:자기, 자기 자신/1인칭 대명사. 주어로 쓰일 경우에는
   주로 인칭 대명사로 쓰인다.

 - 愈(유):낫다, 뛰어나다, (병이) 낫다, 더욱, 점점 더/부사.

 - 與(여):주다, 베풀어주다, 허락하다, 더불다, 같이하다.

4) 害(해):해하다, 거리끼다, 해롭다, 방해하다.

5) 이 장은 도덕경의 마지막 장으로써 말이란 진실되면서 많이
   하지 않아야 하고, 깊게 알고 통달해야 하며, 하늘의 도(道)는
   이로우면서 해롭지 않고, 성인의 도(道)는 남과 다투지 않으
   면서 남을 위한다고 한다.

人法地
地法天
*道 天法道,
道法自然

사람은 땅을 본받고, 땅은 하늘을 본받고,
하늘은 도(道)를 본받고, 도(道)는 자연을 본받는다.

附綠

부록

漢文 文法

上善若水.
水善利萬物而不爭,
處衆人之所惡.

한문 문법(漢文 文法)

본 문법은 한문을 처음 접하는 사람도 한문 문법에 따라서 쉽게 이해할 수 있도록 **'논어상장 하권 부록'**에 있는 **'한문 문법'**을 참고하여 문법文法과 문형文形에 대해 간략하게 설명하였다. 우리 선조들은 한문을 생활화하였으므로 한문 문법을 모르더라도 읽고 해석하는데 큰 문제가 없었지만 지금은 한자를 다 알더라도 문법을 모르고는 정확하게 해석을 한다는 것은 거의 불가능하다. 그래서 노자를 접하면서 동시에 한문 문법을 함께 공부한다면 노자를 좀 더 쉽게 이해할 수 있을 것이다. 이 한문 문법을 부록에 둔 것은 노자 본 문장들과 함께 공부했으면 하는 바램이다.

제 1 장 품사品詞

한문의 품사는 한자가 문장 속에서 어느 위치에 놓이느냐, 어떤 역할을 하느냐에 따라서 품사가 달라진다. 품사가 무엇인지를 아는 것보다 문장에서 어떤 역할을 하는지 파악하는 것이 중요하다.

품사는 크게 두 종류로 나눌 수 있는데, 실제의 뜻을 가진 한자인 실사實詞와 문법적 기능을 하는 한자인 허사虛詞이다. 실사는 명사, 名詞, 대명사代名詞, 수사數詞, 동사動詞, 형용사形容詞, 부사副詞 등이 있고, 허사는 보조사補助詞, 접속사接續詞, 전치사前置詞, 후치사後置詞, 감탄사感歎詞, 종결사終結詞 등이 있다.

1. 명사名詞

사물의 이름을 지칭한 품사를 명사名詞라 한다. 고유명사固有名詞와 보통명사普通名詞로 크게 나눌 수 있고 이들을 완전명사完全名詞라고 한다. 반드시 수식하는 말이 앞이나 뒤에 있어야 하는 명사를 의존명사依存名詞, 불완전명사不完全名詞 또는 특수 지시대명사特殊 指示代名詞라고도 한다. 명사는 문장 내에서 주어, 서술어, 목적어, 보어, 관형어, 독립어 등의 역할을 한다.

(1) 완전명사完全名詞

고유명사固有名詞와 보통명사普通名詞처럼 일반적인 명사를 완전명사完全名詞라고 한다.

- **道**可道非常**道**:도(道)가 말할 수 있으면 영원한 도(道)가 아니다.
- **名**可名非常**名**:이름이 지어질(붙쳐질) 수 있으면 영원한 이름이 아니다.

(2) 의존명사依存名詞(불완전명사不完全名詞 또는 특수 지시대명사 特殊 指示代名詞)

반드시 수식어가 필요한 명사로, 수식어가 앞에 오는 者는 '~라는 사람, ~라는 것'으로 해석하며, 수식어가 뒤에 오는 所는 '~라는 바, ~라는 것(사람)'으로 해석한다. 그 외 攸(유), 所以도 의존명사라 할 수 있다.

1) 者
- 古之善爲士**者**, 微妙玄通:옛날의 훌륭한 선비가 된 사람은 미묘하고 심오하게 통달하였다.
의존명사로써, 수사와 함께 명사구를 이루어 언급한 것을 합산 하여 '~가지, ~것, ~사람'으로 해석하거나, 시간을 나타내는 말 뒤에 쓰여 '~(때)에' 라는 뜻을 나타낸다.
- 此三**者**, 不可致詰:이 세 가지는 따져서 이를 수(밝힐 수) 없다.
- 昔**者**吾友:옛날에 나의 친구.
'~者, 鮮矣'는 자주 쓰이는 구문으로, '~하는 것이 드물다. ~하는 사람이 드물다'이다.
- 知德**者**, 鮮矣:덕을 아는 사람이 드물구나.
주격 후치사(어기사)로써 주어 뒤에 쓰여 '~은(는)'으로 해석하며, 경우에 따라서 해석하지 않는다. 문장의 중간이나 끝에 쓰여 어기 를 부드럽게 하며, 해석하지 않는다. 또 가설을 나타내는 복문의 앞, 단문의 끝에 쓰여 해석하지 않지만, 간혹 '~한다면'으로 해석 하기도 한다.
- 政**者**正也:정치는 바로 잡는 것이다.
- 不有博奕**者**乎?:장기와 바둑이 있지 않는가?
- 魯無君子**者**, 斯焉取斯:노나라에 군자가 없었다면, 이 사람이 어디에서 이것을 취했겠는가?

2) 所
- 人之**所**惡:사람들이 싫어하는 것이다.

所는 뒤에서 술어의 수식을 받고, 所以+술어는 所以를 한 단어로 보아 방법 또는 이유로 해석한다. 所願(소원:원하는 것), 所望(소망:바라는 것), 所謂(소위:이른바).

명사로써 자리, 지역, 위치, 처소 등으로 해석한다.
 - 譬如北辰居其所:비유하면 북극성은 그 자리에 있다.

접속사로써 단문을 연결하며 가설을 나타낸다. 대부분 맹세하는 말 중에 쓰이며, '만약'으로 해석한다.
 - 予所否者:내가 만약 나쁘다면(잘못된 것이 있다면)

所 ~ 者:~라는 바의 것, ~라는 것(사람)/所+수식어가 者를 수식하는 형태로 '所'는 해석하지 않아도 괜찮다.
 - 何哉, 爾所謂達者?:무엇이냐? 네가 통달이라고 말하는 것은?
 - 君子所貴乎道者三:군자가 도에 귀하게 여기는 것이 세 가지가 있으니,
 - 如有所譽者, 其有所試矣:만약 칭찬한 사람이 있다면 아마도 시험한 바가 있을 것이다.

所+동사+之+명사에서 '所+동사+之'가 형용사 역할을 한다.
 - 所學之人:공부하는 사람.

주어는 대체로 '所'앞에 온다.
 - 己所不欲, 勿施於人:자신이 하고자 하지 않는 것을, 남에게 베풀지 말아라.

3) 그 외

명사를 반복해서 쓰면 '모든, 마다'의 뜻으로 해석한다.
 - 朝朝:아침마다, 日日:날마다, 人人:사람마다, 念念:모든 생각에, 생각마다.

단수/복수:한 글자 자체가 단수도 되고 복수도 될 수 있다. 필요할 경우에 수량사를 붙인다.
 - 書:책, 群書:많은 책, 百卷書:백 권의 책.

복수형 접미사로는 等, 輩, 曹...등이 있다. 하지만 일반적으로 접미사를 잘 사용하지 않고 문장 중에서 복수를 나타내는 대명사 혹은 부사 皆, 擧, 相...등의 자를 써서 복수임을 나타낸다.

명사가 문장 내에서 전성되어 동사, 부사, 형용사 역할도 할 수 있다.
 - 人不知而不慍, 不亦君子乎?:남이 알아주지 않더라도 성내지 아니하면 또한 군자답지 아니한가?

2. 대명사代名詞

대명사는 명사를 대신하는 품사로 인칭人稱대명사, 지시指示대명사 의문疑問대명사로 나눌 수 있다. 우리 나라에서 대명사代名詞를 중국 에서는 대사代詞라고 한다.

(1) 인칭대명사人稱代名詞

사람을 가리키는 대명사이며 자신을 지칭하는 1인칭, 상대방을 지칭하는 2인칭, 자신과 상대방 외의 사람을 지칭하는 3인칭, 불특정 사람을 지칭하는 부정칭으로 구분한다.

1) 1인칭 대명사

＃我, 吾, 余(여), 予, 朕(짐), 僕(복), 自, 己, 身, 躬(궁), 小人, 寡人 (과인), 不肖(불초), 小生, 小子, 孤(고) 등.

＃自, 己, 身가 주어로 쓰이면 1인칭 대명사가 된다.

- 己所不欲:내가 원하지 않는 것.

＃自:자기 또는 자신으로 해석하며, 의미상 목적어일지라도 동사 앞에 위치한다. 동사가 자동사면 '스스로', 저절로, 타동사면 '스스로를, 자기를, 자신을'으로 해석한다.

- 自責(자책)/자신을 꾸짖다, 自尊(자존)/자신을 높이다, 自省(자성)/자기를 반성하다.

2) 2인칭 대명사

＃汝, 女, 爾, 子, 若, 而, 乃, 君(그대, 당신), 公(당신), 先生(선생), 二三子(너희들/복수), 吾子(그대), 足下(그대, 당신), 卿 등.

3) 3인칭 대명사

＃其(그), 彼(저), 他(그), 或(어떤사람), 伊(저), 厥(그), 之, 夫 등.

4) 부정칭否定稱 인칭대명사

＃某(아무개), 皆(모두, 다), 或(어떤 사람), 人(남), 誰, 孰 등.

5) 인칭대명사의 복수複數

＃인칭대명사 뒤에 等, 輩, 曹 등을 붙여 복수로 표현하다.

- 我等(우리들), 爾等(너희들), 我輩(우리들), 爾輩(너희들), 汝曹(너희들), 爾曹(너희들)

6) 그 외

莫:~한 사람이 없다, ~한 것(곳)이 없다/주어로 쓰이며, 대명사로
써 사람이나 사물을 가르킨다.

- 不患莫己知:자기를 알아주는 사람이 없는 것을 근심하지 말라.

(2) 지시대명사指示代名詞

사물이나 장소, 방향 등을 나타내는 대명사이다.

1) 근칭近稱 지시대명사:이, 이것

此(차), 是, 斯(사), 玆(자), 寔(식), 夫(부) 등.

- 夫子至於是邦也:선생님(공자)께서는 이(한) 나라에 이르면,

  cf. 是: ~이다/주어와 보어를 연결하며 반드시 보어를 취하는
     연계동사이다.

   - 是謂天地根:(이를 일러) 하늘과 땅의 근본이라 일컫는다.

  cf. 是:어떤, 모든, 무릇/총괄적이고 불특정한 것을 나타낸다.

   - 居是邦也:어띤 나라에 살다.

  cf. 是:이렇게, 이리도/상황을 나타내는 부사어이다.

   - 丘何爲是栖栖者與?:구는 어찌하여 이렇게 바빠해하는 것이오?

  cf. 是:문장의 중간에 쓰여 해석하지 않으며, 즉 주격 후치사이다.

   - 豈不爾思? 室是遠而!:어찌 너를 생각하지 않았겠는가마는
     집이 멀구나!

   - 求! 無乃爾是過與?:구야! 네가 잘못한 것이 아닌가?

2) 원칭遠稱 지시대명사:저, 저것, 그, 그것

彼(피), 其, 之, 他(타), 厥(궐), 夫(부) 등...

3) 부정칭否定稱 지시대명사:각각, 모두, 다

某(아무개), 皆(모두), 或(어떤), 各(각각) 등...

4) 그 외

之가 문장끝이나 문장 중에 술어+之로 쓰일 경우, 목적어·대명사
라기보다는 문장의 어감(語感)이나, 어기(語氣), 어세(語勢) 등을
위해서 더 많이 쓰이며, 해석하지 않아도 된다.

- 持而盈之, 不如其已:〈이미〉 가지고 있으면서 〈더〉 채우는 것은
  그것을 그만두는 것만 못하다.

\# 云爾:~이(그)러하다, 등등의 말, 그러할(이와 같을) 뿐이다/대명사
로써 생략한 말을 대신 가리킨다. 대개 대화나 인용문에서 쓰인다.

- 不知老之將至云爾:늙음이 장차 이르는 줄도 모르는, 이러하다(고).

\# 若(약)은 이런, 이러한, 이와 같은/대명사로써 가까이 있는 사물
이나 상황 등을 나타낸다.

- 君子哉, 若人!:군자구나, 이와 같은 사람은!

\# 子는 성 아래에 붙여 남자에 대한 존칭, 즉 '선생(님)'이라고 해석
하며, 공자(孔子)는 공선생님이라 해석하지만, 논어는 공자의 제자
들이 기록한 책이므로 그냥 '子'로 기록하여 '선생님'이라 하였다.

\# 其+명사는 그의(관형어), 其+동사는 '그가, 그것이(주어)'의 뜻
으로 쓰인다.

- 隨之不見其後:따라가(려 하)나 그 뒤를 보이지 않는다.

\# 每는 대명사로써 사람이나 사물을 총괄하여 가리키며, 매, 모든
등으로 해석한다.

- 子入大廟, 每事問:공자께서 태묘에 들어가서 매사를 물으셨다.

\# 然은 상황이나 성질, 상태 등을 대신 나타내는 대명사로써 '그러한,
그러하다'로 해석하고, 또 대답하는 말을 나타내는 대명사로써
'옳다, 그러하다, 그렇다'로 해석한다.

- 吾何以知天下然哉?:나는 무엇으로써 천하가 그러한지 아는가?

- 雍之言然:옹의 말이 옳다.

\# 諸는 之와 전치사 於, 之와 의문 종결사 乎의 합음으로써 두 가지
역할을 한다.

- 君子求諸己:군자는 자기에게서 〈잘못이나 일의 원인을〉 구한다.

- 山川其舍諸?:산천이 〈의 신이〉 어찌 그것을 내버려두겠는가?

(3) 의문대명사疑問代名詞

의문의 뜻을 나타내며, 목적어나 보어로 쓰일 때는 도치된다.
誰(수), 孰(숙), 何(하), 安(안), 焉(언), 疇(주), 奚(해), 曷(갈), 幾(기)
등이 있으며 '누구, 무엇, 어디'로 해석한다.

- 弟子孰爲好學?:제자 중에 누가 배우기를 좋아합니까?

- 師與商也, 孰賢?:사(자장)와 상(자하)은 누가 〈더〉 현명합니까?

- **誰**能出不由**戶**?:누가 문을 경유하지 않고 〈밖을〉 나갈 수 있는가?
- 於予與**何**誅?:〈내가〉 재여에 대해 무엇을 꾸짖겠는가?
- 魯無君子者, 斯**焉**取斯:노나라에 군자가 없었다면, 이 사람이 어디에서 이것을 〈덕을〉 취했겠는가?
- 仲尼**焉**學?:중니는 어디에서 배웠습니까?
- 欲仁而得仁, 又**焉**貪?:인을 하고자 해서 인을 얻으니, 또 무엇을 탐하겠는가?
- **疇**不爲旨:누가 맛이 없다(고 하는가)는가?
- 子將**奚**先?:선생님께서는 장차 무엇을 먼저 하시겠습니까?

3. 수사數詞

  사물의 차례나 순서, 수數와 양量을 나타내는 품사로, 주어, 서술어, 목적어, 보어, 관형어, 부사어 등으로 쓰이며, 기수基數, 서수序數, 분수分數, 약수約數로 구분할 수 있다.

(1) 기수基數

  기수는 일반적인 수로, 一, 二, 三... 十(什), 百, 千, 萬, 億 등이 있다.

(2) 서수序數

  서수는 순서를 나타내며, 기수 앞에 '第(제)'를 붙여, **第一**, **第二** 등으로 나타낸다.

(3) 분수分數

1) 분모分母와 분자分子를 연용連用
  # **什**一之錢(십분의 일의 돈), 生者**什九**(살은 자가 열에 아홉).

2) 분모+之+분자
  # 十之一(십분의 일), 二十之一(이십분의 일).

3) 분모+分之+분자
  # 十**分之**一(십분의 일), 三**分之**一(삼분의 일).

(4) 약수約數

  숫자 뒤에 餘(여), 許(허), 所(소) 등을 사용하거나, 근접한 두 숫자를 연용連用한다.

1) 餘(여), 許(허), 所(소)
  # 三百**餘**人(삼백여 명), 二十**許**人(이십여 명), 男七人**所**(남자 일곱 명 쯤).

2) 근접한 두 숫자를 연용連用
  # 五六人(오륙 명), 六七人(육칠 명).

4. 동사動詞

 사람이나 사물의 동작, 행위, 작용 등을 나타내는 품사로, 일반적으로 주어의 서술어 역할을 한다. 목적어의 유무에 자동사와 타동사, 존재存在동사, 수여授與동사와 고시告示동사, 연계連繫동사, 연連동사 등으로 나눌 수 있으며, 다른 품사에서 전성된 동사를 전성轉成동사라 한다.

(1) 자동사自動詞
 목적어를 취하지 않는 동사로써 보어의 유무에 따라 완전完全 자동사와 불완전不完全 자동사로 나눈다.

1) 완전完全 자동사
 - 鳥哀鳴:새가 슬프게 운다.
 - 大事不成:큰 일이 이루어지지 않는다.

2) 불완전不完全 자동사
 - 溫古而知新, 可以爲師矣:옛 것을 익히고 새 것을 알면, 스승이 될 수 있다.

(2) 타동사他動詞
 목적어를 취하는 동사로써 보어의 유무에 따라 완전完全 타동사와 불완전不完全 타동사로 나눈다.

1) 완전完全 타동사
 # 타동사가 목적어만 취한다.
 - 民不畏死, 奈何以死懼之?:백성들이 죽음을 두려워하지 않으니, 어떻게 죽음으로써 두렵게 하겠는가?

2) 불완전不完全 타동사
 # 타동사가 목적어와 보어를 취한다.
 - 子禽問孔子於子貢:자금이 자공에게 공자를 물었다.

(3) 존재存在동사
 사물이 있고 없음을 나타내며 有와 無(毋)가 있고, 뒤 문장을 보어로 취하며 보어를 주어처럼 해석한다.
 - 思無邪:생각에 간사함이 없다.
 - 有殺身以成仁:자신을 죽여서 인을 이룸이 있다.

cf. 有는 불특정한 대상을 지목할 때 붙여주는 관용어로써, 이 때는
어떤, 어느, 또는 해석하지 않을 수도 있다.

- 有朋自遠方來:벗이 먼 곳으로부터 오다.

cf. 有가 부사로써, 동작이나 행위가 반복 혹은 연속적으로 발생하는
것을 나타내며, '또, 다시, 또다시, 거듭'으로 해석한다.

- 子路, 有聞, 未之能行, 唯恐有聞:자로는 〈좋은 가르침〉 들은 것이
있고, 아직 그것을 실행하지 못했으면, 또다시 〈다른 가르침〉
듣는 것을 두려워하였다.

cf. 有는 조사(후치사)로써, 문장의 맨 앞이나 중간, 즉 명사, 형용사
앞에 쓰이며, 해석하지 않는다.

- 孝乎! 惟孝, 友于兄弟, 施於有政:효로다! 효도하므로, 형제간에
우애가 있으며, 〈나아가 이를〉 정치에 베푼다(반영한다).

(4) 수여授與동사

수여동사는 대상을 나타내는 간접목적어(보어)와 사물을 나타내는
직접목적어를 취하며, 授(수), 與(여), 予(여), 賜(사), 給(급), 遺(유), 獻
(헌), 贈(증) 등이 있다.

- 微生高乞諸其隣而與之:미생고는 그 이웃에서 빌려서 주었다.
- 見危授命:위태로움을 보고 목숨을 준다(바친다).
- 彼賜我酒:그가 나에게 술을 주었다.

(5) 고시告示동사

고시동사 또한 대상을 나타내는 간접목적어(보어)와 사물을 나타
내는 직접목적어를 취하며, 謂, 告, 曰, 道 등이 있다.

- 告諸往而知來者:지나간 일을 일러주니까 닥쳐올 일을 아는구나.
- 無道人之短:남의 단점을 말하지 말라.

(6) 연계連繫동사

주어와 보어를 연결하며 반드시 보어를 취하는 동사이고, 是, 非,
爲, 曰, 乃, 卽 등이 있으며, '非'는 '~아니다', 그 외 연계동사는 '~이
(하)다'로 해석한다.

- 富與貴, 是人之所欲也:부유함과 고귀함은 사람들이 바라는
것이다.

- 非其鬼而祭之:그(자기) 귀신이 아닌데 제사 지내다.
- 曰 '思無邪':'생각에 간사함이 없다'는 것이다.
- 曰使民戰栗:백성들을 전율하게 하려는 것이었다.
爲는 보어로 명사와 형용사를 취한다.
- 里仁爲美:마을이 인한 것은 아름답다(다운 것이다).
- 子爲誰:그대는 누구입니까?

(7) 연連동사
동사가 연속으로 이어지며, 앞의 동사가 문장의 본동사이고,
뒤에서부터 해석한다.
- 好從於斯事:이 일에 종사하기를 좋아하다.
- 好學老子:노자 배우기를 좋아하다.

(8) 전성轉成동사
다른 품사, 즉 명사, 형용사에서 전성된 동사이며, 술어의 위치에
놓일 경우에 동사로 전성된다.
1) 명사에서 전성된 동사
得百里之地而君之:백 리의 땅을 얻어서 임금 노릇을 한다.
2) 형용사에서 전성된 동사
唯女子與小人, 近之則不孫, 遠之則怨:오직 여자와 소인만이
가까이 하면 불손하고, 멀리하면 원망한다.

(9) 그 외
維(유), 惟(유)는 지정, 단정의 뜻을 나타내는 동사로 '~이다,
~되다' 등으로 해석한다.
- 相維辟公, 天子穆穆:돕는 사람은 제후이고, 천자는 엄숙하시도다.

5. 형용사形容詞

사물의 성질性質이나 모양貌樣, 상태狀態 등을 나타내는 품사이며, 수식어修飾語 역할과 서술어徐述語 역할, 보어補語 역할과 특수特殊 형용사로 쓰이는 형용사, 비교의 형용사 등이 있다. 그리고 모양과 상태를 나타내는 의태어擬態語인 형용사 접미사接尾詞도 있다.

(1) 수식어修飾語 역할

형용사가 명사 앞에서 명사를 수식한다.

- 富人:부유한 사람.
- 淸風明月:맑은 바람과 밝은 달.

(2) 서술어修飾語 역할

형용사가 명사 뒤에서 명사를 서술, 설명을 한다.

- 風淸月明:바람은 맑고 달은 밝다.

(3) 보어補語 역할

형용사가 연계동사 '爲'의 보어 역할을 하며, '~하(이)다'로 해석한다.

- 里仁爲美:마을이 인한 것은 아름답다(다운 것이다).
- 天下皆知美之爲美, 斯惡已:천하 사람들이 모두 아름다운 것이 아름답다고 알지만은 이것은 추함일 뿐이다(수도 있다).

(4) 특수特殊 형용사

특수 형용사 難(난), 易(이), 多, 少, 寡(과), 鮮(선), 罕(한), 稀(희), 異, 同 등이 있으며, 술어로 쓰이는 경우 보어를 취하며, 보어를 주어처럼 해석한다.

- 少年易老, 學難成:소년은 늙기 쉽고, 학문은 이루기가 어렵다.
- 言寡尤, 行寡悔:말에 허물이 적고, 행동에 후회가 적다.
- 爲力不同科:힘씀에 등급이 같지(동등하지) 않았기 때문이다.

(5) 비교의 형용사

如, 若, 猶, 似 등 비교의 뜻을 가진 형용사가 서술어로 쓰일 경우 보어를 취한다.

- 有若無 實若虛:있으면서도 없는 것 같고, 가득하면서도 빈 것 같다.

- 吾與回言終日, 不違, **如**愚:내가 회와 더불어 하루 종일 이야기를
  했는데, 어기지 않고, 어리석은 것(사람) 같았다.
- 過**猶**不及:지나친 것은 미치지 못한 것과 같다.
  '猶'가 술어 앞에서 부사라면 '오히려'로 해석할 수 있다.
- **似**萬物之宗:만물의 근원과 같다.

(6) 형용사 접미사接尾詞 외

형용사 접미사로 如, 然(부사 접미사로도 사용), 焉, 爾, 乎 등이
있으며, 모양이나 상태를 나타내는 의태어擬態語이다.
- 閔子侍側, 誾誾**如**也:민자건이 곁에서 모실 때, 온화하였다.
- 忽**焉**在後:갑자기 뒤에 있는 듯하다.
- 夫子循循**然**善誘人:선생님께서는 〈차근차근〉 질서정연하게
  사람들을 잘 인도하시다.
- 如有所立卓**爾**:마치 〈道가〉 높이 선 것이 있는 듯하다.
- 洋洋**乎**盈耳哉!:성대하게 흘러넘쳐 귀를 〈가득〉 채웠도다!
형용사가 전성되어 명사나 부사 역할도 한다.

6. 부사副詞

부사는 동사, 형용사와 다른 부사를 수식하며, 문장의 의미를 결정하는 중요한 역할을 하고, 주로 술어(동사, 형용사)와 수식하는 문장 앞에 오며, 정도程度, 시간時間, 의문疑問, 반어反語, 한정限定, 가정假定, 양보讓步, 조건條件, 강조強調 등을 나타낸다.

(1) 부사副詞의 역할

1) 동사 수식

- 戰必勝矣:싸우면 반드시 이긴다.
- 教學相長:가르치고 배우면서 서로 성장한다.

2) 형용사 수식

- 至高至順:지극히 높고 지극히 순수하다.
- 水至清則無魚:물이 지극히 맑으면 물고기가 없다.

3) 다른 부사 수식

- 戰必大勝矣:싸우면 반드시 크게 이긴다.
- 且復飲酒:또다시 술을 마셨다.

(2) 부사副詞의 의미상 분류

1) 정도程度 부사

＃ 深(심/매우), 最(최/가장), 正(정/바로), 諸(제/모두), 甚(심/매우), 至(지/지극히), 極(극/극히), 殆(태/거의), 必(필/반드시), 益(익/더욱), 大(대/크게), 凡(범/무릇, 대개), 太(태/크게), 尙(상/오히려), 常(상/항상), 實(실/진실로) 등.

2) 시간時間 부사

＃ 과거:已(이/이미), 旣(기/이미), 嘗(상/일찍이), 曾(증/일찍이), 昔(석/옛날에) 등.

cf. 曾은 강한 반문의 어기를 나타내는 의문 부사로써 '설마(어찌) ~ 하겠는가'로 해석하며, 일반적으로 乎와 호응하여 '曾 ~ 乎'의 형식으로 쓰인다. 또 동작이나 행위가 뜻밖에 발생하는 것을 나타내는 부사로써 '의외로, 뜻밖에, 곧, 이에'로 해석한다.

- 曾是以爲孝乎?:설마(어찌) 이것으로써 효라고 여기는가?
- 嗚呼! 曾謂泰山不如林放乎?:아! 설마(어찌) 태산이 임방보다

못하겠는가(못하단 말인가)?
- **曾**由與求之問:의외로(뜻밖에) 유와 구를 묻는군요.
현재:方(방/막, 바야흐로), 수(금/이제), 始(시/비로소), 遂(수/
마침내, 드디어), 適(적/마침내) 등.
미래:將(장/장차), 且(차/장차) 등.
3) 의문疑問 부사
何(하/어찌), 安(안), 焉(언), 胡(호), 豈(기), 寧(녕), 奚(해), 曷(갈)
庸(용), 惡(오), 蓋(합), 曾(증) 등, 대부분 '어찌'로 해석한다.
4) 반어反語 부사
何(하/어찌), 焉(언) 등, 대부분 의문 부사가 반어 부사로 쓰인다.
盍(합)은 '어찌 ~ 하지 않는가'라고 해석하며, 何不과 같다.
5) 한정限定 부사
但(단/다만), 只(지), 直(직), 徒(도), 多(다), 獨(독/유독) 등
대부분 '다만, 단지'으로 해석한다.
唯(유), 惟(유), 維(유) 등 '오직'으로 해석한다.
非但(비단/다만 ~이 아닐뿐이지), 非徒(비도/다만~이 아닐뿐이지).
cf.唯, 惟, 維는 조사(후치사)로 문장의 앞이나 중간에 쓰일 때는
대체로 해석하지 않는다.
- **唯**求則非邦也與?:구는 나라를 다스리는 것이 아닙니까?
- 不與其退也,**唯**何甚?:그가 물러나는 것을 허여하는 것은 아니다,
어찌 심한가(심하게 대하는가)?
- 正**唯**弟子不能學也:바로 제자(저희)들이 배울 수 없는 것입니다.
- 孝乎! **惟**孝, 友于兄弟:효로다! 효도하므로, 형제간에 우애가 있다.
cf.惟(유), 維(유)는 지정, 단정의 뜻을 나타내는 동사로 '~이다,
~되다' 등으로 해석한다.
- 相**維**辟公:돕는 사람은 제후이다.
6) 가정假定, 양보讓步, 조건條件 부사
若(약/만약), 如(여/만약), 使(사/가령), 雖(수/비록 ~면), 縱(종/
비록 ~면), 假令(가령/가령 ~면), 假使(가사), 設令(설령), 設使
(설사), 如使(여사), 萬一(만일) 등, 가정 부사는 접속사 則(즉)과
함께 쓰일 때가 많다.
- **使**我介然有知:만일(가령) 내게 작게나마 지혜가 있어,

진실로 (~면):良(량), 信(신), 誠(성), 固(고), 苟(구), 允(윤) 등.
 - 信如君不君:진실로 만약 임금이 임금답지 않으면

7) 강조 부사

況(황/하물며), 亦(역/또한), 猶(유/오히려), 尙(상/오히려) 등.

8) 그 외 부사

전치사를 수반한 부사구는 문구 뒤에 위치하는 경우가 많다.
 - 爲政以德:덕으로써 정치를 한다.
東, 西, 南, 北, 上, 下, 左, 右, 前(先), 後, 內, 外, 遠, 近 등이 방향과 위치를 나타낼 때, 술어 앞에 위치하여 부사가 된다.
 - 見不賢而內自省也:어질지 못한 이를 보고는 안으로 자신을 살핀다(반성한다).
문장 앞에 오는 발어 부사로 夫(부/무릇), 凡(범/무릇), 蓋(개/대개, 일반적으로), 大抵(대저/대저), 大凡(대범/대체로), 或(혹/혹시, 아마도), 恐(공/혹시, 아마도), 想(상/상상컨대, 예상컨대), 期(기/기대컨대, 바라건대), 此(이에) 등이 있다.
  cf. 夫(부)가 문장 중간에 쓰여 어기를 자연스럽게 해 주는데,
     이 경우에는 해석하지 않는다.
   - 小子, 何莫學夫詩?:얘들아, 어찌하여 시(詩經)를 배우지 않느냐?
   - 食夫稻, 衣夫錦:쌀밥을 먹고, 비단옷을 입다.
날짜와 때, 시간을 나타내는 명사가 술어 앞에 와서 술어에 영향을 미치는 부사가 된다. 의미상 시간을 나타내는 자(字)인 久, 長 등도 술어 앞에 오면 부사가 되며, '오랫동안, 장구하게'로 해석한다.
 - 朝聞道, 夕死可矣:아침에 도를 들으면(들어 깨우치면), 저녁에 죽어도 괜찮다.
 - 宰予晝寢:재여가 낮에 (낮)잠을 자다.
형용사, 명사, 동사에서 전성된 부사 등이 있는데, 동사에서 전성된 부사는 연동사와 구별할 수 있다.
 - 吾其與聞之:나는 아마도 참여하여 들었을 것이다.
雖(수)의 주어는 雖앞에 쓰는 것이 일반적이다.
 - 福雖未至:복이 비록 이르지 않았다.
而가 부사 뒤에서, 부사와 술어를 이어주며 해석하지 않는다.
 특히 시간·때의 부사 뒤에서 접미사 역할도 한다.

- 默而識(지)之:묵묵히 기억하고.
- 罔之生也, 幸而免:〈정직이〉 없는 삶은, 다행히 〈화나 죽음을〉
  면한 것이다.
- 俄而(갑자기), 晩而(늦게서야), 旣而(이윽고)...
然이 부사나 형용사 접미사로 쓰이는데 해석하지 않아도 된다.
- 夫子循循然善誘人:선생님께서는 〈차근차근〉 질서정연하게
  사람들을 잘 인도하신다.
是:이렇게, 이리도/상황을 나타내는 부사이다.
- 丘何爲是栖栖者與?:구는 어찌하여 이렇게 바빠해하는 것이오?
何如는 '무엇과 같은가?, 어떠한가?', 또는 '어찌하여' 의문 부사로
  쓰였으며, 如何가 도치된 것이다.
如之何는 관용어로써 술어로는 '어떻게 할 것인가, 어떠하다'이며,
  부사어로 '어찌, 어떻게'로 해석한다.
何爲는 '어찌하여'로 해석하며, 의문 부사이다.
其는 부사로써 '아마(도), 장차, 어찌, 거의'로 해석한다.
 - 其猶穿窬之盜也與!:아마도 〈벽을〉 뚫고, 〈담을〉 넘는 도둑과
   같을 것이다!
  cf. 其:문장의 첫머리에 쓰여 문장을 이끄는 어기를 나타내는데,
    해석하지 않을 수 있다.
   - 其然?:그렇습니까?
其諸는 부사로써 동작이나 행위에 대한 추측이나 예측을 나타내며,
  '아마도, 대개'로 해석한다.
 - 其諸異乎人之求之與:아마도 사람들이 (정치 듣기를) 구하는 것과는
   다를 것이다.
莫은 부사로써, 동작이나 행위, 상황 등에 대한 추측을 나타내며,
  '아마도, 대략'으로 해석한다.
 - 文, 莫吾猶人也:학문은 아마도 내가 남과 같겠지만은,
  cf. 莫:~한 사람이 없다, ~한 것(곳)이 없다/주어로 쓰이며,
    대명사로써 사람이나 사물을 가르킨다.
   - 不患莫己知:자기를 알아주는 사람이 없는 것을 근심하지 말라.
  cf. 莫(막):~않다/부정을 나타내는 부정 보조사.
   - 何莫學夫詩?:어찌하여 시(詩經)를 배우지 않느냐?

7. 보조사補助詞

보조사는 서술어(동사, 형용사) 앞에 사용되어 서술어를 보조하는 역할을 한다. 영어에서 동사를 도와주는 조동사助動詞와 달리 한문에서는 형용사도 서술어가 되므로 조동사라고 하지 않고 보조사補助詞라고 하며, 부사와 같이 혼용되는 것들도 있다. 가능可能, 부정不定, 금지禁止, 사동使動, 피동被動, 원망願望, 미래未來, 당위當爲 등이 있다.

(1) 보조사補助詞의 의미상 분류
1) 가능可能 보조사
＃ 可(可以), 能(能以), 得(得以), 足(足以) 등이 있으며, '~할 수 있다, ~할 만 하다'로 해석한다.
2) 부정不定 보조사
＃ 不, 弗, 未, 非, 毋, 無, 莫 등이 있으며, '~않다, ~못하다'로 해석하고, 뒤에 명사나 명사구가 오면 보조사가 아니라 非(연계동사), 無(존재동사)처럼 자체가 서술어으로 사용된다.
3) 금지禁止 보조사
＃ 勿, 毋, 無, 莫, 不, 未, 休 등이 있으며, 금지의 뜻을 나타내며 '~하지 마라(말라)'로 해석한다.
4) 사동(역)使動 보조사
＃ 使, 敎, 令, 俾(비) 등이 있으며, '~로 하여금 ~하게 하다'로 해석하고, 보조사 다음에 시키는 대상이 오고 서술어가 온다.
5) 피동被動 보조사
＃ 被, 見, 爲, 爲~所~ 등이 있으며, '~당하다(되다), ~에게 ~당하다'로 해석한다.
6) 원망願望 보조사
＃ 欲(~하고자 하다), 願(~원하다), 請(청컨대 ~하다) 등이 있다.
7) 미래未來 보조사
＃ 將, 且 등이 있으며, '장차 ~하려 하다'로 해석한다.
8) 당위當爲 보조사
＃ 當(당/마땅히), 宜(의/마땅히), 應(응/응당히), 須(수/모름지기) 등이 있으며, '마땅히(모름지기) ~해야 한다'로 해석한다.
9) 그 외
＃ 보조사(得, 能, 使, 欲 등) 뒤에 바로 목적어가 오면 타동사가 된다.
 - **使**民以時:때(에 맞게)로써 백성들을 부린다(동원해야 한다).

8. 접속사接續詞

접속사는 단어와 단어, 구와 구, 절과 절, 문장과 문장을 연결하는 품사로 '와(과), 및, 또'로 해석하는 일반 접속사와 '그리고, 그러나, 그런데, 하지만' 등으로 해석하는 부사적 접속사로 크게 나눌 수 있다.

(1) 일반 접속사

'와(과), 및, 또'로 해석하는 일반 접속사는 '연결 관계'에 대한 분류로, 단어와 단어를 연결하는 접속사로 與, 及, 和 등이 있고, 구와 절을 연결하는 접속사로 且, 又, 등이 있으며 그 외 有, 如, 若이 있다. 즉 與, 及, 和는 서술어가 없는 명사와 명사(구)를 연결하고, 且와 又는 서술어가 있는 문장을 연결한다고 할 수 있으며, 有는 又와 같이 수와 수 사이에 쓰여지는 접속사로써 해석하지 않아도 된다. 如는 '또는, 혹은' 등 선택 관계를 나타내는 접속사이다.

- 富與貴, 是人之所欲也:부유함과 귀함은 사람들이 바라는 것이다.
- 予及汝皆生:나와 너 모두 살았구나.
- 有恥且格:부끄러움이 있고 또 (잘못을) 바로잡게 된다.
- 日日新又日新:날마다 새롭게 하고 또 날로 새롭다.
- 吾十有五而志於學:나는 열하고도 다섯 살에 학문에 뜻을 두었다.
- 方六七十, 如五六十:사방 육칠십리 또는 오육십리.

(2) 부사적 접속사

'그리고, 그러나, 그런데, 하지만' 등으로 해석하는 부사적 접속사는 '연결 내용'에 대한 분류로, 순접順接, 역접逆接, 가정假定/조건條件, 인과因果 접속사로 분류할 수 있다.

1) 순접順接 접속사

而(이/그리고, 그래서), 故(고/그러므로), 以(이/그래서), 乃(내/이에), 爰(원/이에), 然則(연즉/그렇다면), 然後(연후/그런 후에), 以(而)後(이후/이후), 以往(이왕/이후) 등이 있다.

- 學而時習之:배우고 (그리고) 때때로 익힌다.
- 使民敬忠以勸, 如之何:백성으로 하여금 공경하게 하고 진심으로 따르게 하면서 부지런하게 하려면, 어떻게 합니까?
- 然則管仲知禮乎:그렇다면 관중은 예를 알았습니까?

- 歲寒, **然後**知松栢之後彫也:한 해(날씨)가 추워진 연후에 소나무와 측백(잣)나무가 뒤에 시든다는 것을 안다.

2) 역접逆接 접속사

而(이/그러나), 然(연/그러나), 抑(억/그러나, 아니면), 無他(무타/다름이 아니라) 등이 있다.

- 貧**而**無諂, 富**而**無驕, 何如:가난하면서도 아첨하지 않고, 부유하면서도 교만하지 않으면, 어떻습니까?
- 知, **然**不語於其已而矣:알지만 그러나 그에 대해서 말하지 않을 뿐이다.
- 求之與, **抑**與之與:구했습니까? 그렇지 않으면 주었습니까?
- 此**無他**, 與民同樂也:이것은 다름이 아니라 백성들과 더불어 함께 즐거워합니다.

3) 가정/조건假定/條件 접속사

則(즉/~이면, ~하면), 斯(사/~하면, ~때에는), 而(이/만약 ~면), 微(미/~없었다면) 등이 있다.

- 過**則**勿憚改:잘못이 있으면 고치기를 꺼리지 말라.
- 觀過, **斯**知仁矣:〈그〉허물을 보면, 인(한 지)을 안다.
- 管氏**而**知禮, 孰不知禮:만약 관씨가 예를 안다면, 누가 예를 알지 못하겠는가?
- **微**管仲, 吾其被髮左袵矣:관중이 없었다면, 나는 아마도 머리를 풀어 헤치고 옷깃을 왼편으로 했을(하는 오랑캐가 되었을) 것이다.

  cf. 則은 앞뒤 문장의 인과 관계를 나타내는 접속사로써 '곧, 즉'으로 해석하거나, 앞뒤의 의미가 상반됨과 전환을 나타내는 접속사로써 '이지만, 그러나, 오히려'로 해석한다.

  - 至於他邦, **則**曰 '猶吾大夫崔子也.':다른 나라에 이르러서 곧 말하기를 〈이 사람도〉 우리나라 대부 최자와 같다.'
  - 學**則**不固:배우지만 견고하지 않다.

所는 접속사로써 단문을 연결하며 가설을 나타낸다. 대부분 맹세하는 말 중에 쓰이며, '만약 ~면'으로 해석한다.

- 予**所**否者:내가 만약 나쁘다면(잘못된 것이 있다면).

4) 인과因果 접속사

故(고/그러므로), 是以·是用(시이·시용/이때문에), 是故·以故(시고·이고/이러한 까닭으로), 於是(어시/이에), 因(인/인하여), 便(변/곧) 등이 있다.

- 吾少也賤, **故**多能鄙事:나는 젊었을 때 천했기에 그러므로 비천한 일에 능함이 많다.
- **是以**謂之文也:이 때문에 그를 문이라고 〈시호〉 한 것이다.
- 怨**是用**希:원망이 이 때문에 드물었다.
- **是故**惡夫佞者:이러한 까닭으로 저 말 잘하는 사람을 미워하는 것이다.
- **因**不詳察事情:인하여 실정을 자세히 살피지 않았다.

5) 그 외

접속사 而는 앞에 명사(구)나 부사, 술어 등이 올 수도 있고, 특히 시간·때의 부사 뒤에서 접미사 역할도 한다.

- 默**而**識之:묵묵히 기억하고.
- 罔**之**生也, 幸**而**免:〈정직이〉 없는 삶은, 다행히 〈화나 죽음을〉 면한 것이다.
- 俄**而**(갑자기), 晚**而**(늦게서야), 旣**而**(이윽고) 등.

而가 '之'와 같이 주어와 술어 사이에 쓰여 문장의 독립성을 없애주는 역할을 하는 어조사, 즉 주격 후치사라 할 수 있다.

- 君子恥其言**而**過其行:군자는 자신의 말이 행동을 지나치는(능가하는) 것을 부끄러워 한다.

구와 절을 연결하는 접속사, 且와 又가 부사(또, 또한)로도 쓰인다.

'與其~, 寧~'은 선택형 비교형이며, '~하기보다 차라리 ~하는 것이 낫다'의 뜻으로 해석하고, '與其'는 접속사로써 단문을 연결시키는 역할을 하며, '寧' 또한 단문을 연결시키며, 선택 관계를 나타내는 접속사이다.

- 禮, **與其**奢也, **寧**儉:예는 사치스럽기보다는 차라리 검소한 것이 낫다.

문장이 길어서 띄어쓰기를 할 때는 而 앞에서 끊는다. 그러나 띄어 쓰기를 하지 않은 문장을 읽을 때는 而 다음에서 끊어 읽는다.

'則' 앞에 명사, 즉 주어가 위치하면 '은(는), 이(가)'로 해석하고 '則' 뒤에는 술어가 위치한다.

- 鳥則擇木, 木豈能擇鳥:새가 나무를 택하지, 나무가 어찌 새를 택할 수 있는가?
- 一則以喜, 一則以懼:하나(한편으로)는 〈장수하시므로〉 기쁘고, 하나(한편으로)는 〈늙어가심에〉 두렵다.

\# 然(而)는 역접 접속사로써 '그러나, 그렇지만'로 해석한다.

- 爲難能也, 然而未仁:어려운 것을 하는 데는 유능하지만, 그러나 〈아직〉 인하지는 않다.

  cf. 然은 상황이나 성질, 상태 등을 대신 나타내는 대명사로써 '그러한, 그러하다'로 해석하고, 또 대답하는 말을 나타내는 대명사로써 '옳다, 그러하다, 그렇다'로 해석한다.
  - 古之人皆然:옛사람들은 다 그러했다.
  - 雍之言然:옹의 말이 옳다.

9. 전치사前置詞

전치사는 개사介詞라고도 하며, 명사나 명사구, 명사절 앞에 놓여 중요한 역할을 하는 품사를 전치사라 한다. 전치사는 본래 전치사인 일반一般 전치사와 실제의 뜻을 가진 실사가 전치사로 바뀐 전성轉成 전치사로 구분할 수 있다.

(1) 일반一般 전치사

서술어 다음과 보어 또는 목적어 앞에 위치하고, 於, 于, 乎 등이 있으며, '~에, ~에서, ~에게, ~로, ~을(를)'로 해석하고, 처소, 출발, 대상, 비교, 피동, 목적 등을 나타낸다.
- 德者同於德:덕이 있는 자는 덕에 함께한다.
\# 술어가 형용사일 때 비교를 나타내며, '~보다, ~와(과)'로 해석한다.
- 季氏富於周公:계씨가 주공보다 부유했다.
- 于湯有光:탕왕보다 빛날 것이다.
- 以吾一日長乎爾:내가 너희들보다 〈나이가〉 다소 많기 때문에,
\# 타동사 뒤에는 전치사가 오지 않지만, 올 경우에는 '~을(를)', 목적어로 해석하거나, 또는 피동으로 해석한다.
- 何患乎無兄弟也:어찌 형제가 없음을 걱정하는가?
- 三年無改於父之道:삼년 (동안) 아버지의 도를 고치지 않는다.
- 屢憎於人:자주 남에게 미움을 받게 된다.

(2) 전성轉成 전치사

전치사가 체언(주어의 기능을 하는 명사, 대명사, 수사 등) 앞에서 부사어를 만들며, 以, 爲, 自, 由, 從, 與, 因, (比)及 등이 있다. 전성 전치사를 수반한 부사구는 문구 뒤(문장 끝)에 위치하는 경우가 많다.

1) 以

\# 전치사로써 '以+명사(구), 명사(구)+以'일 때 기구, 자격, 동작, 수단, 방법 등을 나타내며, '로써, 로서'로 해석하고, '用'과 통하며, 목적을 나타낼 때는 '~을(를)'로 해석한다.
- 使民以時:때(에 맞게)로써 백성들을 부린다(동원해야 한다)
- 不以兵强天下:무기로써 천하를 강압하지 않는다.
- 不忮不求, 何用不臧?:〈남을〉 해치지도 않고 〈남의 것을〉 탐하지

도 않으니, 어찌하여 훌륭하지 않은가?

- 詩三百, 授之以政:시경을 외우더라도 정치를 주었다(맡겼다).

'(명사절)+以+서술어'는 접속사로써 순접의 而와 유사하며 '그리고, 그래서'등으로 해석하고, '以+서술어(명사절)'일 때 접속사로써, 단문을 연결시켜주는 역할을 하며, '때문에, 때문이다'로 해석한다.

- 吾不徒行以(=而)爲之槨, 以吾從大夫之後:내가 걸어다니면서 외관을 만들어 주지 않은 것은, 내가 대부의 뒤를 따르기 때문이다.

以다음에 之 등의 대명사가 오는 경우는 之를 생략할 수 있다.

- 舊令尹之政, 必以告新令尹:옛날 〈자신이 맡았던〉 영윤의 정사를, 반드시 새로운 영윤에게 알려주었다.

관용적으로 '以爲, 以 ~ 爲'로 쓰이며, '~로 여기다, ~로 삼다, ~로 생각하다'로 해석한다.

- 君子一言以爲知:군자는 한 마디 말로 지혜롭다고 여기다.

- 女以予爲多學而識之者與:너는 내가 많이 배워서 기억하는 사람 이라고 여기느냐?

- 天將以夫子爲木鐸:하늘은 장차 선생님을 목탁으로 삼으실 것입니다.

以가 부사로써 '너무, 이와 같이, 이렇게'의 뜻과 동사로써 '~하다, 쓰다, 때문이다', 명사로써 '이유, 까닭'을 나타낸다.

- 不以泰乎:너무 크지 않습니까?

- 無以爲也:이렇게 하지 마세요.

- 視其所以:그가 하는 것을 보다.

  cf. 無以는 '~할 수 없다(못한다)', '無는 없다(못한다)'로 해석하고 '以'는 '~하다'의 의미이다.

  - 不知命, 無以爲君子也:명(천명)을 알지 못하면, 군자가 될 수 없다.

- 夏后氏以松:하나라 왕조는 소나무를 썼다.

- 朕躬有罪, 無以萬方:내 몸에 죄가 있다면, 만방〈의 백성〉 때문이 아니다.

- 衆人皆有以:많은 사람들이 모두 이유가 있다.

2) 爲

전치사로써 '~을 위하여, ~하기 위해서, ~때문에' 등으로 해석하며

동사로써 '~을 위하다, ~인 체하다.' 등으로 해석한다.
- 冉子爲其母請粟:염자가 그의 어머니를 위해서 곡식을 청했다.
- 爲力不同科:힘씀에 등급이 같지(동등하지) 않았기 때문이니,
- 無臣而爲有臣 신하가 없는데 신하가 있는 체하다.
- 古之學者爲己:옛날의 배우는 자는 자기를 위하였다.
연계동사로써 '~이(하)다'로 해석하며 보어로 명사와 형용사를
  취한다.
- 里仁爲美:마을이 인한 것은 아름답다(다운 것이다).
- 子爲誰:그대는 누구입니까?
- 爾爲爾, 我爲我:너는 너이고, 나는 나이다.
불완전 자동사로써 '~이 되다'로 해석한다.
- 可以爲師矣:스승이 될 수 있다.
타동사로써 목적어를 취하며, 즉 '爲+명사'는 '~하다'로 해석하며
  목적어의 성격에 따라 그 뜻을 적절하게 해석할 수 있다.
- 爲政以德:덕으로써 정치를 하다.
謂와 같이 '말하다'의 의미로 해석한다.
- 知之爲知之, 不知爲不知:아는 것을 안다고 말하고, 모르는 것은
  모른다고 말하는 것이다.
被와 같이 피동을 나타내며 '~당하다'의 의미로 해석한다.
3) 自, 由, 從
전치사로써 출발 지점을 나타내며 '~로부터' 등으로 해석한다.
- 有朋自遠方來:벗이 먼 곳으로부터 오다.
- 禮義由賢者出:예와 의는 현자로부터 나온다.
- 從外來, 驕其妻妾:밖으로부터 돌아와서, 그의 처와 첩에게 교만
  하였다.
4) 與
전치사로써 '~와 더불어, ~와 함께' 등으로 해석한다.
- 與朋友交而不信乎:벗과 더불어 사귀는데 미덥지 않았는가?
'와(과), 및, 또'로 해석하는 일반 접속사로 쓰인다.
- 富與貴, 是人之所欲也:부유함과 귀함은 사람들이 바라는 것이다.

5) 因

 # 전치사로써 '~을 통해, ~로 인해서' 등으로 해석한다.

　- 貧者因書富, 富者因書貴:가난한 자는 책으로 부자가 되고,
　　부자는 책으로 귀하게 된다.

6) (比)及

 # 전치사로써 '~할 때(는), ~에 이르러' 등으로 해석한다.

　- 及其使人也, 器之:그가 사람을 부릴 때에는 그릇으로 쓴다.

　- 比及三年, 可使有勇:삼 년에 이르러(면), 〈백성들을〉 용맹함이
　　있게 할 수 있다.

10. 후치사後置詞

후치사는 개사介詞라고도 하며, 명사나 명사구 뒤에서, 즉 관형어, 주어, 목적어, 부사어 뒤에서 관계를 표시하는 품사로써, 후치사라는 말보다 '어조사 또는 조사'라는 명칭으로 많이 사용해 왔다.

(1) 주격主格 후치사

之, 者, 也, 也者, 是, 矣, 與, 其 등이 있으며, 해석은 '~은, ~는, ~이, ~가'로 해석한다.

1) 之

주격 후치사 之는 주어 다음에, 술어 앞에 오며, 즉 '주어+之+술어'의 구조이며, 주격 후치사로 之가 사용되는 경우가 많지는 않지만 문을 고르게 하거나, 주어를 강조하기 위해서, 간혹 글자 수를 앞 문장과 같게 하기 위해서 쓰인다고 볼 수 있다. 또 술어 다음에 之는 술어를 술어답게 해주거나 대명사로써 목적어로 쓰인다.

- 譬道之在天下, 猶川谷之於江海.:비유하면 도(道)가 천하에 있고, 내(川)와 골짜기가 강과 바다를 따르는(흐르는) 것과 같다.
- 君子之於天下也, 無適也, 無莫也:군자는 천하에 〈일에〉 있어, 마땅히 해야만 하는 것도 없고, 안되는 것도 없다.

'之+所'일때는 之가 주격 후치사이며, ~가(이), ~은(는)로 해석한다.
- 我之所欲學:내가 배우고자 하는 바이다.

2) 者

주격 후치사(어기사)로써 주어 뒤에 쓰여 '~은(는)'으로 해석하며, 경우에 따라서 해석하지 않고, 문장의 중간이나 끝에 쓰여 어기를 부드럽게 하며 해석하지 않는다. 또 가설을 나타내는 복문의 앞, 단문의 끝에 쓰여 해석하지 않지만, 간혹 '~한다면'으로 해석한다.

- 政者正也:정치는 바로 잡는 것이다.
- 夫佳兵者, 不祥之器:무릇 훌륭한 병기는 상서롭지 못한 도구이다.
- 魯無君子者, 斯焉取斯:노나라에 군자가 없었다면, 이 사람이 어디에서 이것을 취했겠는가?

3) 也

주격 후치사로써 주어 뒤에 쓰여 '~은, ~는, ~이, ~가'로 해석하거나

또는 앞 절 마지막 부분에 놓이거나, 병렬 문장의 끝에 놓여 잠시
쉬어감을 나타내며 해석하지 않거나 간혹 '~면'으로 해석하기도 한다.

- 人之過也, 各於其黨:사람의 허물은, 그 〈어울리는〉 무리에 따른다.
- 鳥之將死, 其鳴也哀, 人之將死, 其言也善:새가 장차 죽을 때에는,
  그 울음소리가 슬프고, 사람이 장차 죽을 때에는, 그 말이 선합니다.
- 更也, 人皆仰之:〈잘못을〉 고치면, 사람들이 모두 우러러본다.

4) 也者

'~은(는)'으로 해석하며, 경우에 따라서 해석하지 않는다.

- 孝弟也者, 其爲仁之本與!:효도와 공경이라는 것은 아마도 인을
  하는 근본일 것이다!

5) 是

문장의 중간에 쓰여 해석하지 않으며, 즉 주격 후치사이다.

- 豈不爾思?室是遠而!:어찌 너를 생각하지 않았겠는가?〈마는〉 집이 멀구나!
- 求! 無乃爾是過與?:구야! 네가 잘못한 것이 아닌가?

6) 矣

문장의 중간이나 복문 앞쪽 단문의 끝에 쓰여 어기를 완화하는
  역할을 하는 후치사이며, 해석하지 않아도 된다.

- 其爲仁矣, 不使不仁者加乎其身:그가 인을 행하는 데에, 인하지
  않는 것으로 그 자신에게 가하지 못하게 한다.
- 苟志於仁矣:진실로 인에 뜻을 두면,

7) 與

문장의 중간이나 끝에 쓰여 완만한 어기를 나타내거나 잠시 쉬는
  역할을 하며 해석하지 않아도 된다.

- 於予與何誅:〈내가〉 재여에 대해서는 무엇을 꾸짖겠는가?
- 我之大賢與, 於人何所不容:내가 크게 어질다면은 남들에 대해
  어떤 것(누구)인들 용납하지 못하겠는가?

8) 其

주어 뒤에서 주격 후치사로도 쓰인다.

- 樂其可知也:음악은 알 수 있다

(2) 관형격冠形格 후치사 '之'

관형격 후치사는 之가 있으며, 뒤에 피수식어로 명사가 오며 앞에

오는 수식어에 따라서 해석은 '~의, ~하는, ~는, ~한' 등으로 해석한다.

1) ~의
 # 수식어가 '체언(주어의 기능을 하는 명사, 명사구, 대명사, 수사
  등)+之+명사'일 경우 '~의'로 해석한다.
 - 三年無改於父之道:3년 동안 아버지의 도(행동)를 고치지 않는다.

2) ~하는, ~는, ~한
 # 수식어가 '동사+之+명사, 동사구(동사+목적어, 부사+동사)+之
  +명사, 형용사+之+명사'일 경우 '~하는, ~는, ~한' 등으로 해석한다.
 - 孝弟也者, 其爲仁之本與!:효도와 공경이라는 것은 아마도 인을
  하는 근본일 것이다!
 - 巽與之言, 能無說乎:공손하게 해주는 말은 기쁘지 않을 수 있겠는가?
 - 罔之生也, 幸而免:〈정직이〉 없는 삶은, 다행히 〈화나 죽음을〉
  면한 것이다.
 - 少之時, 血氣未定, 戒之在色:젊을(은) 때, 혈기가 안정되지 않아,
  경계할 것은 여색에 있다.
 # 所+동사+之+명사에서 '所+동사+之'가 형용사 역할을 하며,
  '~하는, ~는, ~한' 등으로 해석한다.
 - 所學之子:공부하는 아이.

(3) 목적격目的格 후치사 '之, 是'
 강조를 위해 목적어를 술어 앞으로 도치시키고 '之나 是'를 목적어
와 술어 사이에 써 준다. 목적격 후치사는 술어가 대부분 '말하다'의
뜻을 갖는 경우(謂=爲)가 많다.
 # 知之爲知之, 不知爲不知:아는 것을 안다고 말하고, 모르는 것은
  모른다고 말하는 것이다.
 # 義之與比:의로움(만)을 더불어 따른다.
 # 孔德之容, 惟道是從.:크고 성대한 덕의 모습은 오직 도를 따른다.
 # 周有大賚, 善人是富:주나라에서 큰 줌(은혜)이 있으니, 착한 사람
  들을 부유하게 했다.

(4) 부사격副詞格 후치사 '其, 也, 乎'
 부사 뒤에서 부사를 강조하는 후치사이며, 문장의 중간에 쓰여
어기를 완만하게 해주거나 해석하지 않아도 되는 어조사, 즉 부사격
후치사다. 주로 의문 부사 뒤에 온다.

- 如之何其廢之:어찌 폐할 수 있겠습니까?
- 子之迂也! 奚其正?:선생님의 우활함이여! 어찌 바로 잡겠습니까?
- 信乎才之難得:정말로 인재를 얻기가 어렵다.
- 惡乎成名?:어찌 이름(명성)을 이루겠는가?
- 必也射乎:〈있다면〉 반드시 활쏘기일 것이다!

(5) 호격呼格 후치사 '也, 乎'

이름이나 사물을 호명할 때 쓰는 후치사이다.

- 賜也, 始可與言詩已矣:사야, 비로소 더불어 시를 말할 수 있구나.
- 參乎! 吾道一以貫之:삼아! 나의 도는 하나로써 꿰뚫는다.

(6) 그 외

\# '다수+之+소수'는 관형격 후치사로써 '~중에'로 해석한다.

- 有人之仁者乎:사람 중에 어진 자가 있는가?
- 民之富者:백성들 중에 부유한 자.
- 鄕人之善者:마을 사람들 중에 선한 자.

\# 云(운)은 어구가 조화를 이루도록 하며, 이 경우에는 해석하지
않는다. 즉 어조사, 즉 후치사이다.

- 禮云禮云:예이다, 예이다.

\# 之가 술어일 때는 실사實詞로써 '~가다'로 해석한다.

- 之一邦, 則又曰:〈다른〉 한 나라에 가서, 곧 또 말했다.

\# 唯, 惟, 維는 문장의 맨 앞에 쓰일 때는 해석하지 않는다.

- 不與其退也, 唯何甚?:그가 물러나는 것을 허여하는 것은 아니다,
어찌 심한가(심하게 대하는가)?

\# 而가 '之'와 같이 주어와 술어 사이에 쓰여 문장의 독립성을 없애
주는 역할을 하는 어조사, 즉 주격 후치사라 할 수 있다.

- 君子恥其言而過其行:군자는 자신의 말이 행동을 지나치는(능가
하는) 것을 부끄러워 한다.

11. 감탄사感歎詞

감탄사는 탄식, 감동, 놀람, 느낌, 부름, 응답을 나타내며 독립어로 떨어져 문장 앞에 사용되며 '아'라고 해석한다. 惡(오), 於(오), 噫(희), 咨(자), 嗟(차), 嗚呼(오호), 於乎(오호), 嗟乎(차호), 惜乎(석호), 於戲 (오희) 등이 있다.

- **嗚呼**(오호)! 痛哉:아! 슬프고 원통하구나.
- **惡**(오)! 是何言也:아! 무슨 말인가.

'於'가 감탄사로 쓰일 경우에는 '오'로 발음한다.

- 王在靈沼, **於**(오)! 牣魚躍:왕이 영소에 계시니, 아! 가득히 물고기들이 뛰노는도다.
- **於乎**(오호)! 不顯, 文王之德之純:아! 뚜렷이 나타나지 않았을까, 문왕의 덕의 순일함이여!
- **噫**(희)! 天喪予:아! 하늘이 나를 망하게 하는구나(버리시는구나).
- **咨**(자)! 爾舜:아! 그대(너) 순이여.
- **嗟**(차)! 予子行役:아! 내 아들이 부역에 가는구나.
- **嗟乎**(차호)! 臣有三罪:아! 신에게는 세가지 죄가 있습니다.
- **惜乎**(석호)! 吾見其進也:애석하구나! 나는 그가 〈앞으로〉 나아가는 것을 보았다.

감탄문은 그 자체로는 도치 아닌 본래의 문형이라 볼 수 있지만 평서문을 기준으로 보면 앞부분의 감탄사와 뒤의 문장이 도치된 형태, 즉 주어와 술어의 도치 형식으로 볼 수 있다. 주어와 술어의 도치는 주로 의문문과 감탄문에서 이루어진다.

- 君子哉, 若人!:군자구나, 이와 같은 사람은!

'唯'는 '예'라고 대답을 하고 바로 응하는 것이고, '諾'은 '예'라고 대답만 하고 바로 응하지 않는 것을 뜻한다.

- 參乎! 吾道一以貫之." 曾子曰 **"唯**":삼아! 나의 도는 하나로써 〈모든 것을〉 꿰뚫는다." 증자가 "예"하고 대답하였다.
- **諾**, 吾將問之:예, 내가 장차 여쭈어 보지요.

12. 종결사終結詞

종결사는 문장의 끝에 놓여 문장의 종류를 결정하는 중요한 역할을 한다. 단정·지정·서술 종결사, 의문과 반어 종결사, 한정 종결사, 감탄 종결사 등으로 구분할 수 있으며, 어기조사, 어기사라고도 한다.

(1) 단정·지정·서술 종결사
평서문을 만드는 종결사로써 평서문 종결사라고 할 수 있으며, 也, 矣, 焉 등이 있다.

1) 也
\# 단정·지정·서술 종결사로써, 평서문 종결사이다.
- 孔子聖人**也**:공자는 성인이다.
- 富與貴, 是人之所欲**也**:부유함과 고귀함은 사람들이 바라는 것이다.

2) 矣
\# 단정·지정·서술 종결사로써, '확신'을 나타내는 평서문 종결사이다.
- 朝聞道, 夕死可**矣**:아침에 도를 들으면, 저녁에 죽어도 괜찮다.
- 溫故而知新, 可以爲師**矣**:옛 것을 익히고 새로운 것을 알면, 스승이 될 수 있다.

3) 焉
\# 단정·지정·서술 종결사로써, 술어에 붙어서 그 술어의 대상(목적어), 즉 대명사(=於此, 於是)를 내포하기도 하고, 또는 단순히 처소격의 의미를 갖는 평서문 종결사이다.
- 其餘則日月至**焉**而已矣:그 나머지 〈사람들〉는 하루나 한 달 〈한 번〉 여기에 이를 뿐이다.
- 衆惡之, 必察**焉**:많은 사람들이 미워하더라도 반드시 〈좋은 점이 있는지〉 살펴보아야 한다.
- 天下歸仁**焉**:천하가 인에 귀의할 것이다.

4) 그 외
\# 也已는 긍정과 감탄의 어기를, 也已矣는 긍정과 감탄과 제한의 어기를, 已矣는 긍정의 어기를 나타내는 종결사들이다.
- 能近取譬, 可謂仁之方**也已**:가까운 데에서 취해서 비유할 수 있다면(깨달음을 얻을 수 있다면) 인의 방법이라고 말할 수 있다.
- 吾末如之何**也已矣**:나는 그를 어떻게 할 수가 없다.

- 賜也, 始可與言詩已矣:사야, 비로소 (너와) 더불어 시를 말할 수 있구나.
然, 然矣는 서술문의 끝에 위치하여 종결의 어기를 나타내는 종결사로써 해석하지 않는다.
- 若由也, 不得其死然:유(자로)와 같은 사람은 그 죽음을 얻지 못할 것이다(제 명대로 살지 못할 것이다).
- 禹, 吾無間然矣:우임금은 내가 흠잡을 데가 없으시다.

(2) 의문·반어 종결사
의문문과 반어문을 만드는 종결사로써 乎, 哉, 與, 夫, 諸〈=之乎(於)〉, 也, 矣, 焉, 耶(야), 歟(여), 邪(야), 爲 등이 있다.
與朋友交而不信乎?:벗과 더불어 사귀는데 미덥지 않았는가?
不爲酒困, 何有於我哉?:술 때문에 곤란하지 않는 것, 〈이 중에〉 무엇이 나에게 있는가?
是誰之過與?:누구의 잘못이겠는가?
吾歌可夫?:내가 노래를 불러도 괜찮습니까?
諸는 대명사를 포함한 의문(반어) 종결사로써 '之乎'와 같다.
- 山川其舍諸?:산천이〈의 신이〉 어찌 그것을 내버려두겠는가?
汝狗猛耶?:그대의 개는 사나운가?
三王聖者歟?:삼왕은 성인입니까?
非以其無私邪?:그에게 사사로움이 없기 때문이 아니겠는가?
爲가 의문, 반어 종결사로써 의문, 반문을 나타내는 부사 奚, 何, 何以 등과 함께 의문, 반문을 나타낸다.
- 是社稷之臣也, 何以伐爲?:사직의 신하인데, 무엇 때문에 정벌을 하는가?
- 亦奚以爲?:또한 어디에 쓰겠는가?
也, 矣, 焉은 단정·지정·서술 종결사로써, 평서문 종결사이지만 의문사와 함께 의문 종결사로 쓰인다. 또한 의문사가 없을지라도 문맥상, 의미상으로 의문 종결사 역할을 한다.
- 彼且奚適也?:그대는 장차 어디로 갈 것인가?
- 何器也?:어떤 그릇입니까?
- 何如斯可以從政矣?:어떻게 하면 정치에 종사할 수 있습니까?

- 亦何如焉?:또한 어떠합니까?

\# 矣乎?, 乎哉?, 也哉?, 也與?, 也與哉?, 云乎哉?, 焉爾乎? 등은 연용하여 의문(반문)의 어기를 나타내는 의문(반어) 종결사라고 할 수 있으며 연용해서 쓰일 때는 마지막에 쓰인 종결사에 중점을 두어 해석한다.
- 由也, 女聞六言六蔽矣乎?:유야, 너는 여섯 가지 말(덕목)과 여섯 가지 폐단을 들었느냐?
- 仁遠乎哉?:인이 멀리 있겠는가?
- 吾豈匏瓜也哉?:내가 어찌 박이겠는가?
  cf. 也哉는 감탄의 어기를 나타내는 종결사로도 쓰인다.
- 仲由, 可使從政也與?:중유는 정치에 종사하게 할 만합니까?
  cf. 也與가 문장 가운데에 쓰여 정돈을 나타낸다.
    - 道之將行也與, 命也:도가 장차 행해지는 것도 천명이다.
- 鄙夫可與事君也與哉?:비루한 사람은(사람과) 함께 임금을 섬길 수 있겠는가?
- 禮云禮云, 玉帛云乎哉?:예이다, 예이다, 옥과 비단이겠는가(을 이르겠는가)?
- 女得人焉爾乎?:너는 인재를 얻었느냐?

\# 也者는 문장의 끝에 쓰여, 의문 또는 반문의 어기를 나타내는 종결사이며, '~인가, 하겠는가'로 해석한다.
- 安見方六七十如五六十, 而非邦也者?:어찌 사방 육칠십 리 또는 오륙십리가 나라가 아니라고 보는 것이냐?

\# 者與(乎)는 어기를 강조하는 '者'와 의문, 반문을 나타내는 '與(乎)'로 이루어진 종결사이며, 중점은 '與'에 있다.
- 丘何爲是栖栖者與?:구는 어찌하여 이렇게 바빠해하는 것이오 (바쁘게 뛰어다니는 것이오)?

(3) 한정 종결사

한정문을 만드는 종결사로써, 한정 부사와 함께 쓰이기도 한다.
而已矣, 而已, 已, 耳, 爾, 也已矣, 焉爾(耳) 등이 있으며, '~일 뿐이다, ~일 따름이다'로 해석한다.
- 夫子之道, 忠恕而已矣:선생님의 도는 충과 서일 뿐입니다.

- 有婦人焉, 九人而已:이 중에 부인이 있으니, 아홉 사람뿐이다.
- 汝之所欲言, 可知已:너가 말하고자 하는 것을 알 수 있을 뿐이다.
- 偃之言是也. 前言戱之耳:언의 말이 옳다. 앞의 말은 희롱(농담)한 것일 뿐이다.
- 明日取虞爾:내일 우나라를 취할 따름이다.
- 此亦死者也已矣:이 또한 죽은 자일 뿐이다.
- 亦願從事於左右焉爾:또한 좌우에서 일을 따르기를 원할 뿐이다.

(4) 감탄 종결사
감탄문을 만드는 종결사로써, 감탄사와 함께 쓰이기도 한다. 乎, 哉, 與, 夫, 兮, 矣, 焉, 而, 爲, 也哉, 也與, 也夫, 矣乎, 矣哉, 矣夫 乎爾 등이 있으며, '~구나, ~로다'로 해석한다.
- 巍巍乎! 唯天爲大:높고 크도다! 오직 하늘만이 위대하거늘,
- 逝者如斯夫!:〈흘러〉 가는 것이 이와 같구나!
- 甚矣, 吾衰也!:심하구나, 나의 노쇠함이여!
- 舜禹之有天下也, 而不與焉!:순임금과 우임금은 천하가 있으면서 도(소유하시고도), 간여하지 않으셨다!
- 予無所用天下爲!:나에게 천하가 소용이 없구나!
- 今之從政者殆而!:지금의 정치를 따르는 자는 위태롭구나!
   cf. 명령문의 끝에 쓰여 충고의 어기를 나타내는 종결사로 '~하라'로 해석한다.
      - 已而! 已而!:그만 두라! 그만 두라!
- 語之而不惰者, 其回也與!:〈道를〉 말해주면 게으르지 않는 자는, 아마도 안회일 것이다!
- 莫我知也夫!:나를 알아주는 사람이 없구나!
- 已矣乎! 吾未見能見其過, 而內自訟者也:끝났구나! 나는 아직 자기의 허물을 보고서,〈마음〉속으로 자신을 꾸짖는 사람을 보지 못했다.
- 好行小慧, 難矣哉!:작은 지혜를 행하기 좋아하는 것은 곤란하구나!
- 苗而不秀者, 有矣夫!:싹이 나고서 꽃이 피지 않는 자도 있구나!
- 二三子以我爲隱乎? 吾無隱乎爾!:너희들은 내가 숨긴다고 여기는냐? 나는 숨기는 것이 없다!

兮(혜)는 주로 댓구를 이루는 명사(구)뒤에 붙여서 감탄의 어기를
　돕는 감탄 종결사로써, 대부분 운문(시)에 쓰인다.
- 巧笑倩兮, 美目盼兮, 素以爲絢兮:예쁜 웃음에 보조개가 예쁘고,
　아름다운 눈에 눈동자가 또렷하며, 흰 비단(바탕)에 무늬를
　〈더〉하였네.
- 淵兮, 似萬物之宗:깊구나! 만물의 근원과 같다.
與는 추측이나 감탄의 어기를 나타내는 종결사로써, 일반적으로
　추측을 나타내는 부사인 '其(諸)'와 함께 쓰인다.
- 孝弟也者, 其爲仁之本與!:효도와 공경이라는 것은 아마도 인을
　하는 근본일 것이다!

제 2 장 한문 문장의 구조構造

한문 문장의 구조는 주어+서술어, 주어+서술어+목적어, 주어+서술어+(於)보어, 주어+서술어+보어+직접목적어, 주어+서술어+목적어+(於)보어로 구분할 수 있으며, 주어, 서술어, 목적어, 보어 등과 관형어와 부사어가 수식하고자 하는 글자 앞에 위치하여 문장이 더욱 길어지게 된다. 한문 문장의 구조에서 서술어와 목적어(보어)의 순서가 우리말의 순서와 다르다.

1. 주어主語

주어는 문장에서 주체 역할을 하는 말로써 '은(는), 이(가)로 해석하며, 명사, 명사구, 대명사, 주어절 등이 주어가 된다.
- **君子**不重則不威:군자가 신중하지(장중하지) 않으면 위엄이 없다.
- **人**不知而不慍:남이 알아주지 않더라도 성내지 아니한다.
- **禮之用**, 和爲貴:예의 쓰임은, 화합(조화)이 귀중(중요)하다.
- **吾與回言終日**, 不違:내가 회와 더불어 하루 종일 이야기를 했는데, 〈내 말을〉 어기지 않았다.
- **朝聞道,** 夕死可矣 :아침에 도를 들으면(들어 깨우치면), 저녁에 죽어도 괜찮다.

2. 서술어敍述語

서술어는 주어의 움직임, 상태, 성질 따위를 서술하며, 동사, 형용사, 명사, 명사구, 명사也, 명사구也, 서술절 등이 서술어가 된다.
- **溫故而知新**:옛 것을 익히고, 새로운 것을 안다.
- 言寡尤, 行寡悔:말에 허물이 적고, 행동에 후회가 적다.
- 山靑:산이 푸르다.
- 我學生:나는 학생이다.
- 予孔子之弟子:나는 공자의 제자이다.
- 我天也, 彼地也:나는 하늘이고, 그대는 땅이다.
- 孔子魯之人也:공자는 노나라 사람이다.
- 女與回也孰愈?:너와 회는 누가 나으냐?

3. 목적어目的語

목적어는 서술어, 즉 타동사가 쓰인 문장에서 동작의 대상이 되며, 명사, 명사구, 대명사, 목적절 등이 목적어가 된다.

- 或乞醯焉:어떤 사람이 식초를 빌렸다(빌리려 왔다).
- 知者樂水:지혜로운자는 물을 좋아한다.
- 夫子之言性與天道:선생님께서 성과 천도(본성과 자연의 이치)를 말씀하셨다.
- 丘亦恥之:나 또한 이것을 부끄러워 한다.
- 不患人之不己知:남이 나를 알아주지 않음을 걱정하지 말라.

4. 보어補語

보어는 주어와 서술어만으로는 뜻이 완전하지 못한 문장에서 서술어의 의미를 보충하며, 명사, 명사구, 대명사, 형용사, 보어절 등이 보어가 된다. 불완전자동사, 불완전타동사, 연계동사, 존재 동사, 비교의 형용사, 특수 형용사, 형용사 뒤에 비교의 전치사가 오는 경우에는 모두가 보어를 취한다.

(1) 불완전자동사

보어를 취하는 자동사이며, 보어 앞에 전치사가 위치할 수도 있다.

- 登低山:낮은 산에 오르다.
- 靑出於藍:청색은 남색에서 나왔다.

(2) 불완전타동사

보어를 취하는 타동사이며, 보어 앞에 전치사가 위치할 수도 있다.

- 讀書百遍:책을 백 번 읽는다.
- 守死善道:죽음으로써 선한 도를 지키다.
- 季康子問政於孔子:계강자가 공자에게 정치를 물었다.

(3) 연계동사

주어와 보어를 연결하며 반드시 보어를 취하는 동사이고, 是, 非, 爲, 曰, 乃, 卽 등이 있으며, '非'는 '~아니다', 그 외 연계동사는 '~이 (하)다'로 해석하면 된다.

- 富與貴, 是人之所欲也:부유함과 고귀함은 사람들이 바라는 것이다.
- 非其鬼而祭之:그(자기) 귀신이 아닌데 제사 지내다.

\# 爲는 보어로 명사와 형용사를 취한다.

- 里仁爲美:마을이 인한 것은 아름답다(다운 것이다).
- 子爲誰:그대는 누구입니까?
- 曰 '思無邪':'생각에 간사함이 없다'는 것이다.

(4) 존재동사

사물이 있고 없음을 나타내며 有와 無가 있고, 뒤 문장을 보어로 취하며 보어를 주어처럼 해석한다.

\# 思無邪:생각에 간사함이 없다.

\# 有殺身以成仁:자신을 죽여서 인을 이룸이 있다.

(5) 비교의 형용사

如, 若, 猶, 似 등 비교의 뜻을 가진 형용사가 서술어로 쓰일 경우 보어를 취한다.

- 有若無 實若虛:있으면서도 없는 것 같고, 가득하면서도 빈 것 같다.
- 吾與回言終日, 不違, 如愚:내가 회와 더불어 하루 종일 이야기를 했는데, 어기지 않고, 어리석은 것(사람) 같았다.
- 過猶不及:지나친 것은 미치지 못한 것과 같다.
- 似不能言者:말씀을 못하는 사람 같으셨다.

(6) 특수 형용사

특수 형용사 難(난), 易(이), 多, 少, 寡(과), 鮮(선), 罕(한), 稀(희), 異, 同 등이 있으며, 술어로 쓰이는 경우 보어를 취하며 주어처럼 해석한다.

- 少年易老, 學難成:소년은 늙기 쉽고, 학문은 이루기가 어렵다.
- 言寡尤, 行寡悔:말에 허물이 적고, 행동에 후회가 적다.
- 爲力不同科:힘씀에 등급이 같지(동등하지) 않았기 때문이다.

(7) 형용사 뒤에 비교의 전치사

형용사 뒤에 전치사 於, 于, 乎 등과 함께 보어가 올 경우에 형용사는 비교의 의미를 나타내며, 전치사는 '~보다, ~와(과)'로 해석한다.

\# 季氏富於周公:계씨가 주공보다 부유했다.

\# 于湯有光:탕왕보다 빛날 것이다.

\# 以吾一日長乎爾:내가 너희들보다 〈나이가〉 다소 많기 때문이다.

5. 관형어冠形語

관형어는 명사, 대명사, 수사 등을 수식하는 역할을 한다

(1) ~의

\# 수식어가 '명사, 명사구, 대명사, 수사 등+之+명사'일 경우 '~의'로
  해석한다.

- 三年無改於父之道:3년 동안 아버지의 도(행동)를 고치지 않는다.

(2) ~하는, ~는, ~한

\# 수식어가 '동사+之+명사, 동사구(동사+목적어, 부사+동사)+之
  +명사, 형용사+之+명사'일 경우 '~하는, ~는, ~한' 등으로 해석한다.

- 孝弟也者, 其爲仁之本與!:효도와 공경이라는 것은 아마도 인을
  하는 근본일 것이다!

- 巽與之言, 能無說乎?:공손하게 해주는 말은 기뻐하지 않을 수 있겠는가?

- 罔之生也, 幸而免:〈정직이〉 없는 삶은, 다행히 〈화나 죽음을〉
  면한 것이다.

- 少之時, 血氣未定, 戒之在色:젊을(은) 때, 혈기가 안정되지 않아,
  경계할 것은 여색에 있다.

\# 所+동사+之+명사에서 '所+동사+之'가 형용사 역할을 하며, '~하
  는, ~는, ~한' 등으로 해석한다.

- 所眠之子:잠자는 아이.

6. 부사어副詞語

부사어는 동사, 형용사와 다른 부사를 수식하며, 문장의 의미를
결정하는 중요한 역할을 하고, 주로 술어(동사, 형용사)와 수식하는
문장 앞에 온다.

(1) 동사 수식

- 戰必勝矣:싸우면 반드시 이긴다.
- 敎學相長:가르치고 배우면서 서로 성장한다.

(2) 형용사 수식

- 至高至順:지극히 높고 지극히 순수하다.

- 水至淸則無魚:물이 지극히 맑으면 물고기가 없다.

(3) 다른 부사 수식

- 戰必大勝矣:싸우면 반드시 크게 이긴다.
- 且復飮酒:또 다시 술을 마셨다.

7. 생략省略과 도치倒置

생략은 앞에 나온 것이나 없어도 알 수 있는 것은 생략되며, 주어와 목적어(보어)가 생략된다. 도치는 문법에 따라 강조를 하기 위해서 앞으로 도치하거나, 표현의 형식미, 기교나 어세를 위해서도 도치되며, 주어와 술어, 술어와 목적어, 술어와 보어가 도치된다.

(1) 생략省略

1) 주어의 생략

 # 주어의 생략으로, 한문은 주어가 잘 생략된다.

- 先之勞之:먼저(솔선수범) 하고 〈몸소〉 애쓰며 일해야 한다.
- 欲速則不達:빨리 하고자 하면 달성하지 못한다.

2) 목적어(보어) 생략

 # 목적어 생략

- 父爲子隱, 子爲父隱:아버지는 아들을 위해 〈죄를〉 숨겨주고,
  아들은 아버지를 위해 〈죄를〉 숨겨준다.

 # 보어 생략

- 弟子, 入則孝, 出則弟:젊은이는 들어가면 〈부모님께〉 효도하고,
  나오면 〈어른들께〉 공경한다.

3) 허사 생략

 # 訥(於)言(而)敏(於)行:말에 어눌하고, 행동에 민첩하다.

 # 溫故(而)知新:옛 것을 익히고, 새로운 것을 안다.

(2) 도치倒置

1) 주어와 술어의 도치

 # 의문문과 감탄문에서 주어와 술어의 도치가 된다.

- 孰與, 言者?:누구인가? 말하는 자가.
- 何哉, 爾所欲之者?:어디냐? 네가 가고자 하는 것이.

- 賢哉, 回也!:어질구나, 회여!
- 君子哉, 若人!:군자구나, 이와 같은 사람은!
- 久矣哉, 由之行詐也!:오래되었구나, 유가 거짓을 행한 지가!

2) 술어와 목적어의 도치

부정문에서 인칭 대명사 또는 대명사가 목적어일 때 앞으로
도치된다.
- 不患人之不己知:남이 나를 알아주지 않음을 걱정하지 말라.
- 豈不爾思? 室是遠而!:어찌 너를 생각하지 않았겠는가?〈마는〉
집이 멀구나!
- 未之有也:(아직) 있지 않다.

의문사가 술어와 전치사의 목적어일 때 앞으로 도치되며, 의문사
는 거의 술어 앞에 위치한다.
- 貧而無諂, 富而無驕, 何如:가난하면서도 아첨하지 않고, 부유하
면서도 교만하지 않으면 어떻습니까?
- 於予與何誅?:〈내가〉 재여에 대해서는 무엇을 꾸짖겠는가?
- 不敬, 何以別乎?:공경하지 않으면, 무엇으로써 구별하겠는가?

목적어를 강조하거나 목적어가 긴 경우에 앞으로 도치된다.
- 子入大廟, **每事**問:공자께서 태묘에 들어가 매사를 물으셨다.
- 小不忍則亂大謀:작은 것을 참지 못하면 큰 계책을 어지럽힌다.
- **己所不欲**, 勿施於人:자신이 하고자 하지 않는 것을, 남에게 베풀지
말아라.
- **汝之所欲得**, 可以知與?:네가 얻고자 하는 것을 알 수 있을까?
- 三年學, **不至於穀**, 不易得也:삼 년 동안 배우고, 녹봉에 이르지 않는
자를(벼슬에 뜻을 두지 않는 자를), 쉽게 얻을(할) 수 없다.

목적어(보어)를 강조하기 위해 以+목적어+술어, 목적어+之(是)+
술어의 형태로 하여 앞으로 도치한다.
- 必**以**言下之:반드시 그들에게 말을 낮추다.
- 三**以**天下讓:세 번 천하를 사양하였다.
- 堯**以**天下與舜:요임금이 순임금에게 천하를 주었다.
- 周有大賚, 善人**是**富:주나라에서 큰 줌(은혜)이 있으니, 착한 사람
들을 부유하게 했다.

- 論篤是與:말하는 것이 도타운(독실한) 것(사람)을 허여하다.
- 唯施是畏:오직 〈인위적으로〉 드러낼 것을 두려워한다.
- 知之爲知之, 不知爲不知:아는 것을 안다고 말하고, 모르는 것은 모른다고 말하는 것이다.
- 其斯之謂與:아마도 이것을 말하는 것입니까?
- 古者言之不出:옛날에 말을 〈함부로〉 하지 않았다.
목적어를 강조하기 위해 목적어를 앞에 제시하고, 그 자리에 '之'를 사용하여 도치한다.
- 老者安之, 朋友信之, 少者懷之:노인들을 편안하게 해주고, 친구들을 믿게 하고, 젊은이들을 감싸주는 것이다.
- 孔文子何以謂之文也?:공문자를 어찌하여 문이라고 하였습니까?
- 聖人, 吾不得而見之矣:성인을 내가 만나볼 수 없다.
- 人而不仁, 疾之已甚, 亂也:사람이 인하지 않다고 해서, 미워하는 것이 너무 심해도, 난을 일으킨다(어지럽게 한다).

3) 술어와 보어의 도치
 # 의문대명사가 보어일 때 도치된다.
 - 子行三軍, 則誰與?:선생님께서 삼군을 행(통솔)하신다면 누구와 함께 하시겠습니까?
 # 보어(於, 于, 乎+보어)를 강조하기 위해 술어 앞으로 도치한다.
 - 危邦不入, 亂邦不居:위태로운 나라에는 들어가지 않고, 어지러운 나라에는 살지 않는다.
 - 於從政乎, 何有?:정치를 따르는(하는) 데에, 무엇이(무슨 문제가) 있겠는가?
 - 食夫稻, 衣夫錦, 於女安乎?:쌀밥을 먹고, 비단옷을 입는 것이, 너에게는 편안하냐?
 - 於我如浮雲:나에게는 뜬구름과 같다.

제 3 장 한문 문장의 형식形式

한문 문장의 형식은 평서문平敍文, 의문문疑問文, 반어문反語文, 억양문抑揚文, 한정문限定文, 가정문假定文, 부정문不定文, 금지문禁止文, 사동(역)문使動(役)文, 피동문被動文, 비교문比較文, 감탄문感歎文 등으로 구분할 수 있다.

1. 평서문平敍文

한문 문장에서 가장 기본적인 문장 형식으로써, 평서문 종결사는 단정·지정·서술 종결사인 也, 矣, 焉 등이 있으며, 종결사에 없는 문장이 대부분이다.
- 我學生:나는 학생이다.
- 予孔子之弟子:나는 공자의 제자이다.
- 我天也, 彼地也:나는 하늘이고, 그대는 땅이다.
- 民德歸厚矣:백성의 덕이 후(돈독)함에 돌아온다.
- 或乞醯焉:어떤 사람이 식초를 빌렸다(빌리려 왔다).

2. 의문문疑問文

문장 내에 의문 대명사, 의문 형용사, 의문 부사 등을 사용하거나, 또는 문장 끝에는 의문 종결사를 사용하거나, 의문사와 의문 종결사를 함께 사용하여 의문을 나타내는 문장 형식이다.

(1) 의문 대명사 사용

의문 대명사 誰(수), 孰(숙), 何(하), 安(안), 焉(언), 疇(주), 奚(해), 曷(갈), 幾(기) 등을 사용하여 의문문을 만들며, '누구, 무엇, 어디'로 해석한다.
- 弟子孰爲好學?:제자 중에 누가 배우기를 좋아합니까?
- 師與商也, 孰賢?:사(자장)와 상(자하)은 누가 〈더〉 현명합니까?
- 誰能出不由戶?:누가 문을 경유하지 않고 〈밖을〉 나갈 수 있는가?
- 於予與何誅?:〈내가〉 재여에 대해서는 무엇을 꾸짖겠는가?
- 魯無君子者, 斯焉取斯:노나라에 군자가 없었다면, 이 사람이 어디에서 이것을〈덕을〉 취했겠는가?
- 仲尼焉學?:중니는 어디에서 배웠습니까?

- 欲仁而得仁, 又**焉**貪?:인을 하고자 해서 인을 얻으니, 또 무엇을 탐하겠는가?
- **疇**不爲旨:누가 맛이 없다(고 하는가)는가?
- 子將**奚**先?:선생님께서는 장차 무엇을 먼저 하시겠습니까?

(2) 의문 형용사 사용

의문 대명사 誰(수), 孰(숙), 何(하), 安(안), 焉(언), 疇(주), 奚(해), 曷(갈), 幾(기) 등이 명사 앞에 위치하여 형용사 역할을 하면서 의문문이 된다.

- **何**器也?" 曰 "瑚璉也:어떤 그릇입니까?" (자)왈 "호련이다.
- 汝有**奚**事?:너에게 무슨 일이 있느냐?

(3) 의문 부사 사용

의문 부사 何(하/어찌), 安(안), 焉(언), 胡(호), 豈(기), 寧(녕), 奚(해), 曷(갈), 庸(용), 惡(오), 蓋(합) 등이 술어 앞에 위치하여 부사 역할을 하면서 의문문이 되며, 대부분 '어찌'로 해석한다.

- 由之瑟, **奚**爲於丘之門?:유의 거문고를, 어찌 나의 문 〈앞〉에서 연주하는가?
- 未知生, **焉**知死?:삶도 〈제대로〉 알지 못하는데, 어찌 죽음을 알겠느냐?
- 子**奚**不爲政?:선생은 어찌 정치를 하지 않습니까?
- **安**見方六七十如五六十, 而非邦也者?:어찌 사방 육칠십 리 또는 오륙십리가 나라가 아니라고 보는 것이냐?
- 仲尼**豈**賢於子乎?:중니가 어찌 선생보다 현명하겠습니까?

(4) 의문 종결사 사용

의문 종결사 乎, 哉, 與, 夫, 諸〈=之乎(於)〉, 也, 矣, 焉, 耶(야), 歟(여), 邪(야), 爲 등이 문장의 맨 끝에 위치하여 의문문이 된다.

- 與朋友交而不信**乎**?:벗과 더불어 사귀는데 미덥지 않았는가?
- 是誰之過**與**?:누구의 잘못이겠는가?
- 吾歌可**夫**?:내가 노래를 불러도 괜찮습니까?
- 汝狗猛**耶**?:그대의 개는 사나운가?
- 三王聖者**歟**?:삼왕은 성인입니까?

- 仁遠**乎哉**?:인이 멀리 있겠는가?
- 仲由, 可使從政**也與**?:중유는 정치에 종사하게 할 만합니까?
- 鄙夫可與事君**也與哉**?:비루한 사람은(사람과) 함께 임금을 섬길 수 있겠는가?
- 禮云禮云, 玉帛**云乎哉**?:예이다, 예이다, 옥과 비단 이겠는가(을 이르겠는가)?
- 女得人**焉爾乎**:너는 인재를 얻었느냐?

(5) 의문사와 종결사가 함께 사용

의문사와 의문 종결사가 함께 사용하여 의문문이 된다.
- **何**器**也**?" 曰 "瑚璉也:어떤 그릇입니까?" (자)왈 "호련이다.
- 彼且**奚**適**也**?:그대는 장차 어디로 갈것인가?
- 吾**豈**匏瓜**也哉** ?:내가 어찌 박이겠는가?

(6) 그 외

'如 ~ 何'는 관용어로써 술어로는 '어떻게 할 것인가, 어떠하다'이며, 부사어로는 '어찌, 어떻게'로 해석하며, 목적어는 중간에 위치한다.
- 人而不仁, **如**禮**何**:사람이 인하지 않으면, 예를 어떻게 할 것인가?
'何如'는 '어떻습니까? 어떠한가?' 如何가 도치된 것이며, 술어로 쓰인다.
- 富而無驕, **何如**:부유하면서도 교만하지 않으면, 어떻습니까?
'何如斯'는 何如와 가정과 조건의 접속사인 사(斯), 즉(則)과 연용되어 '어떻게 하면'으로 해석한다.
- **何如斯**可以從政矣?:어떻게 하면 정치에 종사할 수 있습니까?

3. 반어문反語文

의문문의 형식이지만, 강조를 위한 문장 형식으로, 긍정은 부정의 뜻을, 부정은 긍정의 뜻을 나타낸다. 의문문처럼 의문 대명사, 의문 형용사, 의문(반어) 부사 등을 사용하거나, 또는 문장 끝에는 의문 종결사를 사용하거나, 부정사와 의문 종결사를 함께 사용한다.

- 子帥以正, **孰敢不正**?:선생께서 바름으로써 인도한다면, 누가 감히 바르지 않겠습니까?
- **何爲**不可:무엇을 한들 좋지 않겠는가?
- 未能事人, **焉能事鬼**?:사람을 〈제대로〉 섬기지 못하는데, 어찌 귀신을 섬길 수 있겠느냐?
- 山川其舍**諸**?:산천이 〈의 신이〉 어찌 그것을 내버려두겠는가?
- 人不知而不慍, **不亦君子乎**?: 남이 알아주지 않더라도 성내지 아니하면 또한 군자답지 아니한가?
- 才難, **不其然乎**?:인재가 〈얻기가〉 어렵구나, 그것이 그러하지 않는가?
- 文王旣沒, 文不在玆**乎**?:문왕이 이미 돌아가셨고, 문화가 여기에 (나에게) 있지 않는가?

\# **盍**(합)은 '어찌 ~ 하지 않는가'의 뜻이며, 何~不과 같다.

- **盍**各言爾志?:어찌 각각 너희들의 뜻을 말하지 않는가?

4. 억양문抑揚文

억양문은 표현을 눌렀다가 다시 강세를 높여서 뜻을 강하게 하는 문장 형식이며 '況 ~ 乎' 등이 있으며 '하물며 ~ 있어서랴'로 주로 해석한다.

- 天地尙不能久, 而**況**於人**乎**:천지가 오히려 오래갈 수 없는데, 하물며 사람에 있어서랴.
- 一夫不可狃, **況**國**乎**:한 사람이라도 모욕을 당해서는 안 되는데, 하물며 나라에 있어서랴.

5. 한정문限定文

한정문은 대상이나 행위의 범위 또는 정도를 한정하는 문장 형식이다. 한정 부사 또는 한정 종결사를 사용하거나, 한정 부사와 한정 종결사를 함께 사용하는 경우로 구분할 수 있다.

(1) 한정 부사 사용

＃ 但(단/다만), 只(지), 直(직), 徒(도), 多(다), 獨(독/유독) 등 대부분 '다만, 단지' 등으로 해석한다.
- 多見其不知量也:다만 자신이 분수를 알지 못하는 것을 보일 뿐이다.
- 直不百步耳, 是亦走也:단지 백 보가 아닐 뿐이지, 또한 달아난 것이다.
- 徒善不足以爲政:단지 선함만으로 정치를 할 수 없다.
- 人皆有兄弟, 我獨亡:남들은 모두 형제가 있는데, 나만 홀로 없습니다.

＃ 惟(유/오직), 唯(유), 維(유) 등 '오직'으로 해석한다.
非但(비단/다만 ~이 아닐 뿐만 아니라), 非徒(비도/다만~이 아닐 뿐만 아니라).
- 唯其疾之憂:오직 그 (자식)의 병을(병나지 않을까) 근심한다.
- 惟仁者能好人, 能惡人:오직 인한 사람만이 사람을 〈제대로〉 좋아할 수 있고, 〈제대로〉 미워할 수 있다.
- 惟我與爾有是夫!:오직 나와 너만이 이것이 있구나!
- 非徒無益, 而又害之:다만 무익할 뿐만 아니라, 또 해친다.

(2) 한정 종결사 사용

＃ 而已矣, 而已, 已, 耳, 爾, 也已矣, 焉爾(耳) 등이 있으며, '~일 뿐이다, ~일 따름이다'로 해석한다.
- 夫子之道, 忠恕而已矣:선생님의 도는 충과 서일 뿐입니다.
- 有婦人焉, 九人而已:이 중에 부인이 있으니, 아홉 사람뿐이다.
- 二三子! 偃之言是也. 前言戲之耳:애들아! 언의 말이 옳다. 앞의 말은 희롱(농담)한 것일 뿐이다.
- 此亦妄人也已矣:이 또한 방자한 사람일 뿐이다.

(3) 한정 부사와 한정 종결사를 함께 사용

- 直好世俗之樂耳:다만 세속의 음악을 좋아할 뿐이다.

6. 가정문假定文

가정문은 일이나 상황을 가정해서 그 결과를 예상하는 문장 형식으로, 문두의 서술어 앞에 위치하는 가정 부사가 사용되는 경우, 접속사 則이 사용되는 경우, 가정 부사와 접속사 則이 함께 사용되는 경우, 부정사를 사용하는 경우, 의미상·문맥상 가정문인 경우로 구분할 수 있다.

(1) 가정 부사 사용

\# 若(약/만약), 如(여/만약), 使(사/가령), 雖(수/비록~면), 縱(종/비록~면), 假令(가령/가령 ~면), 假使(가사), 設令(설령), 設使(설사), 如使(여사), 萬一(만일) 등이 있다.

- 如不可求, 從吾所好:만약 구할 수 없다면, 내가 좋아하는 바를 따르겠다.
- 若臧武仲之知:만약 장무중의 지혜.
- 使驕且吝, 其餘不足觀也已:가령 교만하고 또 인색하다면, 그 나머지는 보기에 부족하다(볼 것이 없다).
- 雖小道, 必有可觀者焉:비록 작은 도(재주)일지라도, 반드시 볼 만한 것이 있다.
- 且予縱不得大葬, 予死於道路乎?:또 내 비록 큰(성대한) 장례는 얻지 못한다 하더라도, 내가 길에서 죽기야 하겠는가?
- 假令不能者爲之, 其將濟乎?:가령 능력이 없는 자가 한다면 그것이 장차 이루어지겠는가?

\# 진실로 (~면)의 가정 부사는 良(량), 信(신), 誠(성), 固(고), 苟(구), 允(윤) 등이 있다.

- 善哉! 信如君不君:훌륭합니다! 진실로 만약 임금이 임금답지 않는다면,
- 苟志於仁矣, 無惡也:진실로 인에 뜻을 두면, 악〈함〉이 없을 것이다.

(2) 접속사 則, 而, 斯 등을 사용

\# 欲速則不達, 見小利則大事不成:빨리 하고자 하면 달성하지 못하고, 작은 이익을 보면 큰 일이 이루어지지 않는다.

\# 小不忍則亂大謀:작은 것을 참지 못하면 큰 계책을 어지럽힌다.

\# 行有餘力, 則以學文: 행하고도 남는 힘이 있으면 (그 남는 힘으로써) 글을 배우는 것이다.

\# 而는 단문을 연결하는 역할을 하며 가설을 나타내는 가정 접속사

이고 '(만일) ~하면'으로 해석한다.
- 士而懷居, 不足以爲士矣:선비가 편안하기를(편안하게 살기를) 생각한다면, 선비가 될 수 없다.
- 管氏而知禮, 孰不知禮?:관씨가 예를 안다면, 누가 예를 알지 못하겠는가?
斯는 단문을 연결하는 역할을 하는 가정 접속사이다.
- 觀過, 斯知仁矣:〈그〉 허물을 보면, 인(한 지)을 안다.

(3) 가정 부사와 접속사 則 사용
王如知此, 則無望民之多於隣國也:왕께서 만약 이를 아신다면, 백성이 이웃나라보다 많아지기를 바라지 마십시오.
若聖與仁, 則吾豈敢?:만약 성인과 인자이라면 내 어찌 감히 〈될 수 있겠는가〉?

(4) 부정사 사용
앞 절에 부정사 不, 非, 無 등을 사용하여 가정문이 된다.
- 非禮勿視:예가 아니면 보지말라.
- 不登高山, 不知天之高也:높은 산을 오르지 않으면, 하늘이 높은 것을 알지 못한다.
- 道不同, 不相爲謀:도가 같이 않으면, 서로 도모하지 않는다.
- 克伐怨欲, 不行焉, 可以爲仁矣?:이기려하고 자랑하고 원망하고 욕심내는 일을 행하지 않으면 인이라고 말할 수 있습니까?

(5) 의미상·문맥상 가정문
朝聞道, 夕死可矣:아침에 도를 들으면(들어 깨우치면), 저녁에 죽어도 괜찮다.
樂多賢友, 益矣:현명한 벗이 많기를 좋아하면 유익하다.
天之未喪斯文也, 匡人其如予何?:하늘이 아직 이 문화를 잃게 하지 않는다면(없애려 하지 않는다면) 광 땅 사람들이 장차 나를 어찌하겠는가?"

(6) 그 외
'者'는 가설을 나타내는 복문의 앞, 단문의 끝에 쓰여 해석하지 않지만, 간혹 '~한다면'으로 해석하기도 한다.
- 魯無君子者, 斯焉取斯:노나라에 군자가 없었다면, 이 사람이 어디에서 이것을 취했겠는가?

7. 부정문不定文

부정문은 부정의 뜻을 나타내는 문장 형식으로, 부정 보조사 不, 弗, 未, 非, 毋, 無, 莫 등이 술어 앞에 위치하며, 단순 부정, 이중 부정, 부분 부정, 완전 부정, 조건 부정 등으로 나눌 수 있다.

(1) 단순 부정

＃ 술어 앞에 不, 弗, 未, 非, 毋, 無, 莫 등을 사용하여 부정한다.
다만 '非와 無' 뒤에 술어(동사, 형용사)가 오면 부정 보조사이지만, 명사나 명사구가 오면 '非'는 연계동사, '無'는 존재동사로 쓰인다.
- 仁者不憂, 知者不惑, 勇者不懼:인한 사람은 근심하지 않고, 지혜로운 사람은 미혹되지 않고, 용감한 사람은 두려워하지 않는다.
- 女弗能救與?:네가 막을 수 없겠는가?
- 子未可以去乎?:당신은 (아직) 떠날 수 없습니까?
- 非多 亦非少, 直中而已矣:많지도 않고, 또한 적지도 않고, 다만 중간일 뿐이다.
- 我非生而知之者:나는 태어나면서 아는 자가 아니다.(연계동사)
- 小子, 何莫學夫詩?:얘들아, 어찌하여 시(詩經)를 배우지 않느냐?
- 我欲毋行:나는 가지 않고자 한다.

(2) 이중 부정

＃ 부정사 뒤에 부정사가 위치하여 강조나 강한 긍정을 나타내며, 不不, 未不, 非不, 莫不, 無~非, 莫非, 無~不 등이 있다.
- 不爲不多矣:많지 않다고 할 수 없다.
- 十斫木 無不顚:열 번 찍은 나무는 넘어지지 않음이 없다.
- 其非不善:그대가 착하지 않는 것이 아니다.
- 終日以語, 無非德聲:종일토록 말함에 덕성스런 말이 아닌 것이 없었다.
- 子正 莫不正:당신이 바르면 바르지 않는 것이 없다.
- 詳其本源 莫非經典:그 본원을 자세히 헤아려보면 경전이 아닌 것이 없다.
- 以吾從大夫之後, 不敢不告也:내가 대부의 뒤를 따랐기 때문에 감히 아뢰지 않을 수 없었다.

'不可(以)不, 不得(以)不'은 '~ 하지 않을 수 없다, ~ 하지 않으면 안된다'로 해석하며, 必(반드시)의 의미와 같다.
- 讀書 不可不愼也:책을 읽음에 신중하지 않을 수 없다.
- 士不可以不弘毅:선비는 〈마음이〉 넓고 굳세지 않으면 안 된다.
- 言不得不愼:말은 신중하지 않을 수 없다.

(3) 부분 부정
부정사 뒤에 必, 常, 甚, 皆, 俱, 盡 등의 부사가 오면 부분 부정이 되며, '~하는 것은 아니다'라고 해석한다.
- 有言者不必有德:〈훌륭한〉 말이 있는 사람이 반드시 덕이 있는 것은 아니다.
- 勇者不必有仁:용기가 있는 사람이 반드시 인함이 있지는 않다.
- 君之智未必賢於衆也:임금의 지혜가 반드시 대중들보다 현명한 것은 아니다.

(4) 완전 부정
부분 부정 달리, 완전부정은 부정사 앞에 必, 常, 甚, 皆, 俱, 盡 등의 부사가 오며, 전체를 부정한다.
- 有言者必不有過:말이 있는 사람은 반드시 과실이 있지 않다.
- 勇者必不有弱:용기가 있는 사람은 반드시 허약함이 있지 않다.

(5) 조건 부정
앞 절(조건절) 부정, 뒤 절(결과절) 부정의 형태로, '~ 하지 않으면, ~ 하지 않는다.'로 해석한다.
- 吾不與祭, 如不祭:내가 제사에 참여하지 않으면, 제사를 지내지 않은 것과 같다.
- 道不同, 不相爲謀:도가 같이 않으면, 서로 도모하지 않는다.
- 無辭讓之心, 非人也:사양하는 마음이 없으면 인간이 아니다.
- 不憤不啓, 不悱不發:〈배우려고〉 힘쓰지 않으면 이끌어 주지 않고, 표현할려고 애쓰지 않으면 밝혀주지 않는다(일깨워주지 않는다).
- 不登高山, 不知天之高也:높은 산을 오르지 않으면, 하늘이 높은 것을 알지 못한다.
앞 절에 부정사 不, 非, 無 등을 사용하여 가정(문), 조건이 된다.
- 非禮勿視:예가 아니면 보지말라.

(6) 그 외

不+술어(+之)와 같이 부정을 하는구문은 대체로 어세(語勢)가
  좋지 못하므로 특별한 경우가 아니면 '之'를 쓰지 않는다.

- 知之爲知之, 不知爲不知:아는 것을 안다고 말하고, 모르는 것은
  모른다고 말한다.

8. 금지문禁止文

금지문은 금지의 뜻을 나타내는 문장 형식으로, 금지 보조사 勿,
毋, 無, 莫, 不, 未, 休 등이 술어 앞에 위치하며, '~하지 마라(말라)'로
해석한다.

- 不患人之不己知:남이 나를 알아주지 않음을 걱정하지 말라.

- 不患無位, 患所以立:자리가 없음을 걱정하지 말고, 〈자리에〉 설
  수 있는 까닭(방법)을 걱정하라.

- 非禮勿言, 非禮勿動:예가 아니면 말하지 말고, 예가 아니면 움직
  이시 말아라.

- 毋友不如己者:자기보다 못한 자를 벗하지 말아라.

- 無說己之長:자신의 장점을 말하지 말라.

- 勸君休嘆恨:그대에게 권하건대 탄식하고 원통해 하지 말라.

9. 사동(역)문 使動(役)文

사동(역)문은 남으로 하여금 어떤 동작을 하게 하는 문장 형식으로, 사동 보조사가 사용되는 경우, 사동 동사가 사용되는 경우, 의미상·문맥상 사동인 경우로 구분할 수 있다.

(1) 사동 보조사 사용

\# 使, 敎, 令, 俾(비) 등이 있으며, '~로 하여금 ~하게 하다'로 해석하고, 보조사 다음에 시키는 '대상'이 오고 서술어가 온다.

- **使**民敬忠以勸, 如之何:백성으로 하여금 공경하게 하고 진심으로 따르게 하면서 부지런하게 하려면 어떻게 해야 합니까?
- 子路**使**門人爲臣:자로가 문인으로 하여금 가신이 되게 하였다.
- 子**使**漆雕開仕:공자께서 칠조개에게 벼슬을 하도록 했다.
- 誰**敎**汝學論語乎:누가 너로 하여금 논어를 배우게 하였는가?
- 賢婦**令**夫貴:어진 아내는 남편을 귀하게 한다.

(2) 사동 동사 사용

\# 命, 遣, 勸, 招, 率 등이 있으며, 사동 동사 다음에 시키는 대상이 오고 서술어가 온다. ' ~을 명령하여(보내어, 권하여, 불러서, 거닐어) ~하게 하다'로 해석한다.

- 誰**命**汝爲之乎:누가 너에게 명령하여 하게 했는가?
- **遣**彼爲之:그를 보내어 하게 했다.
- 其**勸**我學論語:그가 나에게 권하여 논어를 공부했다.
- 其**招**我來於斯:그가 나를 불러서 이 곳에 왔다.

(3) 의미상·문맥상 사동인 경우

- 孔子**感**民, 自**動**:공자께서 백성들을 감동시키고, 스스로 움직이게 하였다.

10. 피동문被動文

피동문은 다른 사람이나 사물에 의해 동작을 하게 되는 문장 형식으로, 피동 보조사가 사용되는 경우, 전치사가 사용되는 경우, 피동 보조사와 전치사가 함께 사용되는 경우, 의미상·문맥상 피동인 경우로 구분할 수 있다.

(1) 피동 보조사가 사용되는 경우

\# 피동 보조사는 被, 見, 爲, 爲~所~(~에게 ~를 당하다) 등이 있다.

- 民不**被**其澤:백성들이 그 혜택을 입지 못하였다.
- 年四十而**見**惡焉, 其終也已:나이 사십에 〈남에게〉 미움을 당한다면(받는다면), 아마도(그대로) 끝난 것이다.
- 甚者**爲**戮, 薄者**見**疑:심한 자는 죽임을 당하고, 가벼운 자는 의심을 받았다.
- 夫直議者, 不**爲**人**所**容:무릇 바르게 말하는 사람은 남에게 받아들이지 못한다.

(2) 전치사가 사용되는 경우

\# 타동사 뒤에는 전치사 於, 于, 乎가 오지 않지만, 올 경우에는 '~을(를)', 목적어로 해석하거나, 또는 '피동'으로 해석한다.

- 禦人以口給, 屢憎**於**人:구급(말재주)으로써 남을 막으면(대하면), 자주 남에게 미움을 받게 된다.

(3) 피동 보조사와 전치사가 함께 사용되는 경우

\# 피동 보조사 '被, 見, 爲'와 전치사 '於, 于, 乎'가 함께 사용된 것이다.

- 子路**爲**殺**於**衛:자로는 위나라에 죽임을 당했다.
- 三**見**棄**於**其女:세 번이나 그녀에게 버림을 받았다.

(4) 의미상·문맥상 피동

- 狡兔死, 走拘**烹**:교활한 토끼가 죽으니, 달리던 개가 삶겨진다.
- 直木先**伐**, 曲木守山:곧은 나무는 먼저 베어지고, 굽은 나무가 산을 지킨다.

11. 비교문比較文

비교문은 대상이나 상태 등을 비교하는 문장 형식으로, 동등(대등) 비교, 열등 비교, 비교급 비교, 선택형 비교, 최상급 비교 등으로 구분할 수 있다.

(1) 동등(대등) 비교

비교 의미의 형용사 如, 若, 猶, 似 등이 술어로 쓰이고, '~와 같다'로 해석한다.

- 上善若水:최고의 선은 물과 같다.
- 過猶不及:지나침은 미치지 못하는 것과 같다.
- 君子之交淡如水, 小人之交甘若醴:군자의 사귐은 맑기가 물과 같고, 소인의 사귐은 달기가 단술과 같다.
- 恂恂如也, 似不能言者:성실하게 〈과묵하게〉 하시어, 말씀을 못하는 사람 같으셨다.
- 不義而富且貴, 於我如浮雲:의롭지 않으면서 부하고 또 귀함은 나에게는 뜬구름과 같다.

(2) 열등 비교

비교 의미의 형용사 如, 若, 猶, 似 앞에 부정 보조사가 추가되어 '不+如(若, 猶, 似)'의 형태로, 뒤에 명사(구)가 위치할 때는 '~ 보다(만) 못하다'로 해석하고, 뒤에 술어가 위치할 때는 '~ 하는 것보다(하는 것만) 못하다'로 해석한다. 不如가 비교급으로 사용되지만 원급으로 사용될 때도 있으며 '~와 같지 않다'로 해석한다.

- 百聞不如一見:백 번 듣는 것은 한 번 보는 것보다 못하다.
- 知之者不如好之者:아는 자는 좋아하는 자보다 못하다.
- 豈愛身不若桐梓哉?:어찌 자신을 사랑하는 것이 오동나무, 가래나무보다 못한가?
- 夷狄之有君, 不如諸夏之亡也::오랑캐의 나라도 군주가 있으니, 여러 중원의 나라가 없는 것(군주가 있는지 없는지 모르는 것)과 같지 않다(보다 낫다). 不如를 '원급'으로 해석한다.

(3) 비교급 비교

술어가 형용사이고 그 다음에 전치사 於, 于, 乎 등이 위치하면

비교를 나타내며, '~보다, ~와(과)'로 해석한다.
- 季氏富**於**周公:계씨가 주공보다 부유했다.
- 于湯有光:탕왕보다 빛날 것이다.
- 以吾一日長**乎**爾:내가 너희들보다 〈나이가〉 다소 많기 때문에,

(4) 선택형 비교

선택형 비교의 형태는 '與其A 不如(不若)B, A하는 것은 B하는 것
만 못하다', '與其A 寧(無寧)B, A하느니 차라리 B하겠다', '與其A
孰若(孰如)B, A하는 것이 B하는 것과 무엇이 같겠는가?(=A하기
보다 B하는 것이 낫지 않겠는가?)', 與其A 豈若(曷若)B, A하는
것이 어찌 B하는 것과 같겠는가?' 등이 있다.
- **與其**生辱, **不如**死快:살아서 욕됨은 죽어서 쾌함보다 못하다.
- 禮, **與其**奢也, **寧**儉:예는 사치스럽기보다는 차라리 검소한 것이 낫다.
- **與其**媚於奧, **寧**媚於竈:아랫목〈신〉에게 아첨하기(잘 보이기)보다,
차라리 부엌〈신〉에게 아첨하는(잘 보이는) 것이 낫다.
- 且予**與其**死於臣之手也, **無寧**死於二三子之手乎?:또 내가 가신의
손에서 죽기보다는 차라리 너희들의 손에서 죽는 것이 낫지
않겠는가?
- **與其**有樂於身, **孰若**無憂於心?:몸에 즐거움이 있기보다는 마음에
근심이 없음이 낫지 않겠는가?
- 且而**與其**從辟人之士也, **豈若**從辟世之士哉?:또 당신은 사람을
피하는 선비를 따르는 것이, 어찌 세상을 피하는 선비를 따르는
것과 같겠소?
'寧A, 不(勿, 毋, 無, 莫/금지 보조사)B' 또한 선택형 비교의 형태
라고 할 수 있으며, '차라리 A할지언정, B는 하지 말라'로 해석한다.
- **寧**爲鷄口, **勿**爲牛後:차라리 닭의 부리가 될지언정, 소꼬리는
되지 마라.

(5) 최상급 비교

최상급 비교의 형태는 'A 莫如(莫若) B, A는 B만 한(B 같은) 것이
없다', 'A 莫 서술어 於 B, A는 B보다 ~ 한 것이 없다' 등이 있다.
- 一年之計 **莫如**樹穀, 十年之計 **莫如**樹木, 終身之計, **莫如**樹人:

일 년의 계획은 곡식을 심는 것 만한 것이 없고, 십 년의 계획은
나무를 심는 것 만한 것이 없고, 평생의 계획은 인재를 양성하는
것 만한 것이 없다.

- 可以生人, 可以殺人, **莫若**兵與刑:사람을 살릴 수도 있고, 사람을
  죽일 수도 있는 것에는 전쟁과 형벌만 한 것이 없다.
- 天下之水, **莫大於**海:천하의 물은 바다보다 큰 것이 없다.
- 惡**莫**甚**於**言人之非:악함은 남의 그릇된 것을 말하는 것보다 심한
  것이 없다.

12. 감탄문感歎文

감탄문은 기쁨, 슬픔, 탄식 등의 감정을 표현하는 문장 형식으로
문두에 감탄사를 사용하거나 문미에 감탄 종결사를 사용하여 감탄
문이 된다.

(1) 감탄사 사용

\# 감탄사는 탄식, 감동, 놀람, 느낌, 부름, 응답을 나타내며 독립어로
떨어져 문장 앞에 사용되며, 대부분 '아'라고 해석한다. 惡(오),
於(오), 噫(희), 咨(자), 嗟(차), 嗚呼(오호), 於乎(오호), 嗟乎(차호),
惜乎(석호), 於戲(오희) 등이 있다.

- 嗚呼(오호)! 痛哉:아! 슬프고 원통하구나.
- 惡(오)! 是何言也:아! 무슨 말인가.
- 於乎(오호)! 不顯, 文王之德之純:아! 뚜렷이 나타나지 않았을까,
  문왕의 덕의 순일함이여!
- 噫(희)! 天喪予:아! 하늘이 나를 망하게 하는구나(버리시는구나).
- 咨(자)! 爾舜:아! 그대(너) 순이여.
- 嗟(차)! 予子行役:아! 내 아들이 부역에 가는구나.
- 嗟乎(차호)! 臣有三罪:아! 신에게는 세가지 죄가 있습니다.
- 惜乎(석호)! 吾見其進也:애석하구나! 나는 그가 〈앞으로〉 나아가는
  것을 보았다.

(2) 감탄 종결사 사용

\# 감탄문을 만드는 종결사로써, 감탄사와 함께 쓰이기도 한다.

乎, 哉, 與, 夫, 兮(혜), 矣, 而, 爲, 也哉, 也與, 也夫, 矣乎, 矣哉,

矣夫, 乎爾 등이 있으며, '~구나, ~로다'로 해석한다.

- 巍巍乎! 唯天爲大:높고 크도다! 오직 하늘만이 위대하거늘,
- 孝弟也者, 其爲仁之本與!:효도와 공경이라는 것은 아마도 인을 하는 근본일 것이다!
- 逝者如斯夫!:〈흘러〉 가는 것이 이와 같구나!
- 巧笑倩兮, 美目盼兮, 素以爲絢兮:예쁜 웃음에 보조개가 예쁘고, 아름다운 눈에 눈동자가 또렷하며, 흰 비단(바탕)에 무늬를 〈더〉하였네.
- 甚矣, 吾衰也!:심하구나, 나의 노쇠함이여!
- 已而! 已而! 今之從政者殆而!:그만 두라! 그만 두라! 지금의 정치를 따르는 자는 위태롭구나!

復
다시(부)

"道德經, 學而時習之,
不亦說乎?"

終

道德經

子相長

老